Schweitzer's Ausgabe

der

Gewerbeordnung

und des

Gesetzes über die Gewerbegerichte.

Mit den
bis Juni 1895 für das Reich und Bayern erlassenen Vollzugsverordnungen und Vollzugsbestimmungen, insbesondere auch bezüglich

der Sonntagsruhe.

Nebst einem alphabetischen Register.

Zweite Auflage.

München.
J. Schweitzer Verlag (Jos. Eichbichler).
1895.

Ernst Stahl'sche Buchdruckerei (J. Zaubzer) in München.

Vorwort.

Dieses Werkchen ist bestimmt, den verschiedenen Kreisen, welche sich mit Anwendung der Gewerbeordnung zu befassen haben, den derzeit giltigen Text der Gewerbeordnung mit den Ein- und Ausführungsgesetzen, sowie insbesondere auch mit den zur Arbeiterschutznovelle in jüngster Zeit bis Juni 1895 erlassenen Ausführungsbestimmungen in einer übersichtlichen, handlichen und billigen Ausgabe zur Verfügung zu stellen, wobei durch ein sorgfältig bearbeitetes Register die Handhabung wesentlich erleichtert werden soll; die Beifügung des Gesetzes, betr. die Gewerbegerichte, mit den Vollzugsbestimmungen hiezu, ist aus Zweckmäßigkeitsgründen erfolgt.

Inhalt.

Einleitung.

Die Gewerbeordnung für den Norddeutschen Bund vom 20. Juni 1869 wurde mit Reichsgesetz vom 12. Juni 1872 (R. G. Bl. 1872 S. 170) auch im Königreiche Bayern eingeführt (Beil. V zum bayer. Ges. Bl. 1871/72 S. 49) und hat vom 1. Januar 1873 ab ihrem vollen Umfange nach Geltung in Bayern erlangt (einzige Ausnahme s. Einf.-Ges. v. 12. IV. 72 § 1 Abs. 2 — hier S. 4).

Ihr ursprünglicher Text erfuhr mannigfache Abänderungen und Zusätze durch die Reichsgesetze vom

12. Juni 1872 (R. G. Bl. S. 170),
2. März 1874 " " " " 19),
8. April 1876 " " " " 134),
11. Juni 1878 " " " " 109),
17. Juli 1878 " " " " 109),
23. Juli 1879 " " " " 267),
15. Juli 1880 " " " " 179),
18. Juli 1881 " " " " 233),
15. Juni 1883 Krankenversicherungsgesetz § 87 (R. G. Bl. S. 159),
1. Juli 1883 (R. G. Bl. S. 159),

sowie durch die am 31. Januar 1882 und 21. April 1883 (R. G. Bl. 1882 S. 10 u. 1883 S. 33) bekannt gemachten, vom Reichstag genehmigten Beschlüsse des Bundesraths.

Auf Grund des Art. 16 des Gesetzes vom 1. Juli 1883 betr. Abänderung der Gewerbeordnung (R. G. Bl. S. 159) wurde unterm **1. Juli 1883** (R. G. Bl. 1883 S. **177**) der vollständige Text der Gewerbeordnung, wie er sich aus den bisherigen Aenderungen gestaltet hatte, vom Reichskanzler bekannt gegeben.

Seitdem sind durch die Reichsgesetze vom

8. Dezember 1884 (R. G. Bl. S. 255) zu § 100e,

23. April 1886 (R. G. Bl. S. 125) neu §§ 104h—104o,

6. Juli 1887 (R. G. Bl. S. 281) zu § 148 Z. 10 und neu §§ 100f—100m,

sowie zu § 16 durch nachfolgende vom Reichstage genehmigte Bundesrathsbeschlüsse, bekannt gegeben am

12. Juli 1884 bezw. 4. Jan. 1885 (R. G. Bl. 1884 S. 118 u. 1885 S. 2),

31. Jan. 1885 bezw. 24. April 1885 (R. G. Bl. S. 8 u. 92),

15. Febr. 1887 bezw. 1. April 1886 (R. G. Bl. S. 28 u. 68),

16. Juni 1886 bezw. 5. Jan. 1887 (R. G. B. 1886 S. 204 u. 1887 S. 4),

16. Juli 1888 bezw. 2. Jan. 1889 (R. G. Bl. 1888 S. 218 u. 1889 S. 1),

weitere Abänderungen und Zusätze erfolgt.

Sehr wesentliche Abänderungen und Zusätze brachte das

Reichsgesetz vom **1. Juni 1891**, betr. Abänderung der Gewerbeordnung (R. G. Bl. S. 261 — s. hier III).

Dieses Gesetz ist am 1. Oktober 1891 bezw. 1. April 1892 in Kraft getreten. Ausnahmen hievon enthält Art. 9 Abs. 1 des Gesetzes, bezüglich deren die kaiserliche Verordnung vom 28. März 1892 (R. G. Bl. S. 339) und vom 4. Februar 1895 (R. G. Bl. S. 11) den Termin des Inkrafttretens regelt.

Nach Art. 9 Abs. 4 des Gesetzes vom 1. Juni 1891 blieben für Kinder im Alter von 12—14 Jahren und für junge Leute zwischen 14 und 16 Jahren, welche vor Verkündung dieses Gesetzes (das betr. R. G. Bl. wurde am 9. Juni 1891 zu Berlin ausgegeben), bereits in Fabriken oder in den in §§ 154 Abs. 2—4 und 154 a bezeichneten gewerblichen Anlagen beschäftigt waren, die bisherigen gesetzlichen Bestimmungen bis zum 1. April 1894 in Kraft.

Seitdem hat das Gesetz eine Aenderung erfahren durch das Reichsgesetz vom

19. Juni 1893 (R. G. Bl. S. 197)
Art. III zu § 35 Abs. III.

Nach den oben erwähnten kaiserlichen Verordnungen vom 28. März 1892 und 4. Februar 1895 sind die Bestimmungen der G. O. über die Sonntagsruhe in allen Zweigen des Gewerbes nunmehr vom 1. April 1895 ab in Geltung.

Eingehende Ausführungs- und Ausnahmevorschriften zu den Bestimmungen über die Sonntagsruhe sind mit der Bekanntmachung des Bundesraths v. 5. Februar 1895 (R. G. Bl. S. 12) und des k. b. Staatsministeriums des Innern v. 14. März 1895 (M. Bl. S. 107) erlassen worden; letzteres Ministerium hat mit Bekanntmachung vom 30. April 1895 (G. u. V. Bl. S. 253) nun auch die Festtage im Sinne des § 105a G. O. bestimmt.

Das Reichsgesetz vom 29. Juli 1890, betr. die Gewerbegerichte (R. G. Bl. S. 141), ist nach dessen § 84 am 1. April 1891 in Kraft getreten.

Der Vollzug dieses Gesetzes in Bayern ist durch die kgl. Allerhöchste Verordnung v. 16. August 1809 (Ges. u. V.-Bl. S. 571) geregelt.

I. Reichsgesetz vom 12. Juni 1872,

betr. die Einführung der Gewerbeordnung des Norddeutschen Bundes vom 21. Juni 1869 in Bayern und die Abänderung einiger Strafbestimmungen der Gewerbeordnung.

(R. G. Bl. 1872 S. 170.)

Wir **Wilhelm** von Gottes Gnaden, Deutscher Kaiser, König von Preußen ꝛc.

verordnen im Namen des Deutschen Reichs, nach erfolgter Zustimmung des Bundesrathes und des Reichstages, was folgt:

§ 1. Die Gewerbeordnung für den Norddeutschen Bund vom 21. Juni 1869 tritt im Königreich Bayern bezüglich der Vorschriften in § 29 und § 147 Z. 3 am 1. Juli 1872, hinsichtlich der übrigen Bestimmungen am 1. Januar 1873 als Reichsgesetz in Kraft.

Insoweit bisher in Bayern (der Betrieb der Gast- und Schankwirthschaft oder des Kleinhandels mit geistigen Getränken),* dann der Ausschank der eigenen Er-

---

*) (—) Aufgehoben durch Art. 3 Abs. 2 des Reichsgesetzes v. 23. Juli 1879, die Abänderungen einiger Bestimmungen der Gewerbeordnung betr. (R. G. Bl. 1879 S. 267.)

zeugnisse an Getränken ohne polizeiliche Erlaubniß statthaft war,*) bedarf es einer solchen auch in der Folge nicht.

Die Einstellung eines solchen Geschäftsbetriebes kann jedoch nach Maßgabe des § 53 Abs. II u. § 54 der Gewerbeordnung verfügt werden, wenn Thatsachen vorliegen, auf Grund deren gemäß § 33 der Gewerbeordnung die Erlaubniß zum Betriebe eines der daselbst bezeichneten Gewerbe versagt werden könnte.

§ 2 enthält Abänderungen zu §§ 145—150, welche im Text berücksichtigt sind.

Urkundlich unter Unserer Höchsteigenhändigen Unterschrift und beigedrucktem Kaiserlichen Insiegel.

Gegeben Berlin, 12. Juni 1872.

Wilhelm.

Fürst von Bismarck.

---

*) Hier gilt also noch Art. 9 Ziff. 1 des bayer. Gewerbsgesetzes v. 30. Jan. 1868 (Ges.=Bl. 1868 S. 309), welcher lautet:

Der Ausschank des eigenen Erzeugnisses bleibt den Bräuern in einem hiefür bestimmten Lokale und auf ihren Lagerkellern, desgleichen nach Maßgabe des örtlichen Herkommens und der ortspolizeilichen Vorschriften den schankberechtigten Kommunbrauern und Weinbauern gestattet. Sämmtliche genannte Gewerbetreibende unterliegen hiebei den durch Gesetze und Verordnungen festgestellten Verpflichtungen der Inhaber von Wirthschaftsgewerben.

II. Deutsche Reichs-Gewerbeordnung vom 21. Juni 1869

in der Fassung vom 1. Juli 1883 mit den späteren Abänderungen und Ergänzungen bis 1. Juni 1891 einschl.

Anmerkung: Die Abänderungen und Zusätze sind kenntlich gemacht, soweit sie veranlaßt sind durch die Novelle

vom 1. Juni 1891 mit *
vom 6. Juli 1887 mit **
vom 23. April 1886 mit †
vom 8. Dezember 1884 mit ††.

Titel I.

Allgemeine Bestimmungen.

§ 1.

Der Betrieb eines Gewerbes ist Jedermann gestattet, soweit nicht durch dieses Gesetz Ausnahmen oder Beschränkungen vorgeschrieben oder zugelassen sind.

Wer gegenwärtig zum Betriebe eines Gewerbes berechtigt ist, kann von demselben nicht deshalb ausgeschlossen werden, weil er den Erfordernissen dieses Gesetzes nicht genügt.

§ 2.

Die Unterscheidung zwischen Stadt und Land in Bezug auf den Gewerbebetrieb und die Ausdehnung desselben hört auf.

§ 3.

Der gleichzeitige Betrieb verschiedener Gewerbe, sowie desselben Gewerbes in mehreren Betriebs- oder Verkaufsstätten ist gestattet. Eine Beschränkung der Handwerker auf den Verkauf der selbstverfertigten Waaren findet nicht statt.

§ 4.

Den Zünften und kaufmännischen Korporationen steht ein Recht, Andere von dem Betriebe eines Gewerbes auszuschließen, nicht zu.

§ 5.

In den Beschränkungen des Betriebes einzelner Gewerbe, welche auf den Zoll-, Steuer- und Postgesetzen beruhen, wird durch das gegenwärtige Gesetz nichts geändert.

§ 6.

Das gegenwärtige Gesetz findet keine Anwendung auf die Fischerei, die Errichtung und Verlegung von Apotheken, die Erziehung von Kindern gegen Entgelt, das Unterrichtswesen, die advokatorische und Notariats-Praxis, den Gewerbebetrieb der Auswanderungsunternehmer und Auswanderungsagenten, der Versicherungsunternehmer und der Eisenbahnunternehmungen, die Befugniß zum Halten öffentlicher Fähren und die Rechtsverhältnisse der Schiffsmannschaften auf den Seeschiffen. — Auf das Bergwesen, die Ausübung der Heilkunde, den Verkauf von Arzneimitteln, den Vertrieb von Lotterieloosen und die Viehzucht findet das gegenwärtige Gesetz nur insoweit Anwendung, als dasselbe ausdrückliche Bestimmungen darüber enthält.

Durch Kaiserliche Verordnung wird bestimmt, welche Apothekerwaaren dem freien Verkehr zu überlassen sind.

§ 7.

Vom 1. Januar 1873 ab sind, soweit die Landesgesetze solches nicht früher verfügen, aufgehoben:

1. die noch bestehenden ausschließlichen Gewerbeberechtigungen, d. h. die mit dem Gewerbebetriebe verbundenen Berechtigungen, Anderen den Betrieb eines Gewerbes, sei es im allgemeinen oder hinsichtlich der Benutzung eines gewissen Betriebsmaterials, zu untersagen oder sie darin zu beschränken;
2. die mit den ausschließlichen Gewerbeberechtigungen verbundenen Zwangs= und Bannrechte, mit Ausnahme der Abdeckereiberechtigungen;
3. alle Zwangs= und Bannrechte, deren Aufhebung nach dem Inhalte der Verleihungsurkunde ohne Entschädigung zulässig ist;
4. sofern die Aufhebung nicht schon in Folge dieser Bestimmungen eintritt, oder sofern sie nicht auf einem Vertrage zwischen Berechtigten und Verpflichteten beruhen:

a) das mit dem Besitze einer Mühle, einer Brennerei oder Brenngerechtigkeit, einer Brauerei oder Braugerechtigkeit, oder einer Schankstätte verbundene Recht, die Konsumenten zu zwingen, daß sie bei den Berechtigten ihren Bedarf mahlen oder schroten lassen, oder das Getränk ausschließlich von denselben beziehen (der Mahlzwang, der Branntweinzwang oder der Brauzwang);

b) das städtischen Bäckern oder Fleischern zustehende Recht, die Einwohner der Stadt, der Vorstädte oder der sog. Bannmeile zu zwingen, daß sie ihren Bedarf an Gebäck oder Fleisch ganz oder theilweise von jenen ausschließlich entnehmen;

5. die Berechtigungen, Konzessionen zu gewerblichen Anlagen oder zum Betriebe von Gewerben zu ertheilen, die dem Fiskus, Korporationen, Instituten oder einzelnen Berechtigten zustehen;

6. vorbehaltlich der an den Staat und die Gemeinde zu entrichtenden Gewerbesteuern, alle Abgaben, welche für den Betrieb eines Gewerbes entrichtet werden, sowie die Berechtigung, dergleichen Abgaben aufzuerlegen.

Ob und in welcher Weise den Berechtigten für die vorstehend aufgehobenen ausschließlichen Gewerbeberechtigungen, Zwangs= und Bannrechte u. s. w. Entschädigung zu leisten ist, bestimmen die Landesgesetze.

§ 8.

Von dem gleichen Zeitpunkte (§ 7) ab unterliegen, soweit solches nicht von der Landesgesetzgebung schon früher verfügt ist, der Ablösung:

1. diejenigen Zwangs- und Bannrechte, welche durch die Bestimmungen des § 7 nicht aufgehoben sind, sofern die Verpflichtung auf Grundbesitz haftet, die Mitglieder einer Korporation als solche betrifft, oder Bewohnern eines Ortes oder Distriktes vermöge ihres Wohnsitzes obliegt;
2. das Recht, den Inhaber einer Schankstätte zu zwingen, daß er für seinen Wirthschaftsbedarf das Getränk aus einer bestimmten Fabrikationsstätte entnehme.

Das Nähere über die Ablösung dieser Rechte bestimmen die Landesgesetze.

§ 9.

Streitigkeiten darüber, ob eine Berechtigung zu den durch die §§ 7 und 8 aufgehobenen oder für ablösbar erklärten gehört, sind im Rechtswege zu entscheiden.

Jedoch bleibt den Landesgesetzen vorbehalten, zu bestimmen, von welchen Behörden und in welchem Verfahren die Frage zu entscheiden ist, ob oder wie weit eine auf einem Grundstücke haftende Abgabe eine Grundabgabe ist, oder für den Betrieb eines Gewerbes entrichtet werden muß.

§ 10.

Ausschließliche Gewerbeberechtigungen oder Zwangs- und Bannrechte, welche durch Gesetz aufgehoben oder für ablösbar erklärt worden sind, können fortan nicht mehr erworben werden.

Realgewerbeberechtigungen dürfen fortan nicht mehr begründet werden.

§ 11.

Das Geschlecht begründet in Beziehung auf die Befugniß zum selbständigen Betriebe eines Gewerbes keinen Unterschied.

Frauen, welche selbständig ein Gewerbe betreiben, können in Angelegenheiten ihres Gewerbes selbständig Rechtsgeschäfte abschließen und vor Gericht auftreten, gleichviel, ob sie verheirathet oder unverheirathet sind. Sie können sich in Betreff der Geschäfte aus ihrem Gewerbebetriebe auf die in den einzelnen Bundesstaaten bestehenden Rechtswohlthaten der Frauen nicht berufen. Es macht hierbei keinen Unterschied, ob sie das Gewerbe allein oder in Gemeinschaft mit anderen Personen, ob sie dasselbe in eigener Person oder durch einen Stellvertreter betreiben.

§ 12.

Hinsichtlich des Gewerbebetriebes der juristischen Personen des Auslandes bewendet es bei den Landesgesetzen.

Diejenigen Beschränkungen, welche in Betreff des Gewerbebetriebes für Personen des Soldaten- und Beamtenstandes, sowie deren Angehörige bestehen, werden durch das gegenwärtige Gesetz nicht berührt.

§ 13.

Von dem Besitze des Bürgerrechts soll die Zulassung zum Gewerbebetriebe in keiner Gemeinde und bei keinem Gewerbe abhängig sein.

Nach dem begonnenen Gewerbebetriebe ist, soweit dies in der bestehenden Gemeindeverfassung begründet ist, der Gewerbetreibende auf Verlangen der Gemeindebehörde nach Ablauf von drei Jahren verpflichtet, das Bürgerrecht zu erwerben. Es darf jedoch in diesem Falle von ihm das sonst vorgeschriebene oder übliche Bürgerrechtsgeld nicht gefordert und ebenso nicht verlangt werden, daß er sein anderweit erworbenes Bürgerrecht aufgebe.

Tit. II.

Stehender Gewerbebetrieb.

I. Allgemeine Erfordernisse.

§ 14.

Wer den selbständigen Betrieb eines stehenden Gewerbes anfängt, muß der für den Ort, wo solches geschieht, nach den Landesgesetzen zuständigen Behörde gleichzeitig Anzeige davon machen. Diese Anzeige liegt auch demjenigen ob, welcher zum Betriebe eines Gewerbes im Umherziehen (Titel III) befugt ist.

Außerdem hat, wer Versicherungen für eine Mobiliar= oder Immobiliar=Feuerversicherungsanstalt als Agent oder Unteragent vermitteln will, bei Uebernahme der Agentur, und derjenige, welcher dieses Geschäft wieder aufgibt, oder welchem die

Versicherungsanstalt den Auftrag wieder entzieht, innerhalb der nächsten acht Tage der zuständigen Behörde seines Wohnortes davon Anzeige zu machen. Buch= und Steindrucker, Buch= und Kunsthändler, Antiquare, Leihbibliothekare, Inhaber von Lesekabinetten, Verkäufer von Druckschriften, Zeitungen und Bildern haben bei der Eröffnung ihres Gewerbebetriebes das Lokal desselben, sowie jeden späteren Wechsel des letzteren spätestens am Tage seines Eintritts der zuständigen Behörde ihres Wohnorts anzugeben.

§ 15.

Die Behörde bescheinigt innerhalb dreier Tage den Empfang der Anzeige.

Die Fortsetzung des Betriebes kann polizeilich verhindert werden, wenn ein Gewerbe, zu dessen Beginn eine besondere Genehmigung erforderlich ist, ohne diese Genehmigung begonnen wird.

II. Erforderniß besonderer Genehmigung.

1. Anlagen, welche einer besonderen Genehmigung bedürfen.

§ 16.

Zur Errichtung von Anlagen, welche durch die örtliche Lage oder die Beschaffenheit der Betriebsstätte für die Besitzer oder Bewohner der benachbarten Grundstücke oder für das Publikum überhaupt erhebliche Nachtheile, Gefahren oder Belästigungen herbeiführen können, ist die Genehmig=

ung der nach den Landesgesetzen zuständigen Behörde erforderlich.

Es gehören dahin:

Schießpulverfabriken, Anlagen zur Feuerwerkerei und zur Bereitung von Zündstoffen aller Art, Gasbereitungs- und Gasbewahrungsanstalten, Anstalten zur Destillation von Erdöl, Anlagen zur Bereitung von Braunkohlentheer, Steinkohlentheer und Koaks, sofern sie außerhalb der Gewinnungsorte des Materials errichtet werden, Glas- und Rußhütten, Kalk-, Ziegel- und Gypsöfen, Anlagen zur Gewinnung roher Metalle, Röstöfen, Metallgießereien, sofern sie nicht bloße Tiegelgießereien sind, Hammerwerke, chemische Fabriken aller Art, Schnellbleichen, Firnißsiedereien, Stärkefabriken, mit Ausnahme der Fabriken zur Bereitung von Kartoffelstärke, Stärkesyrupsfabriken, Wachstuch-, Darmsaiten-, Dachpappen- und Dachfilzfabriken, Leim-, Thran- und Seifensiedereien, Knochenbrennereien, Knochendarren, Knochenkochereien und Knochenbleichen, Zubereitungsanstalten für Thierhaare, Talgschmelzen, Schlächtereien, Gerbereien, Abdeckereien, Poudretten- und Düngpulverfabriken, Stauanlagen für Wassertriebwerke (§ 23), Hopfen-Schwefeldörren, Asphaltkochereien und Pechsiedereien, soweit sie außerhalb der Gewinnungsorte des Materials errichtet werden, Strohpapierstofffabriken, Darmzubereitungsanstalten, Fabriken, in welchen Dampfkessel oder andere

Blechgefäße durch Vernieten hergestellt werden, Kalifabriken und Anstalten zum Imprägniren von Holz mit erhitzten Theerölen, Kunstwollefabriken, Anlagen zur Herstellung von Celluloid und Dégrasfabriken, Fabriken, in welchen Röhren aus Blech durch Vernieten hergestellt werden, Anlagen zur Erbauung eiserner Schiffe, zur Herstellung eiserner Brücken oder sonstiger eiserner Baukonstruktionen, Anlagen zur Destillation oder zur Verarbeitung von Theer und von Theerwasser, Anlagen, in welchen aus Holz oder ähnlichem Fasermaterial auf chemischem Wege Papierstoff hergestellt wird (Cellulosenfabriken), Anlagen, in welchen Albuminpapier hergestellt wird, Anstalten zum Trocknen und Einsalzen ungegerbter Thierfelle, Verbleiungs-, Verzinnungs- und Verzinkungsanstalten.

Das vorstehende Verzeichniß kann, je nach Eintritt oder Wegfall der im Eingang gedachten Voraussetzung, durch Beschluß des Bundesraths, vorbehaltlich der Genehmigung des nächstfolgenden Reichstags, abgeändert werden.

§ 17.

Dem Antrage auf die Genehmigung einer solchen Anlage müssen die zur Erläuterung erforderlichen Zeichnungen und Beschreibungen beigefügt werden.

Ist gegen die Vollständigkeit dieser Vorlagen nichts zu erinnern, so wird das Unternehmen mittelst einmaliger Einrückung in das zu den amtlichen

Bekanntmachungen der Behörde (§ 16) bestimmte Blatt zur öffentlichen Kenntniß gebracht, mit der Aufforderung, etwaige Einwendungen gegen die neue Anlage binnen vierzehn Tagen anzubringen. Die Frist nimmt ihren Anfang mit Ablauf des Tages, an welchem das die Bekanntmachung enthaltende Blatt ausgegeben worden, und ist für alle Einwendungen, welche nicht auf privatrechtlichen Titeln beruhen, präklusivisch.

§ 18.

Werden keine Einwendungen angebracht, so hat die Behörde zu prüfen, ob die Anlage erhebliche Gefahren, Nachtheile oder Belästigungen für das Publikum herbeiführen könne. Auf Grund dieser Prüfung, welche sich zugleich auf die Beachtung der bestehenden bau-, feuer- und gesundheitspolizeilichen Vorschriften erstreckt, ist die Genehmigung zu versagen oder, unter Festsetzung der sich als nöthig ergebenden Bedingungen, zu ertheilen. Zu den letzteren gehören auch diejenigen Anordnungen, welche zum Schutze der Arbeiter gegen Gefahr für Gesundheit und Leben nothwendig sind. Der Bescheid ist schriftlich anzufertigen und muß die festgesetzten Bedingungen enthalten; er muß mit Gründen versehen sein, wenn die Genehmigung versagt oder nur unter Bedingungen ertheilt wird.

§ 19.

Einwendungen, welche auf besonderen privatrechtlichen Titeln beruhen, sind zur richterlichen

Entscheidung zu verweisen, ohne daß von der Erledigung derselben die Genehmigung der Anlage abhängig gemacht wird.

Andere Einwendungen dagegen sind mit den Parteien vollständig zu erörtern. Nach Abschluß dieser Erörterung erfolgt die Prüfung und Entscheidung nach den im § 18 enthaltenen Vorschriften. Der Bescheid ist sowohl dem Unternehmer, als dem Widersprechenden zu eröffnen.

§ 20.

Gegen den Bescheid ist Rekurs an die nächstvorgesetzte Behörde zulässig, welcher bei Verlust desselben binnen vierzehn Tagen, vom Tage der Eröffnung des Bescheides an gerechnet, gerechtfertigt werden muß.

Der Rekursbescheid ist den Parteien schriftlich zu eröffnen und muß mit Gründen versehen sein.

§ 21.

Die näheren Bestimmungen über die Behörden und das Verfahren, sowohl in der ersten als in der Rekurs=Instanz, bleiben den Landesgesetzen vorbehalten. Es sind jedoch folgende Grundsätze einzuhalten:

1. In erster oder in zweiter Instanz muß die Entscheidung durch eine kollegiale Behörde erfolgen. Diese Behörde ist befugt, Untersuchungen an Ort und Stelle zu veranlassen, Zeugen und Sachverständige zu laden und eidlich zu vernehmen, überhaupt den angetretenen Beweis in vollem Umfange zu erheben.

2. Bildet die kollegiale Behörde die erste Instanz, so ertheilt sie ihre Entscheidung in öffentlicher Sitzung, nach erfolgter Ladung und Anhörung der Parteien, auch in dem Falle, wenn zwar Einwendungen nicht angebracht sind, die Behörde aber nicht ohne weiteres die Genehmigung ertheilen will, und der Antragsteller innerhalb vierzehn Tagen nach Empfang des, die Genehmigung versagenden oder nur unter Bedingungen ertheilenden Bescheides der Behörde auf mündliche Verhandlung anträgt.
3. Bildet die kollegiale Behörde die zweite Instanz, so ertheilt sie stets ihre Entscheidung in öffentlicher Sitzung, nach erfolgter Ladung und Anhörung der Parteien.
4. Als Parteien sind der Unternehmer (Antragsteller), sowie diejenigen Personen zu betrachten, welche Einwendungen erhoben haben.
5. Die Oeffentlichkeit der Sitzungen kann unter entsprechender Anwendung der §§ 173 bis 176 des Gerichtsverfassungsgesetzes ausgeschlossen oder beschränkt werden.

§ 22.

Die durch unbegründete Einwendungen erwachsenden Kosten fallen dem Widersprechenden, alle übrigen Kosten, welche durch das Verfahren entstehen, dem Unternehmer zur Last.

In den Bescheiden über die Zulässigkeit der neuen Anlage wird zugleich die Vertheilung der Kosten festgesetzt.

§ 23.

Bei den Stauanlagen für Wassertriebwerke sind außer den Bestimmungen der §§ 17 bis 22 die dafür bestehenden landesgesetzlichen Vorschriften anzuwenden.

Der Landesgesetzgebung bleibt vorbehalten, für solche Orte, in welchen öffentliche Schlachthäuser in genügendem Umfange vorhanden sind oder errichtet werden, die fernere Benutzung bestehender und die Anlage neuer Privat-Schlächtereien zu untersagen.

Der Landesgesetzgebung bleibt ferner vorbehalten, zu verfügen, inwieweit durch Ortsstatuten darüber Bestimmung getroffen werden kann, daß einzelne Ortstheile vorzugsweise zu Anlagen der im § 16 erwähnten Art zu bestimmen, in anderen Ortstheilen aber dergleichen Anlagen entweder gar nicht oder nur unter besonderen Beschränkungen zuzulassen sind.

§ 24.

Zur Anlegung von Dampfkesseln, dieselben mögen zum Maschinenbetriebe bestimmt sein oder nicht, ist die Genehmigung der nach den Landesgesetzen zuständigen Behörde erforderlich. Dem Gesuche sind die zur Erläuterung erforderlichen Zeichnungen und Beschreibungen beizufügen.

Die Behörde hat die Zulässigkeit der Anlage nach den bestehenden bau-, feuer- und gesundheitspolizeilichen Vorschriften, sowie nach denjenigen allgemeinen polizeilichen Bestimmungen zu prüfen, welche von dem Bundesrath über die Anlegung von Dampfkesseln erlassen werden. Sie hat nach dem Befunde die Genehmigung entweder zu versagen, oder unbedingt zu ertheilen, oder endlich bei Ertheilung derselben die erforderlichen Vorkehrungen und Einrichtungen vorzuschreiben.

Bevor der Kessel in Betrieb genommen wird, ist zu untersuchen, ob die Ausführung den Bestimmungen der ertheilten Genehmigung entspricht. Wer vor dem Empfange der hierüber auszufertigenden Bescheinigung den Betrieb beginnt, hat die im § 147 angedrohte Strafe verwirkt.

Die vorstehenden Bestimmungen gelten auch für bewegliche Dampfkessel.

Für den Rekurs und das Verfahren über denselben gelten die Vorschriften der §§ 20 und 21.

§ 25.

Die Genehmigung zu einer der in den §§ 16 und 24 bezeichneten Anlagen bleibt so lange in Kraft, als keine Aenderung in der Lage oder Beschaffenheit der Betriebsstätte vorgenommen wird, und bedarf unter dieser Voraussetzung auch dann, wenn die Anlage an einen neuen Erwerber übergeht, einer Erneuerung nicht. Sobald aber eine Veränderung der Betriebsstätte vorgenommen wird, ist dazu die Genehmigung der zuständigen Behörde nach Maßgabe der §§ 17 bis 23 einschließlich, beziehungsweise des § 24 nothwendig. Eine gleiche Genehmigung ist erforderlich bei wesentlichen Veränderungen in dem Betriebe einer der im § 16 genannten Anlagen. Die zuständige Behörde kann jedoch auf Antrag des Unternehmers von der Bekanntmachung (§ 17) Abstand nehmen, wenn sie die Ueberzeugung gewinnt, daß die beabsichtigte

Veränderung für die Besitzer oder Bewohner benachbarter Grundstücke oder das Publikum überhaupt neue oder größere Nachtheile, Gefahren oder Belästigungen, als mit der vorhandenen Anlage verbunden sind, nicht herbeiführen werde.

Diese Bestimmungen finden auch auf gewerbliche Anlagen (§§ 16 und 24) Anwendung, welche bereits vor Erlaß dieses Gesetzes bestanden haben.

§ 26.

Soweit die bestehenden Rechte zur Abwehr benachtheiligender Einwirkungen, welche von einem Grundstücke aus auf ein benachbartes Grundstück geübt werden, dem Eigenthümer oder Besitzer des letzteren eine Privatklage gewähren, kann diese Klage einer mit obrigkeitlicher Genehmigung errichteten gewerblichen Anlage gegenüber niemals auf Einstellung des Gewerbebetriebes, sondern nur auf Herstellung von Einrichtungen, welche die benachtheiligende Einwirkung ausschließen, oder, wo solche Einrichtungen unthunlich oder mit einem gehörigen Betriebe des Gewerbes unvereinbar sind, auf Schadloshaltung gerichtet werden.

§ 27.

Die Errichtung oder Verlegung solcher Anlagen, deren Betrieb mit ungewöhnlichem Geräusch verbunden ist, muß, sofern sie nicht schon nach den Vorschriften der §§ 16 bis 25 der Genehmigung bedarf, der Ortspolizeibehörde angezeigt werden. Letztere hat, wenn in der Nähe der gewählten Betriebsstätte Kirchen, Schulen oder andere öffentliche Gebäude, Krankenhäuser oder Heilanstalten vorhanden sind, deren bestimmungsmäßige Benutzung durch den Gewerbebetrieb auf dieser Stelle eine erhebliche Störung erleiden würde, die Entscheidung der höheren Verwaltungsbehörde darüber einzuholen, ob die Ausübung des Gewerbes an der gewählten Betriebsstätte zu untersagen oder nur unter Bedingungen zu gestatten sei.

§ 28.

Die höheren Verwaltungsbehörden sind befugt, über die Entfernung, welche bei Errichtung von durch Wind bewegten Triebwerken von benachbarten fremden Grundstücken und von öffentlichen Wegen inne zu halten ist, durch Polizeiverordnungen Bestimmung zu treffen.

2. Gewerbetreibende, welche einer besonderen Genehmigung bedürfen.

§ 29.

Einer Approbation, welche auf Grund eines Nachweises der Befähigung ertheilt wird, bedürfen Apotheker und diejenigen Personen, welche sich als Aerzte (Wundärzte, Augenärzte, Geburtshelfer, Zahnärzte und Thierärzte) oder mit gleichbedeutenden Titeln bezeichnen oder seitens des Staates oder einer Gemeinde als solche anerkannt oder mit amtlichen Funktionen betraut werden sollen. Es darf die Approbation jedoch von der vorherigen akademischen Doktorpromotion nicht abhängig gemacht werden.

Der Bundesrath bezeichnet, mit Rücksicht auf das vorhandene Bedürfniß, in verschiedenen Theilen des Reichs die Behörden, welche für das ganze

Reich gültige Approbationen zu ertheilen befugt sind, und erläßt die Vorschriften über den Nachweis der Befähigung. Die Namen der Approbirten werden von der Behörde, welche die Approbation ertheilt, in den vom Bundesrath zu bestimmenden amtlichen Blättern veröffentlicht.

Personen, welche eine solche Approbation erlangt haben, sind innerhalb des Reichs in der Wahl des Ortes, wo sie ihr Gewerbe betreiben wollen, vorbehaltlich der Bestimmungen über die Errichtung und Verlegung von Apotheken (§ 6), nicht beschränkt.

Dem Bundesrath bleibt vorbehalten, zu bestimmen, unter welchen Voraussetzungen Personen wegen wissenschaftlich erprobter Leistungen von der vorgeschriebenen Prüfung ausnahmsweise zu entbinden sind.

Personen, welche vor Verkündigung dieses Gesetzes in einem Bundesstaate die Berechtigung zum Gewerbebetriebe als Aerzte, Wundärzte, Zahnärzte, Geburtshelfer, Apotheker oder Thierärzte bereits erlangt haben, gelten als für das ganze Reich approbirt.

§ 30.

Unternehmer von Privat=Kranken=, Privat=Entbindungs= und Privat=Irrenanstalten bedürfen einer Konzession der höheren Verwaltungsbehörde. Die Konzession ist nur dann zu versagen:

a) wenn Thatsachen vorliegen, welche die Unzuverlässigkeit des Unternehmers in Beziehung auf die Leitung oder Verwaltung der Anstalt darthun,

b) wenn nach den von dem Unternehmer einzureichenden Beschreibungen und Plänen die baulichen und die sonstigen technischen Einrichtungen der Anstalt den gesundheitspolizeilichen Anforderungen nicht entsprechen.

Hebammen bedürfen eines Prüfungszeugnisses der nach den Landesgesetzen zuständigen Behörde.

§ 30a.

Der Betrieb des Hufbeschlaggewerbes kann durch die Landesgesetzgebung von der Beibringung eines Prüfungszeugnisses abhängig gemacht werden. Das ertheilte Prüfungszeugniß gilt für den ganzen Umfang des Reichs.

§ 31.

Seeschiffer, Seesteuerleute, Maschinisten der Seedampfschiffe und Lootsen müssen sich über den Besitz der erforderlichen Kenntnisse durch ein Befähigungszeugniß der zuständigen Verwaltungsbehörde ausweisen.

Der Bundesrath erläßt die Vorschriften über den Nachweis der Befähigung. Die auf Grund dieses Nachweises ertheilten Zeugnisse gelten für das ganze Reich, bei Lootsen für das im Zeugniß angeführte Fahrwasser.

So weit in Betreff der Schiffer und Lootsen auf Strömen in Folge von Staatsverträgen besondere Anordnungen getroffen sind, behält es dabei sein Bewenden.

§ 32.

Schauspielunternehmer bedürfen zum Betriebe ihres Gewerbes der Erlaubniß. Dieselbe ist zu versagen, wenn die Behörde auf Grund von Thatsachen die Ueberzeugung gewinnt, daß der Nachsuchende die zu dem beabsichtigten Gewerbebetriebe erforderliche Zuverlässigkeit, insbesondere in sittlicher, artistischer und finanzieller Hinsicht nicht besitzt.

§ 33.

Wer Gastwirthschaft, Schankwirthschaft oder Kleinhandel mit Branntwein oder Spiritus betreiben will, bedarf dazu der Erlaubniß.

Diese Erlaubniß ist nur dann zu versagen:

1. wenn gegen den Nachsuchenden Thatsachen vorliegen, welche die Annahme rechtfertigen, daß er das Gewerbe zur Förderung der Völlerei, des verbotenen Spiels, der Hehlerei oder der Unsittlichkeit mißbrauchen werde;
2. wenn das zum Betriebe des Gewerbes bestimmte Lokal wegen seiner Beschaffenheit oder Lage den polizeilichen Anforderungen nicht genügt.

Die Landesregierungen sind befugt, außerdem zu bestimmen, daß

a) die Erlaubniß zum Ausschänken von Branntwein oder zum Kleinhandel mit Branntwein oder Spiritus allgemein,
b) die Erlaubniß zum Betriebe der Gastwirthschaft oder zum Ausschänken von Wein, Bier oder anderen, nicht unter a fallenden, geistigen Getränken in Ortschaften mit

weniger als 15 000 Einwohnern, sowie in solchen Ortschaften mit einer größeren Einwohnerzahl, für welche dies durch Ortsstatut (§ 142) festgesetzt wird,

von dem Nachweis eines vorhandenen Bedürfnisses abhängig sein solle.

Vor Ertheilung der Erlaubniß ist die Orts- polizei- und die Gemeindebehörde gutachtlich zu hören.

§ 33a.

Wer gewerbsmäßig Singspiele, Gesangs- und deklamatorische Vorträge, Schaustellungen von Personen oder theatralische Vorstellungen, ohne daß ein höheres Interesse der Kunst oder Wissenschaft dabei obwaltet, in seinen Wirthschafts- oder sonstigen Räumen öffentlich veranstalten oder zu deren öffentlicher Veranstaltung seine Räume benutzen lassen will, bedarf zum Betriebe dieses Gewerbes der Erlaubniß ohne Rücksicht auf die etwa bereits erwirkte Erlaubniß zum Betriebe des Gewerbes als Schauspielunternehmer.

Die Erlaubniß ist nur dann zu versagen:

1. wenn gegen den Nachsuchenden Thatsachen vorliegen, welche die Annahme rechtfertigen, daß die beabsichtigten Veranstaltungen den Gesetzen oder guten Sitten zuwiderlaufen werden;
2. wenn das zum Betriebe des Gewerbes bestimmte Lokal wegen seiner Beschaffenheit oder Lage den polizeilichen Anforderungen nicht genügt;

3. wenn der den Verhältnissen des Gemeindebezirks entsprechenden Anzahl von Personen die Erlaubniß bereits ertheilt ist.

Aus den unter Ziffer 1 angeführten Gründen kann die Erlaubniß zurückgenommen und Personen, welche vor dem Inkrafttreten dieses Gesetzes den Gewerbebetrieb begonnen haben, derselbe untersagt werden.

§ 33 b.

Wer gewerbsmäßig Musikaufführungen, Schaustellungen, theatralische Vorstellungen oder sonstige Lustbarkeiten, ohne daß ein höheres Interesse der Kunst oder Wissenschaft dabei obwaltet, von Haus zu Haus oder auf öffentlichen Wegen, Straßen, Plätzen darbieten will, bedarf der vorgängigen Erlaubniß der Ortspolizeibehörde.

§ 33 c.

Die Abhaltung von Tanzlustbarkeiten richtet sich nach den landesrechtlichen Bestimmungen.

§ 34.

Wer das Geschäft eines Pfandleihers betreiben will, bedarf dazu der Erlaubniß. Diese ist zu versagen, wenn Thatsachen vorliegen, welche die Unzuverlässigkeit des Nachsuchenden in Bezug auf den beabsichtigten Gewerbebetrieb darthun. Die Landesregierungen sind befugt, außerdem zu bestimmen, daß in Ortschaften, für welche dies durch Ortsstatut (§ 142) festgesetzt wird, die Erlaubniß von dem Nachweis eines vorhandenen Bedürfnisses abhängig sein solle.

Als Pfandleihgewerbe gilt auch der gewerbsmäßige Ankauf beweglicher Sachen mit Gewährung des Rückkaufsrechts.

Die Landesgesetze können vorschreiben, daß zum Handel mit Giften und zum Betriebe des Lootsengewerbes besondere Genehmigung erforderlich ist, imgleichen, daß das Gewerbe der Markscheider nur von Personen betrieben werden darf, welche als solche geprüft und konzessionirt sind.

§ 35.

Die Ertheilung von Tanz-, Turn- und Schwimmunterricht als Gewerbe, sowie der Betrieb von Badeanstalten ist zu untersagen, wenn Thatsachen vorliegen, welche die Unzuverlässigkeit des Gewerbetreibenden in Bezug auf diesen Gewerbebetrieb darthun.

Unter derselben Voraussetzung sind zu untersagen: der Trödelhandel (Handel mit gebrauchten Kleidern, gebrauchten Betten oder gebrauchter Wäsche, Kleinhandel mit altem Metallgeräth, mit Metallbruch oder dergleichen), sowie der Kleinhandel mit Garnabfällen oder Dräumen von Seide, Wolle, Baumwolle oder Leinen, und der Handel mit Dynamit oder anderen Sprengstoffen.

Dasselbe gilt von der gewerbsmäßigen Besorgung fremder Rechtsangelegenheiten und bei Behörden wahrzunehmender Geschäfte, insbesondere der Abfassung der darauf bezüglichen schriftlichen Aufsätze, von dem Geschäfte der gewerbsmäßigen Vermittelungsagenten für Immobiliarverträge, Darlehen und Heirathen, von dem Geschäfte eines Gesindevermiethers und eines Stellenvermittlers, sowie vom Geschäfte eines Auktionators. Denjenigen, welche gewerbsmäßig das Geschäft eines Auktionators betreiben, ist es verboten, Immobilien zu versteigern, wenn sie nicht von den dazu befugten Staats= oder Kommunalbehörden oder Korporationen als solche angestellt sind (§ 36).

Personen, welche die in diesem Paragraphen bezeichneten Gewerbe beginnen, haben bei Eröffnung ihres Gewerbebetriebes der zuständigen Behörde hiervon Anzeige zu machen.

§ 36.

Das Gewerbe der Feldmesser, Auktionatoren, derjenigen, welche den Feingehalt edler Metalle, oder die Beschaffenheit, Menge oder richtige Verpackung von Waaren irgend einer Art feststellen, der Güterbestätiger, Schaffner, Wäger, Messer, Bracker, Schauer, Stauer u. s. w. darf zwar frei betrieben werden, es bleiben jedoch die verfassungsmäßig dazu befugten Staats= oder Kommunalbehörden oder Korporationen auch ferner berechtigt, Personen, welche diese Gewerbe betreiben wollen, auf die Beobachtung der bestehenden Vorschriften zu beeidigen und öffentlich anzustellen.

Die Bestimmungen der Gesetze, welche den Handlungen der genannten Gewerbetreibenden eine besondere Glaubwürdigkeit beilegen oder an diese Handlungen besondere rechtliche Wirkungen knüpfen, sind nur auf die von den verfassungsmäßig dazu befugten Staats= oder Kommunalbehörden oder Korporationen angestellten Personen zu beziehen.

§ 37.

Der Regelung durch die Ortspolizeibehörde unterliegt die Unterhaltung des öffentlichen Verkehrs innerhalb der Orte durch Wagen aller Art, Gondeln, Sänften, Pferde und andere Transportmittel, sowie das Gewerbe derjenigen Personen, welche auf öffentlichen Straßen oder Plätzen ihre Dienste anbieten.

§ 38.

Die Centralbehörden sind befugt, über den Umfang der Befugnisse und Verpflichtungen, sowie über den Geschäftsbetrieb der Pfandleiher, soweit darüber die Landesgesetze nicht Bestimmungen treffen, Vorschriften zu erlassen. Die in dieser Beziehung bestehenden landesgesetzlichen Bestimmungen finden auf den im § 34 Absatz 2 bezeichneten Geschäftsbetrieb Anwendung. Soweit es sich um diesen Geschäftsbetrieb handelt, gilt die Zahlung des Kaufpreises als Hingabe des Darlehens, der Unterschied zwischen dem Kaufpreise und dem verabredeten Rückkaufspreise als bedungene Vergütung für das Darlehen und die Uebergabe der Sache als Verpfändung derselben für das Darlehen.

Die Centralbehörden sind ferner befugt, Vorschriften darüber zu erlassen, in welcher Weise die im § 35 Absatz 2 und 3 verzeichneten Gewerbetreibenden ihre Bücher zu führen und welcher polizeilichen Kontrole über den Umfang und die Art ihres Geschäftsbetriebes sie sich zu unterwerfen haben.

§ 39.

Die Landesgesetze können die Einrichtung von Kehrbezirken für Schornsteinfeger gestatten. Jedoch ist, wo Kehrbezirke bestehen oder eingerichtet werden, die höhere Verwaltungsbehörde, soweit nicht Privatrechte entgegenstehen, befugt, die Kehrbezirke aufzuheben oder zu verändern, ohne daß deshalb den Bezirksschornsteinfegern ein Widerspruchsrecht oder ein Anspruch auf Entschädigung zusteht.

§ 40.

Die in den §§ 29 bis 33 a und im § 34 erwähnten Approbationen und Genehmigungen dürfen weder auf Zeit ertheilt, noch vorbehaltlich der Bestimmungen in den §§ 33a, 53 und 143 widerrufen werden.

Gegen Versagung der Genehmigung zum Betriebe eines der in den §§ 30, 30a, 32, 33, 33a und 34, sowie gegen Untersagung des Betriebes der in den §§ 33a, 35 und 37 erwähnten Gewerbe ist der Rekurs zulässig. Wegen des Verfahrens und der Behörden gelten die Vorschriften der §§ 20 und 21.

III. Umfang, Ausübung und Verlust der Gewerbebefugnisse.

§ 41.

Die Befugniß zum selbständigen Betriebe eines stehenden Gewerbes begreift das Recht in sich, in beliebiger Zahl Gesellen, Gehülfen, Arbeiter jeder Art und, soweit die Vorschriften des gegenwärtigen

Gesetzes nicht entgegenstehen, Lehrlinge anzunehmen. In der Wahl des Arbeits= und Hülfspersonals finden keine anderen Beschränkungen statt, als die durch das gegenwärtige Gesetz festgestellten.

In Betreff der Berechtigung der Apotheker, Gehülfen und Lehrlinge anzunehmen, bewendet es bei den Bestimmungen der Landesgesetze.

*§ 41 a.

Soweit nach den Bestimmungen der §§ 105 b bis 105 h Gehülfen, Lehrlinge und Arbeiter im Handelsgewerbe an Sonn= und Festtagen nicht beschäftigt werden dürfen, darf in offenen Verkaufsstellen ein Gewerbebetrieb an diesen Tagen nicht stattfinden.

Weitergehenden landesgesetzlichen Beschränkungen des Gewerbebetriebes an Sonn= und Festtagen steht diese Bestimmung nicht entgegen.

§ 42.

Wer zum selbständigen Betriebe eines stehenden Gewerbes befugt ist, darf dasselbe innerhalb und unbeschadet der Bestimmungen des dritten Titels auch außerhalb des Gemeindebezirks seiner gewerblichen Niederlassung ausüben.

Eine gewerbliche Niederlassung gilt nicht als vorhanden, wenn der Gewerbetreibende im Inlande ein zu dauerndem Gebrauche eingerichtetes, beständig oder doch in regelmäßiger Wiederkehr von ihm benutztes Lokal für den Betrieb seines Gewerbes nicht besitzt.

§ 42a.

Gegenstände, welche von dem Ankauf oder Feilbieten im Umherziehen ausgeschlossen sind, dürfen auch innerhalb des Gemeindebezirks des Wohnortes oder der gewerblichen Niederlassung von Haus zu Haus oder auf öffentlichen Wegen, Straßen, Plätzen oder an anderen öffentlichen Orten nicht feilgeboten oder zum Wiederverkauf angekauft werden, mit Ausnahme von Bier und Wein in Fässern und Flaschen und vorbehaltlich des nach § 33 erlaubten Gewerbebetriebes.

Die zuständige Landesregierung ist befugt, soweit ein Bedürfniß dazu obwaltet, anzuordnen, daß und inwiefern weitere Ausnahmen von diesem Verbote stattfinden sollen.

Das Feilbieten geistiger Getränke kann von der Ortspolizeibehörde im Falle besonderen Bedürfnisses vorübergehend gestattet werden.

§ 42b.

Durch die höhere Verwaltungsbehörde kann auf Grund eines Gemeindebeschlusses für einzelne Gemeinden bestimmt werden, daß Personen, welche in dem Gemeindebezirke einen Wohnsitz oder eine gewerbliche Niederlassung besitzen und welche innerhalb des Gemeindebezirks auf öffentlichen Wegen, Straßen, Plätzen oder an anderen öffentlichen Orten, oder ohne vorgängige Bestellung von Haus zu Haus

1. Waaren feilbieten, oder
2. Waaren bei anderen Personen, als bei Kaufleuten oder solchen Personen, welche

die Waaren produziren, oder an anderen Orten, als in offenen Verkaufsstellen zum Wiederverkauf ankaufen, oder Waarenbestellungen bei Personen, in deren Gewerbebetriebe Waaren der angebotenen Art keine Verwendung finden, aufsuchen, oder

3. gewerbliche Leistungen, hinsichtlich deren dies nicht Landesgebrauch ist, anbieten wollen,

der Erlaubniß bedürfen. Diese Bestimmung kann auf gewisse Kategorien von Waaren und Leistungen beschränkt werden.

Auf die Ertheilung, Versagung und Zurücknahme der Erlaubniß finden die Vorschriften der §§ 57, 57a, 57b, 58 und 63 Absatz 1, und auf die Ausübung des Gewerbebetriebes die Vorschriften der §§ 60b, 60c, 60d Absatz 1 und 2 und 63 Absatz 2 entsprechende Anwendung.

In Betreff der im § 59 Ziffer 1 und 2 bezeichneten Erzeugnisse und Waaren, auch wenn dieselben nicht zu den selbstgewonnenen oder selbstverfertigten gehören, ferner in Betreff der Druckschriften, anderen Schriften und Bildwerke, insoweit der Gewerbebetrieb hiermit von Haus zu Haus stattfindet, sowie in Betreff der vom Bundesrath in Gemäßheit des § 44 Absatz 2 gestatteten Ausnahmen darf der betreffende Gewerbebetrieb in dem Gemeindebezirke des Wohnsitzes oder der gewerblichen Niederlassung von einer Erlaubniß nicht abhängig gemacht werden. In Betreff der im § 59 Ziffer 1 und 2 bezeichneten Erzeugnisse und Waaren kann jedoch der Gewerbebetrieb unter den im § 57 Ziffer 1 bis 4 erwähnten Voraussetzungen untersagt, sowie nach Maßgabe des § 60b Absatz 2 und

§ 60c Absatz 2 beschränkt werden. Auf die Untersagung dieses Gewerbebetriebes finden die Vorschriften des § 63 Absatz 1, auf die Beschränkung desselben die Vorschriften des § 63 Absatz 2 entsprechende Anwendung.

Die höhere Verwaltungsbehörde ist befugt, die vom Bundesrath gemäß § 56d getroffenen Bestimmungen auf diejenigen Ausländer entsprechend anzuwenden, welche innerhalb des Gemeindebezirks ihres Wohnortes oder ihrer gewerblichen Niederlassung auf öffentlichen Wegen, Straßen, Plätzen oder an anderen öffentlichen Orten, oder ohne vorgängige Bestellung von Haus zu Haus eines der unter Ziff. 1 bis 3 bezeichneten Gewerbe betreiben wollen.

§ 43.

Wer gewerbsmäßig Druckschriften oder andere Schriften oder Bildwerke auf öffentlichen Wegen, Straßen, Plätzen oder anderen öffentlichen Orten ausrufen, verkaufen, vertheilen, anheften oder anschlagen will, bedarf dazu einer Erlaubniß der Ortspolizeibehörde, und hat den über diese Erlaubniß auszustellenden, auf seinen Namen lautenden Legitimationsschein bei sich zu führen.

Auf die Ertheilung und Versagung der Erlaubniß finden die Vorschriften der §§ 57 Nr. 1, 2, 4, 57a, 57b Nr. 1 und 2 und 63 Absatz 1 entsprechende Anwendung. Auf das bloße Anheften und Anschlagen findet der Versagungsgrund der abschreckenden Entstellung keine Anwendung.

Zur Vertheilung von Stimmzetteln und Druckschriften zu Wahlzwecken bei der Wahl zu gesetzgebenden Körperschaften ist eine polizeiliche Erlaubniß in der Zeit von der amtlichen Bekanntmachung des Wahltages bis zur Beendigung des Wahlaktes nicht erforderlich.

Dasselbe gilt auch bezüglich der nichtgewerbsmäßigen Vertheilung von Stimmzetteln und Druckschriften zu Wahlzwecken.

In geschlossenen Räumen ist zur nicht gewerbsmäßigen Vertheilung von Druckschriften oder anderen Schriften oder Bildwerken eine Erlaubniß nicht erforderlich.

An die Stelle des im § 5 Absatz 1 des Preßgesetzes vom 7. Mai 1874 angezogenen § 57 der Gewerbeordnung treten die Bestimmungen der §§ 57 Nr. 1, 2, 4, 57a, 57b Nr. 1 und 2 des gegenwärtigen Gesetzes.

§ 44.

Wer ein stehendes Gewerbe betreibt, ist befugt, auch außerhalb des Gemeindebezirks seiner gewerblichen Niederlassung persönlich oder durch in seinem Dienste stehende Reisende für die Zwecke seines Gewerbebetriebes Waaren aufzukaufen und Bestellungen auf Waaren zu suchen.

Die aufgekauften Waaren dürfen nur behufs deren Beförderung nach dem Bestimmungsorte mitgeführt werden; von den Waaren, auf welche Bestellungen gesucht werden, dürfen nur Proben und Muster mitgeführt werden, soweit nicht der Bundesrath für bestimmte Waaren, welche im Verhältnisse zu ihrem Umfange einen hohen Werth haben und übungsgemäß an die Wiederverkäufer im Stück abgesetzt werden, zum Zweck des Absatzes an Personen, welche damit Handel treiben, Ausnahmen zuläßt.

Das Aufkaufen von Waaren darf ferner nur bei Kaufleuten oder solchen Personen, welche die Waaren produziren, oder in offenen Verkaufsstellen erfolgen.

§ 44 a.

Wer in Gemäßheit des § 44 Absatz 1 und 2 Waarenbestellungen aufsucht oder Waaren aufkauft, bedarf hierzu einer Legitimationskarte, welche auf den Antrag des Inhabers des stehenden Gewerbebetriebes von der für dessen Niederlassungsort zuständigen Verwaltungsbehörde für die Dauer des Kalenderjahres und den Umfang des Reichs ausgestellt wird. Die Legitimationskarte enthält den Namen des Inhabers derselben, den Namen der Person oder der Firma, in deren Diensten er handelt, und die nähere Bezeichnung des Gewerbebetriebes.

Der Inhaber der Legitimationskarte ist verpflichtet, dieselbe während der Ausübung des Gewerbebetriebes bei sich zu führen, auf Erfordern der zuständigen Behörden oder Beamten vorzuzeigen und, sofern er hierzu nicht im Stande ist, auf deren Geheiß den Betrieb bis zur Herbeischaffung der Legitimationskarte einzustellen.

Die Legitimationskarte ist zu versagen, wenn bei demjenigen, für welchen sie beantragt wird, eine der im § 57 Ziffer 1 bis 4 bezeichneten Voraussetzungen zutrifft, außerdem darf sie nur dann versagt werden, wenn die im § 57 b Ziffer 2 bezeichnete Voraussetzung vorliegt.

Die Legitimationskarte kann durch die Behörde, welche sie ausgestellt hat, zurückgenommen werden, wenn sich ergiebt, daß eine der im § 57 Ziffer 1 bis 4 bezeichneten Voraussetzungen zur Zeit der Ertheilung derselben vorhanden gewesen, der Behörde aber unbekannt geblieben, oder nach Ertheilung derselben eingetreten ist, oder wenn bei dem Geschäftsbetriebe die im § 44 gezogenen Schranken überschritten werden.

Wegen des Verfahrens gelten die Vorschriften des § 63 Absatz 1.

Einer Legitimationskarte bedürfen diejenigen Gewerbetreibenden nicht, welche durch die in den Zollvereins= oder Handelsverträgen vorgesehene Gewerbelegitimationskarte bereits legitimirt sind. In Betreff dieser Gewerbetreibenden finden die vorstehenden Bestimmungen über die Verpflichtung zum Mitführen der Legitimationskarte, über die Folgen der Nichterfüllung dieser Verpflichtung, sowie über die Versagung und Zurücknahme der Karte entsprechende Anwendung.

§ 45.

Die Befugnisse zum stehenden Gewerbebetriebe können durch Stellvertreter ausgeübt werden; diese müssen jedoch den für das in Rede stehende Gewerbe insbesondere vorgeschriebenen Erfordernissen genügen.

§ 46.

Nach dem Tode eines Gewerbetreibenden darf das Gewerbe für Rechnung der Wittwe während des Wittwenstandes, oder, wenn minderjährige

Erben vorhanden sind, für deren Rechnung durch einen nach § 45 qualifizirten Stellvertreter betrieben werden, insofern die über den Betrieb einzelner Gewerbe bestehenden besonderen Vorschriften nicht ein Anderes anordnen. Dasselbe gilt während der Dauer einer Kuratel oder Nachlaßregulirung.

§ 47.

Inwiefern für die nach den §§ 34 und 36 konzessionirten oder angestellten Personen eine Stellvertretung zulässig ist, hat in jedem einzelnen Falle die Behörde zu bestimmen, welcher die Konzessionirung oder Anstellung zusteht.

Dasselbe gilt in Beziehung auf diejenigen Schornsteinfeger, denen ein Kehrbezirk zugewiesen ist. (§ 39.)

§ 48.

Realgewerbeberechtigungen können auf jede, nach den Vorschriften dieses Gesetzes zum Betriebe des Gewerbes befähigte Person in der Art übertragen werden, daß der Erwerber die Gewerbeberechtigung für eigene Rechnung ausüben darf.

§ 49.

Bei Ertheilung der Genehmigung zu einer Anlage der in den §§ 16 und 24 bezeichneten Arten, imgleichen zur Anlegung von Privat=Kranken=, Privat=Entbindungs= und Privat=Irrenanstalten, zu Schauspielunternehmungen, sowie zum Betriebe der im § 33 gedachten Gewerbe, kann von der genehmigenden Behörde den Umständen nach eine Frist festgesetzt werden, binnen welcher die Anlage oder das Unternehmen bei Vermeidung des Erlöschens der Genehmigung begonnen und ausgeführt, und der Gewerbebetrieb angefangen werden muß. Ist eine solche Frist nicht bestimmt, so erlischt die ertheilte Genehmigung, wenn der Inhaber nach Empfang derselben ein ganzes Jahr verstreichen läßt, ohne davon Gebrauch zu machen.

Eine Verlängerung der Frist kann von der Behörde bewilligt werden, sobald erhebliche Gründe nicht entgegenstehen.

Hat der Inhaber einer solchen Genehmigung seinen Gewerbebetrieb während eines Zeitraums von drei Jahren eingestellt, ohne eine Fristung nachgesucht und erhalten zu haben, so erlischt dieselbe.

Für die im § 16 aufgeführten Anlagen darf die nachgesuchte Fristung so lange nicht versagt werden, als wegen einer durch Erbfall oder Konkurserklärung entstandenen Ungewißheit über das Eigenthum an einer Anlage oder, in Folge höherer Gewalt, der Betrieb entweder gar nicht oder nur mit erheblichem Nachtheile für den Inhaber oder Eigenthümer der Anlage stattfinden kann.

Das Verfahren für die Fristung ist dasselbe, wie für die Genehmigung neuer Anlagen.

§ 50.

Auf die Inhaber der bereits vor dem Erscheinen des gegenwärtigen Gesetzes ertheilten Genehmigungen finden die im § 49 bestimmten Fristen ebenfalls Anwendung, jedoch mit der Maßgabe, daß diese Fristen von dem Tage der Verkündigung des Gesetzes an zu laufen anfangen.

§ 51.

Wegen überwiegender Nachtheile und Gefahren für das Gemeinwohl kann die fernere Benutzung einer jeden gewerblichen Anlage durch die höhere Verwaltungsbehörde zu jeder Zeit untersagt werden. Doch muß dem Besitzer alsdann für den erweislichen Schaden Ersatz geleistet werden.

Gegen die untersagende Verfügung ist der Rekurs zulässig; wegen der Entschädigung steht der Rechtsweg offen.

§ 52.

Die Bestimmung des § 51 findet auch auf die zur Zeit der Verkündigung des gegenwärtigen Gesetzes bereits vorhandenen gewerblichen Anlagen Anwendung; doch entspringt aus der Untersagung der ferneren Benutzung kein Anspruch auf Entschädigung, wenn bei der früher ertheilten Genehmigung ausdrücklich vorbehalten worden ist, dieselbe ohne Entschädigung zu widerrufen.

§ 53.

Die in dem § 29 bezeichneten Approbationen können von der Verwaltungsbehörde nur dann zurückgenommen werden, wenn die Unrichtigkeit der Nachweise dargethan wird, auf Grund deren solche ertheilt worden sind, oder wenn dem Inhaber der Approbation die bürgerlichen Ehrenrechte aberkannt sind, im letzteren Falle jedoch nur für die Dauer des Ehrenverlustes.

Außer aus diesen Gründen können die in den §§ 30, 30a, 32, 33, 34 und 36 bezeichneten Genehmigungen und Bestallungen in gleicher Weise zurückgenommen werden, wenn aus Handlungen oder Unterlassungen des Inhabers der Mangel derjenigen Eigenschaften, welche bei der Ertheilung der Genehmigung oder Bestallung nach der Vorschrift dieses Gesetzes vorausgesetzt werden mußten, klar erhellt. Inwiefern durch die Handlungen oder Unterlassungen eine Strafe verwirkt ist, bleibt der richterlichen Entscheidung vorbehalten.

Pfandleihern, welche vor dem Inkrafttreten des Gesetzes vom 23. Juli 1879 (Reichs-Gesetzbl. S. 267) den Gewerbebetrieb begonnen haben, kann derselbe untersagt werden, wenn Thatsachen vorliegen, welche die Unzuverlässigkeit des Gewerbetreibenden in Bezug auf den Gewerbebetrieb darthun.

§ 54.

Wegen des Verfahrens und der Behörden, welche in Bezug auf die untersagte Benutzung einer gewerblichen Anlage (§ 51), auf die Untersagung eines Gewerbebetriebes (§ 35), und die Zurücknahme einer Approbation, Genehmigung oder Bestallung (§§ 33a, 53) maßgebend sind, gelten die Vorschriften der §§ 20 und 21.

Titel III.

Gewerbebetrieb im Umherziehen.

§ 55.

Wer außerhalb des Gemeindebezirks seines Wohnortes oder der durch besondere Anordnung der höheren Verwaltungsbehörde dem Gemeindebezirke des Wohnortes gleichgestellten nächsten Umgebung desselben ohne Begründung einer gewerblichen Niederlassung und ohne vorgängige Bestellung in eigener Person

1. Waaren feilbieten,
2. Waarenbestellungen aufsuchen oder Waaren bei anderen Personen, als bei Kaufleuten, oder an anderen Orten, als in offenen Verkaufsstellen zum Wiederverkauf ankaufen,
3. gewerbliche Leistungen anbieten,
4. Musikaufführungen, Schaustellungen, theatralische Vorstellungen oder sonstige Lustbarkeiten, ohne daß ein höheres Interesse der Kunst oder der Wissenschaft dabei obwaltet, darbieten will,

bedarf eines Wandergewerbescheins, soweit nicht für die in Ziff. 2 bezeichneten Fälle in Gemäßheit des § 44a eine Legitimationskarte genügt.

In dem Falle der Ziffer 4 ist auch für den Marktverkehr (§ 64) ein Wandergewerbeschein erforderlich.

* § 55a.

An Sonn= und Festtagen (§ 105a Absatz 2) ist der Gewerbebetrieb im Umherziehen, soweit er unter § 55 Absatz 1 Ziff. 1 bis 3 fällt, sowie der Gewerbebetrieb der im § 42b bezeichneten Personen verboten.

Ausnahmen können von der unteren Verwaltungsbehörde zugelassen werden. Der Bundesrath ist ermächtigt, über die Voraussetzungen und Bedingungen, unter denen Ausnahmen zugelassen werden dürfen, Bestimmungen zu erlassen.

§ 56.

Beschränkungen, vermöge deren gewisse Waaren von dem Feilhalten im stehenden Gewerbebetriebe ganz oder theilweise ausgeschlossen sind, gelten auch für deren Feilbieten im Umherziehen.

Ausgeschlossen vom Ankauf oder Feilbieten im Umherziehen sind:

1. geistige Getränke, soweit nicht das Feilbieten derselben von der Ortspolizeibehörde im Falle besonderen Bedürfnisses vorübergehend gestattet ist;
2. gebrauchte Kleider, gebrauchte Wäsche, gebrauchte Betten und gebrauchte Bettstücke, insbesondere Bettfedern, Menschenhaare, Garnabfälle, Enden und Dräumen von Seide, Wolle, Leinen oder Baumwolle;
3. Gold- und Silberwaaren, Bruchgold und Bruchsilber, sowie Taschenuhren;
4. Spielkarten;
5. Staats- und sonstige Werthpapiere, Lotterieloose, Bezugs- und Antheilscheine auf Werthpapiere und Lotterieloose;
6. explosive Stoffe, insbesondere Feuerwerkskörper, Schießpulver und Dynamit;
7. solche mineralische und andere Oele, welche leicht entzündlich sind, insbesondere Petroleum, sowie Spiritus;
8. Stoß-, Hieb- und Schußwaffen;
9. Gifte und gifthaltige Waaren, Arznei- und Geheimmittel.

Ausgeschlossen vom Feilbieten im Umherziehen sind ferner:

10. Druckschriften, andere Schriften und Bildwerke, insofern sie in sittlicher oder religiöser Beziehung Aergerniß zu geben geeignet sind, oder welche mittelst Zusicherung von Prämien oder Gewinnen vertrieben werden.

Wer Druckschriften, andere Schriften oder Bildwerke im Umherziehen feilbieten will, hat ein Verzeichniß derselben der zuständigen Verwaltungsbehörde seines Wohnortes zur Genehmigung vorzulegen. Die Genehmigung ist nur zu versagen, soweit das Verzeichniß Druckschriften, andere Schriften oder Bildwerke der vorbezeichneten Art enthält. Der Gewerbetreibende darf nur die in dem genehmigten Verzeichnisse enthaltenen Druckschriften, anderen Schriften oder Bildwerke bei sich führen, und ist verpflichtet, das Verzeichniß während der Ausübung des Gewerbebetriebes bei sich zu führen, auf Erfordern der zuständigen Behörden oder Beamten vorzuzeigen und, sofern er hierzu nicht im Stande ist, auf deren Geheiß den Betrieb bis zur Herbeischaffung des Verzeichnisses einzustellen.

§ 56 a.

Ausgeschlossen vom Gewerbebetriebe im Umherziehen sind ferner:

1. die Ausübung der Heilkunde, insoweit der Ausübende für dieselbe nicht approbirt ist;
2. das Aufsuchen sowie die Vermittelung von Darlehensgeschäften und von Rückkaufsgeschäften ohne vorgängige Bestellung, ferner das Aufsuchen von Bestellungen auf

Staats= und sonstige Werthpapiere, Lotterie=loose und Bezugs= und Antheilscheine auf Werthpapiere und Lotterieloose;

3. das Aufsuchen von Bestellungen auf Brannt=wein und Spiritus bei Personen, in deren Gewerbebetriebe dieselben keine Verwendung finden.

§ 56b.

Der Bundesrath ist befugt, soweit ein Be=dürfniß obwaltet, anzuordnen, daß und inwiefern der Ankauf oder das Feilbieten von einzelnen der im § 56 Absatz 2 ausgeschlossenen Waaren im Umherziehen gestattet sein soll.

Aus Gründen der öffentlichen Sicherheit, so=wie zur Abwehr oder Unterdrückung von Seuchen kann durch Beschluß des Bundesraths und in drin=genden Fällen durch Anordnung des Reichskanzlers nach Einvernehmen mit dem Ausschuß des Bundes=raths für Handel und Verkehr für den Um=fang des Reichs oder für Theile desselben be=stimmt werden, daß und inwiefern außer den in den §§ 56 und 56a aufgeführten Gegenständen und Leistungen auch noch andere Gegenstände und Leistungen auf bestimmte Dauer von dem Gewerbe=betriebe im Umherziehen ausgeschlossen sein sollen. Die Anordnung ist dem Reichstag sofort, oder, wenn derselbe nicht versammelt ist, bei seinem nächsten Zusammentritt mitzutheilen. Dieselbe ist außer Kraft zu setzen, wenn der Reichstag die Zu=stimmung nicht ertheilt.

Durch die Landesregierungen kann das Umher=ziehen mit Zuchthengsten zur Deckung von Stuten untersagt oder Beschränkungen unterworfen werden.

§ 56c.

Das Feilbieten von Waaren im Umherziehen in der Art, daß dieselben versteigert oder im Wege des Glückspiels oder der Ausspielung (Lotterie) abgesetzt werden, ist nicht gestattet. Ausnahmen von diesem Verbote dürfen von der zuständigen Behörde zugelassen werden.

Oeffentliche Ankündigungen des Gewerbebetriebes dürfen nur unter dem Namen des Gewerbetreibenden mit Hinzufügung seines Wohnortes erlassen werden. Wird für den Gewerbebetrieb eine Verkaufsstelle benutzt, so muß an derselben in einer für Jedermann erkennbaren Weise ein den Namen und Wohnort des Gewerbetreibenden angebender Aushang angebracht werden. Dies gilt insbesondere von den Wanderlagern.

§ 56d.

Ausländern kann der Gewerbebetrieb im Umherziehen gestattet werden. Der Bundesrath ist befugt, die deshalb nöthigen Bestimmungen zu treffen.

§ 57.

Der Wandergewerbeschein ist zu versagen:

1. wenn der Nachsuchende mit einer abschreckenden oder ansteckenden Krankheit behaftet oder in einer abschreckenden Weise entstellt ist;
2. wenn er unter Polizeiaufsicht steht;
3. wenn er wegen strafbarer Handlungen aus Gewinnsucht, gegen das Eigenthum, gegen die Sittlichkeit, wegen vorsätzlicher Angriffe auf das Leben und die Gesundheit der Menschen, wegen vorsätzlicher Brandstift-

ung, wegen Zuwiderhandlungen gegen Verbote oder Sicherungsmaßregeln, betreffend Einführung oder Verbreitung ansteckender Krankheiten oder Viehseuchen, zu einer Freiheitsstrafe von mindestens drei Monaten verurtheilt ist, und seit Verbüßung der Strafe drei Jahre noch nicht verflossen sind;

4. wenn er wegen gewohnheitsmäßiger Arbeitsscheu, Bettelei, Landstreicherei, Trunksucht übel berüchtigt ist;
5. in dem Falle des § 55 Ziffer 4, sobald der den Verhältnissen des Verwaltungsbezirks der zuständigen Verwaltungsbehörde entsprechenden Anzahl von Personen Wandergewerbescheine ertheilt oder ausgedehnt sind (§ 60 Absatz 2).

§ 57a.

Der Wandergewerbeschein ist in der Regel zu versagen:

1. wenn der Nachsuchende noch nicht großjährig ist;
2. wenn er blind, taub oder stumm ist, oder an Geistesschwäche leidet.

§ 57b.

Der Wandergewerbeschein darf außerdem nur dann versagt werden:

1. wenn der Nachsuchende im Inlande einen festen Wohnsitz nicht hat;
2. wenn er wegen strafbarer Handlungen aus Gewinnsucht, gegen das Eigenthum, gegen

die Sittlichkeit, wegen vorsätzlicher Angriffe auf das Leben und die Gesundheit der Menschen, wegen vorsätzlicher Brandstiftung, wegen Zuwiderhandlungen gegen Verbote oder Sicherungsmaßregeln, betreffend Einführung oder Verbreitung ansteckender Krankheiten oder Viehseuchen, zu einer Freiheitsstrafe von mindestens sechs Wochen verurtheilt ist, und seit Verbüßung der Strafe drei Jahre noch nicht verflossen sind;

3. wenn er wegen Verletzung der auf den Gewerbebetrieb im Umherziehen bezüglichen Vorschriften im Laufe der letzten drei Jahre wiederholt bestraft ist;
4. wenn er ein oder mehrere Kinder besitzt, für deren Unterhalt und, sofern sie im schulpflichtigen Alter stehen, für deren Unterricht nicht genügend gesorgt ist.

§ 58.

Der Wandergewerbeschein kann zurückgenommen werden, wenn sich ergibt, daß eine der im § 57 Ziffer 1 bis 4, § 57a oder § 57b bezeichneten Voraussetzungen entweder zur Zeit der Ertheilung desselben bereits vorhanden gewesen, der Behörde aber unbekannt geblieben, oder erst nach Ertheilung des Scheins eingetreten ist.

§ 59.

Eines Wandergewerbescheins bedarf nicht:

1. wer selbstgewonnene oder rohe Erzeugnisse der Land- und Forstwirthschaft, des Garten-

und Obstbaues, der Geflügel- und Bienenzucht, sowie selbstgewonnene Erzeugnisse der Jagd und Fischerei feilbietet;
2. wer in der Umgegend seines Wohnortes bis 15 Kilometer Entfernung von demselben selbstverfertigte Waaren, welche zu den Gegenständen des Wochenmarktverkehrs gehören, feilbietet oder gewerbliche Leistungen, hinsichtlich deren dies Landesgebrauch ist, anbietet;
3. wer selbstgewonnene Erzeugnisse oder selbstverfertigte Waaren, hinsichtlich deren dies Landesgebrauch ist, zu Wasser anfährt und von dem Fahrzeuge aus feilbietet;
4. wer bei öffentlichen Festen, Truppenzusammenziehungen oder anderen außergewöhnlichen Gelegenheiten mit Erlaubniß der Ortspolizeibehörde die von derselben zu bestimmenden Waaren feilbietet.

Die Landesregierungen können in weiterem Umfange den Gewerbebetrieb im Umherziehen mit Gegenständen des gemeinen Verbrauchs ohne Wandergewerbeschein innerhalb ihres Gebietes gestatten.

§ 59a.

In den Fällen des § 59 Ziffer 1 bis 3 kann der Gewerbebetrieb untersagt werden, wenn die Voraussetzungen des § 57 Ziffer 1 bis 4 vorliegen.

§ 60.

Der Wandergewerbeschein wird für die Dauer des Kalenderjahres ertheilt, er berechtigt den Inhaber, im ganzen Gebiete des Reichs das bezeichnete

Gewerbe nach Entrichtung der darauf haftenden Landessteuern zu betreiben. Soweit nach § 56 Ziffer 1 das Feilbieten von geistigen Getränken im Falle besonderen Bedürfnisses vorübergehend gestattet wird, ist die räumliche und zeitliche Beschränkung dieser Erlaubniß im Wandergewerbescheine anzugeben.

Ein Wandergewerbeschein für den Betrieb der im § 55 Ziffer 4 bezeichneten Gewerbe gewährt die Befugniß zum Gewerbebetriebe in einem anderen, als dem Bezirke derjenigen Verwaltungsbehörde, welche ihn ausgestellt hat, nur dann, wenn er auf den anderen Bezirk von dessen Verwaltungsbehörde ausgedehnt ist. Sowohl die Ausstellung, als auch die Ausdehnung eines derartigen Wandergewerbescheins kann für eine kürzere Dauer, als das Kalenderjahr, oder für bestimmte Tage während des Kalenderjahres erfolgen. Die Ausdehnung ist zu versagen, sobald für die den Verhältnissen des Bezirks enspreche nde Anzahl von Personen Wandergewerbescheine bereits ausgestellt oder ausgedehnt sind.

Die Verwaltungsbehörde kann die von ihr bewilligte Ausdehnung nach Maßgabe des § 58 zurücknehmen.

Der Wandergewerbeschein enthält die Personalbeschreibung des Inhabers und die nähere Bezeichnung des Geschäftsbetriebes. Das Formular der Wandergewerbescheine bestimmt der Bundesrath.

§ 60a.

Wer die im § 55 Ziffer 4 bezeichneten Gewerbe an einem Orte von Haus zu Haus oder auf öffentlichen Wegen, Straßen, Plätzen oder an andern öffentlichen Orten ausüben will, bedarf der vorgängigen Erlaubniß der Ortspolizeibehörde.

§ 60b.

Minderjährigen Personen kann in dem Wandergewerbescheine die Beschränkung auferlegt werden, daß sie das Gewerbe nicht nach Sonnenuntergang, und minderjährigen Personen weiblichen Geschlechts kann außerdem die Beschränkung auferlegt werden, daß sie dasselbe nur auf öffentlichen Wegen, Straßen und Plätzen, nicht aber von Haus zu Haus betreiben dürfen.

Desgleichen kann von der Ortspolizeibehörde minderjährigen Personen verboten werden, daß sie innerhalb des Polizeibezirks die im § 59 Ziffer 1 und 2 aufgeführten Gegenstände nach Sonnenuntergang, und minderjährigen Personen weiblichen Geschlechts, daß sie dieselben Gegenstände von Haus zu Haus feilbieten.

§ 60c.

Der Inhaber eines Wandergewerbescheines ist verpflichtet, diesen während der Ausübung des Gewerbebetriebes bei sich zu führen, auf Erfordern der zuständigen Behörden oder Beamten vorzuzeigen und, sofern er hierzu nicht im Stande ist, auf deren Geheiß den Betrieb bis zur Herbeischaffung des Wandergewerbescheins einzustellen. Auf gleiches Erfordern hat er die von ihm geführten Waaren vorzulegen.

Zum Zweck des Gewerbebetriebes ist ohne vorgängige Erlaubniß der Eintritt in fremde Wohnungen, sowie zur Nachtzeit das Betreten fremder Häuser und Gehöfte nicht gestattet.

Denselben Bestimmungen — Absatz 2 — unterliegt das Feilbieten der im § 59 Ziffer 1 und 2 aufgeführten Gegenstände.

§ 60 d.

Der Wandergewerbeschein darf einem Anderen nicht zur Benutzung überlassen werden.

Wer für einen Anderen ein Gewerbe im Umherziehen zu betreiben beabsichtigt, unterliegt für seine Person den Bestimmungen dieses Gesetzes.

Wenn mehrere Personen die im § 55 Ziffer 4 bezeichneten Gewerbe in Gemeinschaft mit einander zu betreiben beabsichtigen, so kann auf ihren Antrag ein gemeinsamer Wandergewerbeschein für die Gesellschaft als solche ausgestellt werden, in welchem jedes einzelne Mitglied aufzuführen ist. Werden für die einzelnen Mitglieder besondere Wandergewerbescheine ausgestellt, so kann in die letzteren ein Vermerk aufgenommen werden, nach welchem dem Inhaber der Gewerbebetrieb nur im Verbande einer bestimmten Gesellschaft, oder einer Gesellschaft überhaupt, gestattet sein soll.

Umherziehenden Schauspielergesellschaften wird der Wandergewerbeschein nur dann ertheilt, wenn der Unternehmer die im § 32 vorgeschriebene Erlaubniß besitzt. In dem Wandergewerbescheine für den Unternehmer einer Schauspielergesellschaft ist ausdrücklich zu vermerken, daß der Gewerbetreibende als Unternehmer auftreten will.

§ 61.

Die Ertheilung des Wandergewerbescheins erfolgt durch die für den Wohnort oder Aufenthaltsort des Nachsuchenden zuständige höhere Verwaltungsbehörde. Die Verwaltungsbehörde des Aufenthaltsortes kann den Nachsuchenden an die Behörde seines Wohnortes verweisen.

In dem Falle des § 55 Ziffer 4 erfolgt die Ertheilung des Wandergewerbescheins durch die höhere Verwaltungsbehörde, in deren Bezirk das Gewerbe betrieben werden soll.

Die Zurücknahme des Wandergewerbescheins erfolgt durch die für den Wohnort oder Aufenthaltsort des Inhabers zuständige höhere Verwaltungsbehörde.

§ 62.

Wer beim Gewerbebetriebe im Umherziehen andere Personen von Ort zu Ort mit sich führen will, bedarf der Erlaubniß derjenigen Behörde, welche den Wandergewerbeschein ertheilt hat, oder in deren Bezirk sich der Nachsuchende befindet. Die Erlaubniß wird in dem Wandergewerbeschein unter näherer Bezeichnung dieser Personen vermerkt.

Die Erlaubniß ist zu versagen, insoweit bei ihnen eine der im § 57 bezeichneten Voraussetzungen zutrifft; außerdem darf dieselbe nur dann versagt werden, insoweit eine der im § 57 a und 57 b bezeichneten Voraussetzungen vorliegt. Die Zurücknahme der Erlaubniß erfolgt nach Maßgabe des § 58 durch eine für deren Ertheilung zuständige Behörde.

Die Mitführung von Kindern unter vierzehn Jahren zu gewerblichen Zwecken ist verboten.

Die Erlaubniß zur Mitführung von Kindern, welche schulpflichtig sind, ist zu versagen und die bereits ertheilte Erlaubniß zurückzunehmen, wenn nicht für einen ausreichenden Unterricht der Kinder gesorgt ist.

Die Erlaubniß zur Mitführung von Kindern unter vierzehn Jahren kann versagt und von der für die Ertheilung derselben zuständigen Behörde zurückgenommen werden. Dasselbe gilt von der Erlaubniß zur Mitführung von Personen anderen Geschlechts mit Ausnahme der Ehegatten und der über vierzehn Jahre alten eigenen Kinder und Enkel.

§ 63.

Wird der Wandergewerbeschein versagt oder zurückgenommen, oder wird die erfolgte Ausdehnung desselben zurückgenommen, so ist dies dem Betheiligten mittelst schriftlichen Bescheides unter Angabe der Gründe zu eröffnen. Gegen den Bescheid ist der Rekurs zulässig, jedoch ohne aufschiebende Wirkung. Wegen des Verfahrens und der Behörden gelten die Vorschriften der §§ 20 und 21. Dasselbe gilt von der Versagung der Genehmigung des Druckschriftenverzeichnisses (§ 56 Absatz 4), von der Untersagung des Gewerbebetriebes gemäß § 59a und der Versagung oder Zurücknahme der Erlaubniß in den Fällen des § 62 Absatz 2.

Die in Gemäßheit des § 57 Ziffer 5 erfolgte Versagung des Wandergewerbescheins, sowie die auf Grund der §§ 60 Absatz 2, 60b und 62 Absatz 4 und 5 getroffenen Verfügungen können nur im Wege der Beschwerde an die unmittelbar vorgesetzte Aufsichtsbehörde angefochten werden.

Titel IV.

Marktverkehr.

§ 64.

Der Besuch der Messen, Jahr- und Wochenmärkte, sowie der Kauf und Verkauf auf denselben steht einem Jeden mit gleichen Befugnissen frei.

Wo jedoch nach der bisherigen Ortsgewohnheit gewisse Handwerkerwaaren, welche nicht zu den im § 66 bezeichneten Gegenständen gehören, nur von Bewohnern des Marktortes auf dem Wochenmarkte verkauft werden durften, kann die höhere Verwaltungsbehörde, auf Antrag der Gemeindebehörde, den einheimischen Verkäufern die Fortsetzung des herkömmlichen Wochenmarktverkehrs mit jenen Handwerkerwaaren gestatten, ohne auswärtige Verkäufer derselben Waaren auf dem Wochenmarkte zuzulassen.

Beschränkungen des Marktverkehrs der Ausländer als Erwiderung der im Auslande gegen Reichsangehörige angeordneten Beschränkungen bleiben dem Bundesrath vorbehalten.

§ 65.

Die Zahl, Zeit und Dauer der Messen, Jahr- und Wochenmärkte wird von der zuständigen Verwaltungsbehörde festgesetzt.

Dem Marktberechtigten steht gegen eine solche Anordnung kein Widerspruch zu; ein Entschädigungsanspruch gebührt demselben nur dann, wenn durch die Anordnung die Zahl der bis dahin abgehaltenen Märkte vermindert wird, und eine größere

Zahl ausdrücklich und unwiderruflich verliehen war. Gemeinden, welche einen Entschädigungsanspruch geltend machen wollen, müssen außerdem nachweisen, daß ihr Recht auf einen speziellen lästigen Titel sich gründet.

§ 66.

Gegenstände des Wochenmarktverkehrs sind:

1. rohe Naturerzeugnisse mit Ausschluß des größeren Viehs;
2. Fabrikate, deren Erzeugung mit der Land= und Forstwirthschaft, dem Garten= und Obstbau oder der Fischerei in unmittelbarer Verbindung steht, oder zu den Nebenbeschäftigungen der Landleute der Gegend gehört, oder durch Taglöhnerarbeit bewirkt wird, mit Ausschluß der geistigen Getränke;
3. frische Lebensmittel aller Art.

Die zuständige Verwaltungsbehörde ist auf Antrag der Gemeindebehörde befugt, zu bestimmen, welche Gegenstände außerdem nach Ortsgewohnheit und Bedürfniß in ihrem Bezirke überhaupt, oder an gewissen Orten zu den Wochenmarktartikeln gehören.

§ 67.

Auf Jahrmärkten dürfen außer den im § 66 benannten Gegenständen Verzehrungsgegenstände und Fabrikate aller Art feilgehalten werden.

Zum Verkauf von geistigen Getränken zum Genuß auf der Stelle bedarf es jedoch der Genehmigung der Ortspolizeibehörde.

§ 68.

Der Marktverkehr darf in keinem Falle mit anderen als solchen Abgaben belastet werden, welche eine Vergütung für den überlassenen Raum und den Gebrauch von Buden und Geräthschaften bilden. In den Bestimmungen darüber, ob und in welchem Umfange Abgaben dieser Art erhoben werden dürfen, wird durch gegenwärtiges Gesetz nichts geändert. Ein Unterschied zwischen Einheimischen und Fremden bezüglich der Zahlung der Abgaben darf nicht stattfinden.

§ 69.

In den Grenzen der Bestimmungen der §§ 65 bis 68 kann die Ortspolizeibehörde, im Einverständniß mit der Gemeindebehörde, die Marktordnung nach dem örtlichen Bedürfniß festsetzen, namentlich auch für das Feilbieten von gleichartigen Gegenständen den Platz, und für das Feilbieten im Umhertragen mit oder ohne Ausruf, die Tageszeit und die Gattung der Waaren bestimmen.

§ 70.

In Betreff der Märkte, welche bei besonderen Gelegenheiten oder für bestimmte Gattungen von Gegenständen gehalten werden, bewendet es bei den bestehenden Anordnungen.

Erweiterungen dieses Marktverkehrs können von der zuständigen Behörde mit Zustimmung der Gemeindebehörde angeordnet werden.

§ 71.

Beschränkungen des Verkehrs mit den zu Messen und Märkten gebrachten, aber unverkauft gebliebenen Gegenständen werden hierdurch aufgehoben. Der Einzelverkauf solcher Gegenstände außer der Marktzeit ist jedoch nur unter denselben Bedingungen zulässig, unter welchen derselbe statthaft sein würde, wenn die Gegenstände nicht auf den Markt gebracht wären.

Titel V.

Taxen.

§ 72.

Polizeiliche Taxen sollen, soweit nicht ein Anderes nachstehend angeordnet worden, künftig nicht vorgeschrieben werden; da, wo sie gegenwärtig bestehen, sind sie in einer von der Ortspolizeibehörde zu bestimmenden, höchstens einjährigen Frist aufzuheben.

§ 73.

Die Bäcker und die Verkäufer von Backwaaren können durch die Ortspolizeibehörde angehalten werden, die Preise und das Gewicht ihrer verschiedenen Backwaaren für gewisse von derselben zu bestimmende Zeiträume durch einen von außen sichtbaren Anschlag am Verkaufslokale zur Kenntniß des Publikums zu bringen.

Dieser Anschlag ist kostenfrei mit dem polizeilichen Stempel zu versehen und täglich während der Verkaufszeit auszuhängen.

§ 74.

Wo der Verkauf von Backwaaren nur nach den von den Bäckern und Verkäufern an ihren

Verkaufslokalen angeschlagenen Preisen erlaubt ist, kann die Ortspolizeibehörde die Bäcker und Verkäufer zugleich anhalten, im Verkaufslokale eine Waage mit den erforderlichen geaichten Gewichten aufzustellen und die Benutzung derselben zum Nachwiegen der verkauften Backwaaren zu gestatten.

§ 75.

Die Gastwirthe können durch die Ortspolizeibehörde angehalten werden, das Verzeichniß der von ihnen gestellten Preise einzureichen und in den Gastzimmern anzuschlagen. Diese Preise dürfen zwar jederzeit abgeändert werden, bleiben aber so lange in Kraft, bis die Abänderung der Polizeibehörde angezeigt und das abgeänderte Verzeichniß in den Gastzimmern angeschlagen ist. Auf Beschwerden Reisender wegen Ueberschreitung der verzeichneten Preise steht der Ortspolizeibehörde eine vorläufige Entscheidung vorbehaltlich des Rechtsweges zu.

§ 76.

Die Ortspolizeibehörde ist in Uebereinstimmung mit der Gemeindebehörde befugt, für Lohnbediente und andere Personen, welche auf öffentlichen Straßen und Plätzen oder in Wirthshäusern ihre Dienste anbieten (§ 37), sowie für die Benutzung von Wagen, Pferden, Sänften, Gondeln und anderen Transportmitteln, welche öffentlich zum Gebrauch aufgestellt sind, Taxen festzusetzen.

§ 77.

Ebenso können für Schornsteinfeger, wenn ihnen Bezirke ausschließlich zugewiesen sind, von der Ortspolizeibehörde, im Einverständniß mit der Gemeindebehörde, oder, wenn der zugewiesene Bezirk mehr als eine Ortschaft umfaßt, von der unteren Verwaltungsbehörde Taxen aufgestellt werden.

§ 78.

Hinsichtlich der Taxen für solche gewerbetreibende Personen, welche nach den Bestimmungen im § 36 von den Behörden zu beeidigen und anzustellen sind, wird durch das gegenwärtige Gesetz nichts geändert. Die nach § 36 zuständigen Behörden sind befugt, für diese Personen auch da Taxen einzuführen, wo dergleichen bisher nicht bestanden.

§ 79.

Die in den §§ 73 bis 78 genannten Gewerbetreibenden sind berechtigt, die festgestellten Preise und Taxen zu ermäßigen.

§ 80.

Die Taxen für die Apotheker können durch die Zentralbehörden festgesetzt werden, Ermäßigungen derselben durch freie Vereinbarungen sind jedoch zulässig.

Die Bezahlung der approbirten Aerzte u. s. w. (§ 29 Absatz 1) bleibt der Vereinbarung überlassen. Als Norm für streitige Fälle im Mangel einer Vereinbarung können jedoch für dieselben Taxen von den Zentralbehörden festgesetzt werden.

Titel VI.

Innungen von Gewerbetreibenden.

I. Bestehende Innungen.

§ 81.

Alle zur Zeit gesetzlich bestehenden Korporationen von Gewerbetreibenden (Innungen, Zünfte) dauern fort. Ihre Statuten (Innungsartikel, Zunftartikel) bleiben in Kraft, soweit sie nicht durch die Vorschriften dieses Gesetzes oder nach Maßgabe der Bestimmung im § 92 abgeändert werden.

§ 82.

Jedes Mitglied einer Innung kann jederzeit, vorbehaltlich der Erfüllung seiner Verpflichtungen, ausscheiden und darf das Gewerbe nach dem Austritte fortsetzen. Der Ausgeschiedene verliert alle Ansprüche an das Zunftvermögen und die durch dasselbe ganz oder theilweise fundirten Nebenkassen, soweit die Statuten nicht ein Anderes bestimmen.

§ 83.

Von dem Eintritte in eine Innung können diejenigen ausgeschlossen werden:

1. welche sich nicht im Besitz der bürgerlichen Ehrenrechte befinden;
   oder
2. welche in Folge gerichtlicher Anordnung in der Verfügung über ihr Vermögen beschränkt sind.

§ 84.

Vorbehaltlich der vorstehenden Bestimmung (§ 83) darf der Eintritt in eine Innung Keinem versagt werden, welcher die in dem Statut vorgeschriebenen Bedingungen erfüllt hat.

Bedarf es zu diesem Zweck der Ablegung einer Prüfung, so ist dieselbe auf den Nachweis der Befähigung zur selbständigen Ausführung der gewöhnlichen Arbeiten des Gewerbes zu richten. Die deshalb zu lösenden Aufgaben, sowie der zur Bestreitung der Prüfungskosten von dem zu Prüfenden zu zahlende Betrag werden von der Innung bestimmt. Bevorzugungen sind dabei nicht statthaft.

Die Prüfungszeugnisse der für einzelne Gewerbe angeordneten besonderen Prüfungsbehörden und der bisher zur Abnahme von Prüfungen befugt gewesenen Kommissionen sind ein genügender Nachweis der Befähigung zum Betriebe der Gewerbe, über welche sie ausgestellt sind.

Die Ablegung einer Prüfung kann von denjenigen nicht gefordert werden, welche das betreffende Gewerbe mindestens seit einem Jahre selbständig ausüben.

§ 85.

Die bei der Aufnahme in eine Innung zu entrichtenden Antrittsgelder müssen für alle Genossen der Innungen gleich sein. Wo sie mehr als fünfzehn Mark betragen, bedarf es zu ihrer Erhöhung der Genehmigung der höheren Verwaltungsbehörde. Diese Genehmigung ist auch dann erforderlich, wenn Antrittsgelder, welche den Be=

trag von fünfzehn Mark nicht übersteigen, über diesen Betrag erhöht werden sollen.

Der Beitritt zu einer Innung schließt die Befugniß nicht aus, an anderen Innungen Theil zu nehmen.

§ 86.

Durch Beschluß der Innung kann von Ausübung des Stimmrechts, sowie der Ehrenrechte innerhalb der Innung derjenige ausgeschlossen werden, welcher in einem der im § 83 unter 1, 2 bezeichneten Verhältnisse sich befindet.

§ 87.

Wird nach dem Tode eines Innungsgenossen dessen Gewerbe durch einen Stellvertreter für Rechnung der Wittwe oder minderjährigen Erben fortgesetzt, so gehen die Befugnisse und Obliegenheiten des Verstorbenen, mit Ausnahme des Stimmrechts in der Innungsversammlung, auf die Wittwe für die Dauer des Wittwenstandes, beziehungsweise auf die minderjährigen Erben für die Dauer der Minderjährigkeit, über.

§ 88.

Die Innung wird bei gerichtlichen wie bei außergerichtlichen Verhandlungen durch ihren Vorstand vertreten.

Die Legitimation desselben wird durch eine amtliche Bescheinigung der Gemeindebehörde über seine Eigenschaft als solcher geführt.

Die Befugniß zur Vertretung erstreckt sich auch auf diejenigen Geschäfte und Rechtshandlungen, für welche nach den Gesetzen eine Spezialvollmacht erforderlich ist.

Soweit in dem Statut (Innungsartikeln, Zunftartikeln) einem Mitgliede oder mehreren Mitgliedern des Vorstandes die Vertretung der Innung nach außen übertragen ist, behält es hierbei sein Bewenden.

§ 89.

Verträge der Innung über die Erwerbung, Veräußerung oder Verpfändung unbeweglicher Sachen und über Darlehen, für welche das unbewegliche Vermögen der Innung oder die Nutzungen desselben auf länger als ein Jahr haften sollen, bedürfen zu ihrer Rechtsgültigkeit der Genehmigung der Gemeindebehörde. Dieselbe darf jedoch nicht versagt werden, wenn nachgewiesen wird, daß die Erfüllung aller bestehenden Verpflichtungen der Innung, sowie der für den Fall der Auflösung durch § 94 getroffenen Vorschriften gesichert bleibt.

§ 90.

Zahlungen aus den Einnahmen oder dem Vermögen der Innung an Genossen derselben dürfen nur insoweit geleistet werden, als sie auf ausdrücklichen Vorschriften des Statuts beruhen. Für Zehrung dürfen solche Zahlungen niemals geleistet werden.

§ 91.

Die exekutivische Beitreibung der Innungsbeiträge und der von Innungsgenossen wegen Verletzung statutarischer Vorschriften verwirkten Geldstrafen im Verwaltungswege findet ferner nicht statt.

§ 92.

Abänderungen des Statuts können in einer Versammlung der Innung, zu welcher sämmtliche stimmberechtigte Genossen unter ausdrücklicher Bezeichnung des Gegenstandes der Berathung schriftlich eingeladen sind, durch absolute Mehrheit der Anwesenden beschlossen werden. Der Beschluß bedarf der Genehmigung der höheren Verwaltungsbehörde, wenn er Zahlungen aus den Einnahmen oder dem Vermögen der Innung an Genossen derselben oder andere Verfügungen über das Innungsvermögen zum Gegenstande hat. Diese Genehmigung darf jedoch nicht versagt werden, wenn nachgewiesen wird, daß die Erfüllung aller bestehenden Verpflichtungen der Innung, sowie der für den Fall der Auflösung durch § 94 getroffenen Vorschriften gesichert bleibt.

§ 93.

Ihre Auflösung kann die Innung in einer Versammlung, zu welcher sämmtliche stimmberechtigte Genossen unter ausdrücklicher Bezeichnung des Gegenstandes der Berathung schriftlich eingeladen sind, durch absolute Mehrheit der Anwesenden beschließen. Der Beschluß bedarf der Genehmigung der höheren Verwaltungsbehörde. Diese Genehmigung wird ertheilt, wenn die Berichtigung der Schulden und die Erfüllung der Vorschriften des § 94 sichergestellt ist.

§ 94.

Löst eine Innung sich auf, so muß ihr Vermögen zuvörderst zur Berichtigung ihrer Schulden und zur Erfüllung ihrer sonstigen Verpflichtungen verwendet werden. War dasselbe bisher ganz oder theilweise zur Fundirung von Unterrichtsanstalten oder zu anderen öffentlichen Zwecken bestimmt, so darf dasselbe dieser Bestimmung nicht entzogen werden. Wird dafür nicht in anderer genügender Weise Sorge getragen, so fällt das betreffende Vermögen der Gemeinde gegen Uebernahme der darauf lastenden Verpflichtungen zu.

Eine Vertheilung des hiernach verbleibenden Reinvermögens unter die zeitigen Mitglieder kann die Innung bei ihrer Auflösung nur soweit beschließen, als dasselbe aus Beiträgen dieser Mitglieder entstanden ist.

Der Rest des Vermögens wird, sofern in dem Statut oder in den Landesgesetzen nicht ein Anderes ausdrücklich bestimmt ist, der Gemeinde, in welcher die aufgelöste Innung ihren Sitz hatte, zur Benutzung für gewerbliche Zwecke überwiesen.

Entstehen aus den vorstehenden Bestimmungen Differenzen zwischen der Ortsgemeinde und der Innung, so steht die Entscheidung darüber der höheren Verwaltungsbehörde zu.

Letzterer steht auch die Befugniß zu, den bisher mit der Innung verbunden gewesenen Unterrichtsanstalten, Hülfskassen oder anderen Instituten zu öffentlichen Zwecken nach der Auflösung der Innung Korporationsrechte zu ertheilen.

Die vorstehenden Vorschriften kommen auch im Falle des Erlöschens einer Innung durch Aussterben ihrer Mitglieder zur Anwendung.

§ 95.

Die Gemeindebehörde übt die Aufsicht über die Innungen aus. Sie entscheidet Streitigkeiten über die Aufnahme und Ausschließung von Genossen, über die Wahl der Vorstände und über die Rechte und Pflichten der letzteren. Gegen ihre Entscheidung steht der Rekurs an die höhere Verwaltungsbehörde offen, welcher binnen einer präklusivischen Frist von vier Wochen bei der Gemeindebehörde anzubringen ist.

Innungsversammlungen, in welchen über Abänderungen des Statuts oder über die Auflösung der Innung Beschluß gefaßt werden soll, wohnt die Gemeindebehörde durch eines ihrer Mitglieder oder einen Beauftragten bei. Am anderen Berathungen der Innung nimmt sie nicht Theil. Die Bestätigung der Wahl der Vorstände steht ihr fortan nicht zu.

§ 96.

Alle Bestimmungen der Gesetze oder der Statuten (Innungsartikel, Zunftartikel), durch welche der Gemeindebehörde in Angelegenheiten der Innungen größere Befugnisse beigelegt sind, als durch gegenwärtiges Gesetz, treten außer Kraft.

II. Neue Innungen.

§ 97.

Diejenigen, welche ein Gewerbe selbständig betreiben, können zur Förderung der gemeinsamen gewerblichen Interessen zu einer Innung zusammentreten.

Aufgabe der neuen Innungen ist:

1. die Pflege des Gemeingeistes sowie die Aufrechterhaltung und Stärkung der Standesehre unter den Innungsmitgliedern;
2. die Förderung eines gedeihlichen Verhältnisses zwischen Meistern und Gesellen, sowie die Fürsorge für das Herbergswesen der Gesellen und für die Nachweisung von Gesellenarbeit;
3. die nähere Regelung des Lehrlingswesens und der Fürsorge für die technische, gewerbliche und sittliche Ausbildung der Lehrlinge;
4. Streitigkeiten der im § 120a bezeichneten Art zwischen den Innungsmitgliedern und ihren Lehrlingen an Stelle der Gemeindebehörde (Absatz 2 daselbst) zu entscheiden.

§ 97a.

Die Innungen sind befugt, ihre Wirksamkeit auf andere, den Innungsmitgliedern gemeinsame gewerbliche Interessen als die im § 97 bezeichneten auszudehnen. Insbesondere steht ihnen zu:

1. Fachschulen für Lehrlinge zu errichten und dieselben zu leiten;
2. zur Förderung der gewerblichen und technischen Ausbildung der Meister und Gesellen geeignete Einrichtungen zu treffen;
3. Gesellen- und Meisterprüfungen zu veranstalten und über die Prüfungen Zeugnisse auszustellen;

4. zur Förderung des Gewerbebetriebes der Innungsmitglieder einen gemeinschaftlichen Geschäftsbetrieb einzurichten;
5. zur Unterstützung der Innungsmitglieder, ihrer Angehörigen, ihrer Gesellen und Lehrlinge in Fällen der Krankheit, des Todes, der Arbeitsunfähigkeit oder sonstiger Bedürftigkeit, Kassen einzurichten;
6. Schiedsgerichte zu errichten, welche berufen sind, Streitigkeiten der im § 120a bezeichneten Art zwischen den Innungsmitgliedern und deren Gesellen an Stelle der sonst zuständigen Behörden zu entscheiden.

§ 98.

Der Bezirk, für welchen eine Innung errichtet wird, soll in der Regel nicht über den Bezirk der höheren Verwaltungsbehörde, in welchem die Innung ihren Sitz nimmt, hinausgehen. Ausnahmen bedürfen der Genehmigung der Zentralbehörde.

Bei der Errichtung ist der Innung ein Name zu geben, welche von dem aller anderen, an demselben Orte oder in derselben Gemeinde befindlichen Innungen verschieden ist.

§ 98a.

Die Aufgaben der Innung, die Einrichtung ihrer Verwaltung und die Rechtsverhältnisse ihrer Mitglieder werden, soweit das Gesetz darüber nicht bestimmt, durch das Innungsstatut geregelt.

Dasselbe muß Bestimmung treffen:

1. über Namen, Sitz und Bezirk der Innung;

2. über die Aufgaben der Innung, sowie über die dauernden Einrichtungen zur Erfüllung dieser Aufgaben; namentlich sind die nachfolgenden Verhältnisse des Lehrlingswesens zu regeln:
   a) die von den Innungsmitgliedern bei der Annahme von Lehrlingen zu erfüllenden Voraussetzungen und Formen, sowie die Dauer der Lehrzeit,
   *b) die Ueberwachung der Beobachtung der in §§ 41a, 105a bis 105g, 120 bis 120e, 126, 127 vorgesehenen Bestimmungen durch die Innung,
   c) die Verpflichtung der Meister, ihre Lehrlinge zum Besuche der Fortbildungsschule oder der Fachschule anzuhalten,
   d) die Beendigung der Lehrzeit, die Ausschreibung der Lehrlinge vor der Innung und die Ertheilung des Lehrbriefes,
   e) die Bildung der Behörde und das Verfahren zur Entscheidung der im § 97 unter Nr. 4 bezeichneten Streitigkeiten;
3. über Aufnahme, Austritt und Ausschließung der Mitglieder;
4. über die Rechte und Pflichten der Mitglieder, insbesondere über die Beiträge, welche von denselben zu entrichten sind, und über den Maßstab, nach welchem deren Umlegung erfolgt;
5. über die etwa wegen Verletzung statutarischer Vorschriften gegen die Innungsmitglieder zu verhängenden Ordnungsstrafen;

6. über die Bildung des Vorstandes, über den Umfang seiner Befugnisse und die Formen seiner Geschäftsführung;
7. über die Zusammensetzung und Berufung der Innungsversammlung, über das Stimmrecht in derselben und über die Art der Beschlußfassung;
8. über die Beurkundung der Beschlüsse der Innungsversammlung und des Vorstandes;
9. über die Voraussetzungen und die Form einer Abänderung des Statuts;
10. über die Voraussetzungen und die Form der Auflösung der Innung;
11. über die Verwendung des Innungsvermögens im Falle der Auflösung oder Schließung der Innung;
12. über die Aufstellung und Prüfung der Jahresrechnung.

Das Statut darf keine Bestimmung enthalten, welche mit den in diesem Gesetze bezeichneten Aufgaben der Innung nicht in Verbindung steht oder gesetzlichen Vorschriften zuwiderläuft.

Bestimmungen über Einrichtungen zur Erfüllung der im § 97a unter Nr. 4, 5, 6 bezeichneten Aufgaben dürfen nicht in das Innungsstatut aufgenommen werden.

§ 98 b.

Das Innungsstatut bedarf der Genehmigung durch die höhere Verwaltungsbehörde desjenigen Bezirks, in welchem die Innung ihren Sitz nimmt. Die Einreichung geschieht durch die Aufsichtsbehörde (§ 104).

Die Genehmigung ist zu versagen:

1. wenn das Innungsstatut den gesetzlichen Anforderungen nicht entspricht;
2. wenn durch die in dem Innungsstatut vorgesehenen Einrichtungen die Mittel zur Erfüllung der den Innungen nach § 97 obliegenden Aufgaben nicht sichergestellt erscheinen;
3. wenn die Zentralbehörde der durch das Innungsstatut vorgesehenen Begrenzung des Innungsbezirks die nach § 98 Absatz 1 erforderliche Zustimmung versagt hat.

Außerdem darf die Genehmigung nur versagt werden, wenn in dem durch das Innungsstatut vorgesehenen Innungsbezirke für die gleichen Gewerbe eine Innung bereits besteht.

In dem die Genehmigung versagenden Bescheide sind die Gründe anzugeben; gegen denselben findet der Rekurs statt; wegen des Verfahrens und der Behörden gelten die Vorschriften der §§ 20 und 21, soweit nicht landesgesetzlich das Verfahren in streitigen Verwaltungssachen Platz greift.

Abänderungen des Innungsstatuts unterliegen den gleichen Vorschriften.

§ 98c.

Soll in der Innung eine Einrichtung der im § 97a unter Nr. 4, 5, 6 vorgesehenen Art getroffen werden, so sind die dafür erforderlichen Bestimmungen in Nebenstatuten zusammenzufassen. Dieselben bedürfen der Genehmigung durch die im § 98b bezeichnete höhere Verwaltungsbehörde. Vor der Genehmigung ist die Gemeindebehörde des Ortes, an welchem die Innung ihren Sitz hat, sowie, falls diese Behörde für die Innung nicht die Aufsichtsbehörde bildet, auch letztere zu hören. Die Genehmigung kann nach Ermessen versagt werden. In dem die Genehmigung versagenden Bescheide sind die Gründe anzugeben. Gegen die Versagung kann binnen vier Wochen Beschwerde an die Zentralbehörde eingelegt werden. Abänderungen der Nebenstatuten unterliegen den gleichen Vorschriften.

§ 99.

Die Innung kann unter ihrem Namen Rechte, insbesondere Eigenthum und andere dingliche Rechte an Grundstücken erwerben, Verbindlichkeiten eingehen, vor Gericht klagen und verklagt werden. Für alle Verbindlichkeiten der Innung haftet den Gläubigern nur das Vermögen der Innung.

§ 100.

Als Innungsmitglieder können nur Personen aufgenommen werden, die ein Gewerbe, für welches die Innung errichtet ist, in dem Innungsbezirke selbständig betreiben oder in einem dem Gewerbe angehörenden Großbetriebe als Werkmeister oder in ähnlicher Stellung beschäftigt sind. Andere Personen können als Ehrenmitglieder aufgenommen werden.

Von der Ablegung einer Prüfung kann die Aufnahme nur abhängig gemacht werden, wenn Art und Umfang derselben durch das Statut geregelt sind; die Prüfung darf nur den Nachweis der Befähigung zur selbständigen Ausführung der gewöhnlichen Arbeiten des Gewerbes bezwecken.

Ist die Aufnahme von der Zurücklegung einer Lehrlings= oder Gesellenzeit oder von der Ablegung einer Prüfung abhängig gemacht, so ist eine Ausnahme von der Erfüllung dieser Anforderungen nur unter bestimmten im Statut festgestellten Voraussetzungen zulässig. Von einem Aufnahmesuchenden, welcher bereits vor einer anderen, den Voraussetzungen dieses Gesetzes entsprechenden Innung desselben Gewerbes eine Aufnahmeprüfung bestanden hat, kann eine solche nicht nochmals verlangt werden.

Gewerbetreibenden, welche den gesetzlichen und statutarischen Anforderungen entsprechen, darf die Aufnahme in die Innung nicht versagt werden.

Von der Erfüllung der gesetzlichen und statutarischen Bedingungen kann zu Gunsten Einzelner nicht abgesehen werden.

Vom Eintritte in eine Innung sind diejenigen ausgeschlossen, welche sich nicht im Besitze der bürgerlichen Ehrenrechte befinden, oder welche in Folge gerichtlicher Anordnungen in der Verfügung über ihr Vermögen beschränkt sind.

Der Austritt aus der Innung ist, wenn das Innungsstatut eine vorherige Anzeige darüber nicht verlangt, jederzeit gestattet. Eine Anzeige über den Austritt kann frühestens sechs Monate vor dem letzteren verlangt werden.

Ausscheidende Mitglieder verlieren alle Ansprüche an das Innungsvermögen und, soweit nicht statutarisch abweichende Bestimmungen getroffen sind, an die von der Innung errichteten Nebenkassen; sie bleiben zur Zahlung derjenigen Beiträge verpflichtet, deren Umlegung am Tage ihres Aus=

trittes bereits erfolgt war. Besondere Verbindlichkeiten, welche sie der Innung gegenüber eingegangen sind, werden durch den Austritt nicht berührt.

Die Rechte der Innungsmitglieder, mit Ausnahme des Stimmrechts und der Ehrenrechte, können von deren Wittwen, welche den Gewerbebetrieb fortsetzen, so lange ausgeübt werden, als sie die entsprechenden Verpflichtungen erfüllen. Die näheren Bestimmungen sind durch das Statut zu treffen.

§ 100a.

Die von den Innungsmitgliedern beschäftigten Gesellen nehmen an den Innungsversammlungen und an der Verwaltung der Innung nur insoweit Theil, als dieses in dem Innungsstatut vorgesehen ist. Eine solche Theilnahme muß ihnen eingeräumt werden an der Abnahme von Gesellenprüfungen, sowie an der Begründung und Verwaltung aller Einrichtungen, für welche sie Beiträge entrichten oder eine besondere Mühewaltung übernehmen, oder welche zu ihrer Unterstützung bestimmt sind.

Von der Ausübung eines Stimmrechts oder eines Ehrenrechts in der Innung sind alle diejenigen ausgeschlossen, welche sich nicht im Besitz der bürgerlichen Ehrenrechte befinden, oder welche in Folge gerichtlicher Anordnung in der Verfügung über ihr Vermögen beschränkt sind.

§ 100b.

Den Innungsmitgliedern darf die Verpflichtung zu Handlungen oder Unterlassungen, welche mit den Aufgaben der Innung in keiner Verbindung stehen, nicht auferlegt werden.

Zu anderen Zwecken als der Erfüllung der statutarisch oder durch das Gesetz bestimmten Aufgaben der Innung, sowie der Deckung der Kosten der Innungsverwaltung dürfen weder Beiträge von den Innungsmitgliedern oder von den Gesellen derselben erhoben werden, noch Verwendungen aus dem Vermögen der Innung erfolgen.

Die auf Grund des Innungsstatuts oder der Nebenstatuten (§ 98c) umgelegten Beiträge und verhängten Ordnungsstrafen werden nach Antrag des Innungsvorstandes auf dem für die Beitreibung der Gemeindeabgaben landesrechtlich vorgesehenen Wege zwangsweise eingezogen. Ueber die Verpflichtung zur Zahlung der Beiträge findet, unbeschadet der vorläufigen Einziehung, der Rechtsweg statt. Ueber Beschwerden wegen der Ordnungsstrafen entscheidet die Aufsichtsbehörde endgültig.

§ 100c.

Ueber die Einnahmen und Ausgaben der nach Maßgabe des § 97a unter Nr. 5 begründeten Unterstützungskassen muß getrennte Rechnung geführt werden. Das ausschließlich für diese Kassen bestimmte Vermögen ist getrennt von dem übrigen Innungsvermögen zu verwalten. Verwendungen für andere Zwecke dürfen aus demselben nicht gemacht werden. Die Gläubiger der Kasse haben das Recht auf abgesonderte Befriedigung aus dem getrennt verwalteten Vermögen.

Auf solche Krankenkassen der Innungen, welche eine den Vorschriften des Gesetzes über die eingeschriebenen Hülfskassen vom 7. April 1876 entsprechende Unterstützung gewähren sollen, finden folgende Bestimmungen Anwendung:

1. den Meistern, welche für ihre Gesellen und Lehrlinge die Kassenbeiträge vorschießen, steht das Recht zu, die letzteren bei der dem Fälligkeitstage zunächst vorausgehenden oder bei einer diesem Tage folgenden Lohnzahlung in Anrechnung zu bringen;
2. der Anspruch auf Unterstützung aus der Kasse kann mit rechtlicher Wirkung weder übertragen noch verpfändet werden; er kann nicht Gegenstand der Beschlagnahme sein;
3. die Gesellen können, so lange sie den Kassen angehören, zu den nach Maßgabe des § 141 a begründeten Verpflichtungen nicht herangezogen werden;
4. Gesellen, welche bereits einer eingeschriebenen Hülfskasse angehören, können, so lange sie an derselben betheiligt sind, zum Eintritt in die entsprechende Unterstützungskasse der Innung nicht gezwungen werden.

§ 100 d.

Für die auf Grund des § 97 a zu errichtenden Schiedsgerichte sind folgende Bestimmungen maßgebend:

1. Die Schiedsgerichte müssen mindestens aus einem Vorsitzenden und zwei Beisitzern bestehen. Die Beisitzer müssen zur Hälfte aus den Innungsmitgliedern, zur Hälfte aus deren Gesellen entnommen sein. Die ersteren sind von der Innungsversammlung oder einer anderen Vertretung der Inn-

ungsmitglieder, die letzteren von den Gesellen der Innung oder einer Vertretung derselben zu wählen. Der Vorsitzende wird von der Aufsichtsbehörde bestimmt; er braucht der Innung nicht anzugehören.

2. Die Annahme der Wahl zum Beisitzer kann nur aus Gründen abgelehnt werden, aus welchen die Uebernahme einer Vormundschaft abgelehnt werden kann. Wer die Annahme ablehnt, ohne zu der Ablehnung berechtigt zu sein, kann von der Aufsichtsbehörde durch Ordnungsstrafen zur Annahme angehalten werden.

3. Gegen die Entscheidungen der Schiedsgerichte steht nach Maßgabe des § 120a Absatz 2 die Berufung auf den Rechtsweg offen.

Die auf Grund der Bestimmungen in §§ 97 Nr. 4 und 97a Nr. 6 ergehenden Entscheidungen in Streitigkeiten der Innungsmitglieder mit ihren Gesellen und Lehrlingen sind vorläufig vollstreckbar. Die Vollstreckung erfolgt durch die Polizeibehörden nach Maßgabe der Vorschriften über die gerichtliche Zwangsvollstreckung. Lehrlinge sind auf Antrag der zur Entscheidung berufenen Innungsbehörde von der Polizeibehörde anzuhalten, vor der ersteren persönlich zu erscheinen.

§ 100 e.

Für den Bezirk einer Innung, deren Thätigkeit auf dem Gebiete des Lehrlingswesens sich bewährt hat, kann durch die höhere Verwaltungsbehörde nach Anhörung der Aufsichtsbehörde bestimmt werden:

1. daß Streitigkeiten aus den Lehrverhältnissen der im § 120a bezeichneten Art auf Anrufen eines der streitenden Theile von der zuständigen Innungsbehörde auch dann zu entscheiden sind, wenn der Arbeitgeber, obwohl er ein in der Innung vertretenes Gewerbe betreibt und selbst zur Aufnahme in die Innung fähig sein würde, gleichwohl der Innung nicht angehört;

2. daß und inwieweit die von der Innung erlassenen Vorschriften über die Regelung des Lehrlingsverhältnisses, sowie über die Ausbildung und Prüfung der Lehrlinge auch dann bindend sind, wenn deren Lehrherr zu den unter Nr. 1 bezeichneten Arbeitgebern gehört.

   Haben sich hiernach Lehrlinge solcher Gewerbetreibenden, welche der Innung nicht angehören, einer Prüfung zu unterziehen, so ist dieselbe von einer Kommission vorzunehmen, deren Mitglieder zur Hälfte von der Innung, zur Hälfte von der Aufsichtsbehörde berufen werden.

††3. daß Arbeitgeber der unter Nr. 1 bezeichneten Art von einem bestimmten Zeitpunkte an Lehrlinge nicht mehr annehmen dürfen.

Die Bestimmungen sind widerruflich.

§ 100f.

Für den Bezirk einer Innung kann auf Antrag derselben durch die höhere Verwaltungsbehörde bestimmt werden, daß Arbeitgeber, welche, obwohl sie ein in der Innung vertretenes Gewerbe betreiben, derselben nicht angehören, und deren Gesellen zu den Kosten:

1. der von der Innung für das Herbergswesen und den Nachweis für Gesellenarbeit getroffenen, beziehungsweise unternommenen Einrichtungen (§ 97 Ziffer 2),
2. derjenigen Einrichtungen, welche von der Innung zur Förderung der gewerblichen und technischen Ausbildung der Meister, Gesellen und Lehrlinge getroffen sind, beziehungsweise unternommen werden (§§ 97 Ziffer 3, 97a Ziffer 1 und 2),
3. des von der Innung errichteten, beziehungsweise zu errichtenden Schiedsgerichts (§ 97a Ziffer 6)

in derselben Weise und nach demselben Maaßstabe beizutragen verpflichtet sind, wie die Innungsmitglieder und deren Gesellen.

Die Bestimmungen sind widerruflich.

** § 100g.

Die Bestimmung der höheren Verwaltungsbehörde (§ 100f) darf nur erlassen werden, wenn die Einrichtung, für welche dieselbe beantragt ist, zur Erfüllung ihres Zwecks geeignet erscheint.

Vor Erlaß der Bestimmung sind Vertreter der betheiligten außerhalb der Innung stehenden Arbeitgeber, die Aufsichtsbehörde der Innung und, wenn diese einem Innungsverbande angehört, auch dessen Vorstand zu hören.

**§ 100 h.

Die Verfügung der höheren Verwaltungsbehörde, durch welche die im § 100 f bezeichnete Bestimmung getroffen wird, hat die Einrichtungen, für welche sie erlassen wird, sowie den Zeitpunkt des Eintritts ihrer Wirksamkeit zu bezeichnen. Die höhere Verwaltungsbehörde hat die Verfügung durch das zu ihren amtlichen Bekanntmachungen bestimmte Blatt zu veröffentlichen.

Die Rechtsgültigkeit der getroffenen Bestimmungen kann im Rechtswege nicht angefochten werden.

**§ 100 i.

Ist die Bestimmung für Einrichtungen der im § 100 f Ziffer 1 und 2 bezeichneten Art getroffen, so steht den durch dieselbe zu Beiträgen verpflichteten Arbeitgebern, sowie deren Gesellen und Lehrlingen von dem Tage ab, mit welchem die Beitragspflicht beginnt, das gleiche Recht zur Benutzung dieser Einrichtungen zu, wie den Mitgliedern der Innung und deren Gesellen und Lehrlingen.

Ist die Bestimmung für das von der Innung errichtete Schiedsgericht getroffen, so tritt das letztere für die im § 120 a bezeichneten Streitigkeiten an die Stelle der sonst zuständigen Behörde, wenn dasselbe von einem der streitenden Theile angerufen wird.

**§ 100 k.

Die Beiträge, welche auf Grund der nach Maßgabe des § 100 f erlassenen Bestimmung zu entrichten sind, müssen von dem Innungsvorstande für jedes Rechnungsjahr festgestellt und spätestens einen Monat vor der ersten Hebung den Verpflichteten schriftlich unter Mittheilung des zu bestreitenden Kostenbetrages und des Maaßstabes der Vertheilung zur Kenntniß gebracht werden.

Ueber die Verpflichtung zur Zahlung der Beiträge findet, unbeschadet der vorläufigen Einziehung, der Rechtsweg statt.

Rückständige Beiträge werden auf dem im § 100b Absatz 3 bezeichneten Wege eingezogen.

§ 100l.

Ueber die Einnahmen und Ausgaben der Innung für solche Einrichtungen, für welche die im § 100f bezeichnete Bestimmung getroffen ist, muß nach näherer Anweisung der höheren Verwaltungsbehörde getrennte Rechnung geführt werden.

Das ausschließlich für diese Einrichtungen bestimmte Vermögen ist getrennt von dem übrigen Innungsvermögen zu verwalten. Verwendungen für andere Zwecke dürfen aus demselben nicht gemacht werden.

Die über diese Einrichtungen gelegte Jahresrechnung ist vor ihrer Abnahme der Aufsichtsbehörde vorzulegen. Erinnerungen derselben sind von der Innung vorbehaltlich der Beschwerde gemäß § 104 Absatz 7 zu erledigen.

§ 100m.

Von der Beitragspflicht (§ 100f) sind befreit:

1. Arbeitgeber, deren Betriebe zu den Fabriken zu zählen sind, und deren Arbeiter;
2. Arbeitgeber, welche Mitglieder einer anderen Innung sind, oder auf Grund des § 100f

zu den Kosten von gleichartigen Einrichtungen einer anderen Innung beizutragen verpflichtet sind, und deren Gesellen;

3. Gewerbetreibende, welche in ihrem Betriebe regelmäßig weder Gesellen noch Lehrlinge beschäftigen.

Für Arbeitgeber oder Gesellen, welchen durch die Lage ihrer Arbeitsstätte oder durch sonstige Umstände die Benutzung aller oder einzelner im § 100f aufgeführten Einrichtungen unverhältnißmäßig erschwert wird, ist die Befreiung von der Beitragsleistung zu den Kosten dieser Einrichtungen von Amtswegen oder auf Antrag durch die Aufsichtsbehörde auszusprechen. Beschwerden über die Gewährung oder Versagung der Befreiung entscheidet die höhere Verwaltungsbehörde unter Ausschluß des Rechtsweges endgültig.

§ 101.

Der Innungsvorstand besteht aus einer oder mehreren Personen, welche von den Innungsmitgliedern zu wählen sind (§ 98a Nr. 6). Die Wahl findet unter Leitung des Vorstandes statt. Nur die erste Wahl nach Errichtung der Innung, sowie spätere Wahlen, bei welchen ein Vorstand nicht vorhanden ist, werden von einem Vertreter der Aufsichtsbehörde geleitet. Ueber den Wahlakt ist ein Protokoll aufzunehmen. Der Vorstand hat über jede Aenderung in seiner Zusammensetzung und über das Ergebniß jeder Wahl der Aufsichtsbehörde binnen einer Woche Anzeige zu erstatten, bei Wahlen unter Beifügung des Wahlprotokolls. Ist die Anzeige nicht erfolgt, so kann die Aenderung dritten Personen nur dann entgegengesetzt werden, wenn bewiesen wird, daß sie letzteren bekannt war.

Die Innung wird bei gerichtlichen wie bei außergerichtlichen Verhandlungen durch ihren Vorstand vertreten. Die Befugniß zur Vertretung erstreckt sich auch auf diejenigen Geschäfte und Rechtshandlungen, für welche nach den Gesetzen eine Spezialvollmacht erforderlich ist. Durch das Statut kann einem Mitgliede oder mehreren Mitgliedern des Vorstandes die Vertretung der Innung nach außen übertragen werden.

Zur Legitimation des Innungsvorstandes bei allen Rechtsgeschäften genügt die Bescheinigung der Aufsichtsbehörde, daß die darin bezeichneten Personen zur Zeit den Vorstand bilden.

§ 102.

Für alle oder mehrere derselben Aufsichtsbehörde unterstehende Innungen kann ein gemeinsamer Innungsausschuß gebildet werden. Diesem liegt die Vertretung der gemeinsamen Interessen der betheiligten Innungen ob. Außerdem können ihm Rechte und Pflichten der betheiligten Innungen, soweit dieselben nicht vermögensrechtlicher Natur sind, übertragen werden.

Die Errichtung des Innungsausschusses erfolgt durch ein Statut, welches von den Innungsversammlungen der betheiligten Innungen zu beschließen ist. Das Statut bedarf der Genehmigung der höheren Verwaltungsbehörde. In dem die Genehmigung versagenden Bescheide sind die Gründe anzugeben. Gegen die Versagung kann binnen vier Wochen Beschwerde an die Zentralbehörde eingelegt werden. Abänderungen des Statuts unterliegen den gleichen Vorschriften.

§ 103.

Die Schließung einer Innung kann erfolgen:

1. wenn sich ergiebt, daß nach § 98 b die Genehmigung hätte versagt werden müssen, und die erforderliche Aenderung des Statuts innerhalb einer zu setzenden Frist nicht bewirkt wird;
2. wenn die Innung, wiederholter Aufforderung der Aufsichtsbehörde ungeachtet, die Erfüllung der ihr durch § 97 gesetzten Aufgaben vernachlässigt;
3. wenn die Innung sich gesetzwidriger Handlungen oder Unterlassungen schuldig macht, durch welche das Gemeinwohl gefährdet wird, oder wenn sie andere als die gesetzlich zulässigen Zwecke verfolgt.

Die Schließung eines Innungsausschusses kann erfolgen, wenn der Ausschuß seinen statutarischen Verpflichtungen nicht nachkommt, oder wenn er Beschlüsse faßt, welche über seine statutarischen Rechte hinausgehen.

Die Schließung wird durch die höhere Verwaltungsbehörde ausgesprochen.

Gegen die die Schließung aussprechende Verfügung findet der Rekurs statt. Wegen des Verfahrens und der Behörden gelten die entsprechenden Bestimmungen des § 98 b.

Die Eröffnung des Konkursverfahrens über das Vermögen einer Innung hat die Schließung kraft Gesetzes zur Folge.

§ 103a.

Bei der Auflösung einer Innung wird die Abwickelung der Geschäfte, sofern die Innungsversammlung nicht anderweitig beschließt, durch den Vorstand unter Aufsicht der Aufsichtsbehörde vollzogen. Genügt der Vorstand seiner Verpflichtung nicht, oder tritt die Schließung der Innung ein, so erfolgt die Abwickelung der Geschäfte durch die Aufsichtsbehörde oder Beauftragte derselben.

Von dem Zeitpunkte der Auflösung oder Schließung einer Innung ab bleiben die Innungsmitglieder noch für diejenigen Zahlungen verhaftet, zu welchen sie statutarisch für den Fall eigenen Ausscheidens aus den Innungsverhältnissen verpflichtet sind.

Auf die Verwendung des Innungsvermögens finden die Vorschriften des § 94 mit der Maßgabe Anwendung, daß bei einer Vertheilung von Reinvermögen keinem Anspruchsberechtigten mehr als der Gesammtbetrag der von ihm geleisteten Beiträge ausgezahlt werden darf.

§ 104.

Die Innungen unterliegen der Aufsicht der Gemeindebehörde.

Für Innungen, welche ihren Sitz nicht innerhalb eines Stadtbezirks haben, oder welche mehrere Gemeindebezirke umfassen, wird von der höheren Verwaltungsbehörde, für Innungen, welche sich in die Bezirke mehrerer höherer Verwaltungsbehörden erstrecken, von der Zentralbehörde die Aufsichtsbehörde bestimmt.

Die Aufsichtsbehörde überwacht die Befolgung der gesetzlichen und statutarischen Vorschriften und kann dieselben durch Androhung, Festsetzung und Vollstreckung von Ordnungsstrafen gegen die Inhaber der Innungsämter, gegen die Innungsmitglieder und gegen deren Gesellen, soweit diese an den Geschäften der Innung theilnehmen, erzwingen.

Sie entscheidet Streitigkeiten über die Aufnahme und Ausschließung der Mitglieder, über die Wahlen zu den Innungsämtern, sowie unbeschadet der Rechte Dritter über die Rechte und Pflichten der Inhaber dieser Aemter.

Sie hat das Recht, einen Vertreter zu den Prüfungen zu entsenden. Sie beruft und leitet die Innungsversammlung, wenn der Innungsvorstand dieselbe zu berufen sich weigert.

Ueber Abänderungen des Innungsstatuts oder der Nebenstatuten (§ 98 c) und über die Auflösung der Innung kann von der Innungsversammlung nur im Beisein eines Vertreters der Aufsichtsbehörde beschlossen werden.

Gegen die Anordnungen und Entscheidungen der Aufsichtsbehörde ist die Beschwerde an die nächstvorgesetzte Behörde zulässig. Dieselbe ist binnen einer präklusivischen Frist von vier Wochen bei der Aufsichtsbehörde einzubringen.

Die vorstehenden Bestimmungen finden auf die Beaufsichtigung der Innungsausschüsse entsprechende Anwendung.

§ 104 a.

Innungen, welche nicht derselben Aufsichtsbehörde unterstehen, können zur gemeinsamen Verfolgung ihrer Aufgaben, sowie zur Pflege der gemeinsamen gewerblichen Interessen der betheiligten Innungen zu Innungsverbänden zusammentreten.

Der Beitritt einer Innung kann nur mit Zustimmung der Innungsversammlung erfolgen.

§ 104 b.

Für den Innungsverband ist ein Statut zu errichten, welches Bestimmungen enthalten muß:

a) über Namen, Zweck und Bezirk des Verbandes,

b) über die Bedingungen der Aufnahme in den Verband und des Ausscheidens aus demselben,

c) über Bildung, Sitz und Befugnisse des Vorstandes,

d) über die Vertretung des Verbandes und ihre Befugnisse,

e) über die Beiträge zu den Ausgaben des Innungsverbandes,

f) über die Voraussetzungen und die Form einer Abänderung des Statuts,

g) über die Voraussetzungen und die Form einer Auflösung des Verbandes.

Das Statut darf keine Bestimmung enthalten, welche mit den gesetzlichen Zwecken des Verbandes nicht in Verbindung steht oder gesetzlichen Vorschriften zuwiderläuft.

§ 104 c.

Das Verbandsstatut bedarf der Genehmigung, und zwar:

a) für Innungsverbände, deren Bezirk nicht über den Bezirk einer höheren Verwaltungsbehörde hinausgreift, durch die letztere;
b) für Innungsverbände, deren Bezirk in die Bezirke mehrerer höherer Verwaltungsbehörden desselben Bundesstaates sich erstreckt, durch die Zentralbehörde;
c) für Innungsverbände, deren Bezirk sich auf mehrere Bundesstaaten erstreckt, durch den Reichskanzler.

Die Genehmigung ist zu versagen:

1. wenn die Zwecke des Verbandes sich nicht in den gesetzlichen Grenzen halten;
2. wenn das Verbandsstatut den gesetzlichen Anforderungen nicht entspricht.

Außerdem darf die Genehmigung nur versagt werden, wenn die Zahl der dem Verbande beigetretenen Innungen nicht hinreichend erscheint, um die Zwecke des Verbandes wirksam zu verfolgen.

Gegen die Versagung der Genehmigung ist, sofern sie durch eine höhere Verwaltungsbehörde erfolgt, die Beschwerde zulässig.

Aenderungen des Statuts unterliegen den gleichen Vorschriften.

§ 104 d.

Der Verbandsvorstand hat alljährlich im Monat Januar ein Verzeichniß derjenigen Innungen, welche dem Verbande angehören, der höheren Verwaltungsbehörde, in deren Bezirk er seinen Sitz hat, einzureichen.

Veränderungen in der Zusammensetzung des Vorstandes sind derselben anzuzeigen. Eine gleiche Anzeige hat zu erfolgen, wenn der Sitz des Vorstandes an einen anderen Ort verlegt wird. Liegt letzterer nicht in dem Bezirke der vorbezeichneten Behörde, so ist die Anzeige an diese und an die höhere Verwaltungsbehörde, in deren Bezirk der Sitz verlegt wird, gleichzeitig zu richten.

§ 104e.

Versammlungen des Verbandsvorstandes und der Vertretung des Verbandes dürfen nur innerhalb des Verbandsbezirks abgehalten werden.

Sie sind der höheren Verwaltungsbehörde, in deren Bezirk der Vorstand seinen Sitz hat, sowie der höheren Verwaltungsbehörde, in deren Bezirk die Versammlung abgehalten werden soll, unter Einreichung der Tagesordnung mindestens eine Woche vorher anzuzeigen. Der letzteren steht das Recht zu:

a) die Versammlung zu untersagen, wenn die Tagesordnung Gegenstände umfaßt, welche zu den Zwecken des Verbandes nicht in Beziehung stehen;

b) in die Versammlung einen Vertreter zu entsenden, und durch diesen die Versammlung zu schließen, wenn die Verhandlungen auf Gegenstände sich erstrecken, welche zu den Zwecken des Verbandes nicht in Beziehung stehen, oder wenn Anträge oder

Vorschläge erörtert werden, welche eine Aufforderung oder Anreizung zu strafbaren Handlungen enthalten.

§ 104f.

Die Verbandsvorstände sind befugt, in Betreff der Verhältnisse der in dem Verbande vertretenen Gewerbe an die für die Genehmigung des Verbandsstatuts zuständige Stelle Bericht zu erstatten und Anträge zu richten.

Sie sind verpflichtet, auf Erfordern dieser Stelle Gutachten über gewerbliche Fragen abzugeben.

§ 104g.

Die Innungsverbände können aufgelöst werden:

1. wenn sich ergiebt, daß nach § 104c Nr. 1 und 2 die Genehmigung hätte versagt werden müssen, und die erforderliche Aenderung des Statuts innerhalb einer zu setzenden Frist nicht bewirkt wird;
2. wenn den auf Grund des § 104e erlassenen Verfügungen nicht Folge geleistet ist;
3. wenn der Verbandsvorstand oder die Vertretung des Verbandes sich gesetzwidriger Handlungen schuldig machen, welche das Gemeinwohl gefährden, oder wenn sie andere als die gesetzlich zulässigen Zwecke verfolgen.

Die Auflösung erfolgt durch Beschluß der für die Genehmigung des Verbandsstatuts zuständigen Stelle.

Gegen den Beschluß der höheren Verwaltungsbehörde ist die Beschwerde zulässig.

† § 104h.

Durch Beschluß des Bundesraths kann Innungsverbänden die Fähigkeit beigelegt werden, unter ihrem Namen Rechte, insbesondere Eigenthum und andere dingliche Rechte an Grundstücken zu erwerben, Verbindlichkeiten einzugehen, vor Gericht zu klagen und verklagt zu werden. In solchem Falle haftet den Gläubigern für alle Verbindlichkeiten des Innungsverbandes nur das Vermögen desselben.

Der Beschluß des Bundesraths ist durch den Reichsanzeiger zu veröffentlichen. Auf diejenigen Innungsverbände, welchen die gedachte Fähigkeit beigelegt worden ist, finden die Bestimmungen der §§ 104i bis 104o Anwendung.

† § 104i.

Der Innungsverband wird bei gerichtlichen wie bei außergerichtlichen Verhandlungen durch seinen Vorstand vertreten. Die Befugniß zur Vertretung erstreckt sich auf diejenigen Geschäfte und Rechtshandlungen, für welche nach den Gesetzen eine Spezialvollmacht erforderlich ist. Durch das Statut kann einem Mitgliede oder mehreren Mitgliedern des Vorstandes die Vertretung des Innungsverbandes nach außen übertragen werden.

Zur Legitimation der Vertreter des Innungsverbandes genügt bei allen Rechtsgeschäften die Bescheinigung der höheren Verwaltungsbehörde, in deren Bezirk der Vorstand seinen Sitz hat, daß die bezeichneten Personen zur Vertretung des Verbandes befugt sind.

†§ 104k.

Der Innungsverband ist befugt, Einrichtungen zur Erfüllung der im § 97 Nr. 2 bezeichneten Aufgaben, sowie Einrichtungen der im § 97a Nr. 1, 2, 4, 5 vorgesehenen Art gemeinsam für die ihm angehörenden Innungen zu treffen. Beschließt er die Herstellung von Einrichtungen der im § 97a Nr. 4, 5 bezeichneten Art, so sind die dafür erforderlichen Bestimmungen in Nebenstatuten zusammenzufassen. Diese sowie Abänderungen derselben bedürfen der Genehmigung durch den Reichskanzler.

Auf die von dem Innungsverbande errichteten Unterstützungskassen finden dieselben Vorschriften Anwendung, welche für gleichartige von einer Innung errichtete Kassen gelten. Sofern für solche Unterstützungskassen Zwangsvollstreckungen vorzunehmen sind, haben die in den einzelnen Bundesstaaten für die Beitreibung von Gemeindeabgaben zuständigen Behörden sich gegenseitig im unmittelbaren Geschäftsverkehr Rechtshülfe zu gewähren.

†§ 104l.

Der Innungsverband unterliegt, vorbehaltlich der Vorschrift des § 104e, der Aufsicht der höheren Verwaltungsbehörde, in deren Bezirk der Vorstand seinen Sitz hat.

Die Aufsichtsbehörde überwacht die Befolgung der gesetzlichen und statutarischen Vorschriften und kann dieselben durch Androhung, Festsetzung und Vollstreckung von Ordnungsstrafen gegen die Inhaber der Aemter des Verbandes erzwingen.

Sie entscheidet Streitigkeiten über die Aufnahme und Ausschließung von Verbandsmitgliedern, über die Wahlen zu den Verbandsämtern sowie, unbeschadet der Rechte Dritter, über die Rechte und Pflichten der Inhaber derselben.

Der Aufsichtsbehörde ist jährlich ein Rechnungsabschluß nebst Vermögensausweis vorzulegen.

†§ 104m.

Die Eröffnung des Konkursverfahrens über das Vermögen des Innungsverbandes hat die Auflösung des letzteren kraft Gesetzes zur Folge. Der Vorstand des Innungsverbandes hat jedoch die während des Konkursverfahrens dem Gemeinschuldner zustehenden Rechte wahrzunehmen.

†§ 104n.

Bei der statutmäßig beschlossenen Auflösung eines Innungsverbandes wird die Abwickelung der Geschäfte, sofern die Verbandsvertretung nicht anderweitig beschließt, durch den Vorstand unter Aufsicht der im § 104l bezeichneten Behörde vollzogen. Genügt der Vorstand seiner Verpflichtung nicht, oder tritt die Auflösung auf Grund des § 104g oder des § 104m ein, so erfolgt die Abwickelung der Geschäfte durch einen Beauftragten der Aufsichtsbehörde.

Von dem Zeitpunkte der Auflösung ab bleiben die Verbandsmitglieder noch für diejenigen Zahlungen verhaftet, zu welchen sie statutarisch für den Fall eigenen Ausscheidens aus den Verbandsverhältnissen verpflichtet sind. Das Recht, diese Beiträge auszuschreiben und einzuziehen, steht dem mit Abwickelung der Geschäfte Beauftragten zu.

†§ 104 o.

Im Falle der Auflösung des Innungsverbandes muß sein Vermögen zuvörderst zur Berichtigung seiner Schulden und zur Erfüllung seiner sonstigen Verpflichtungen verwendet werden. War dasselbe bisher ganz oder theilweise zur Fundirung von Unterrichtsanstalten oder zu anderen öffentlichen Zwecken bestimmt, so darf der nach Berichtigung der Schulden übrig bleibende Theil des Vermögens dieser Bestimmung nicht entzogen werden; über seine fernere Verwendung wird von der im § 104c Absatz 1 bezeichneten Behörde Anordnung getroffen.

Bedarf es zum Fortbestande der von dem Innungsverbande errichteten Unterrichtsanstalten, Hülfskassen oder sonstigen zu öffentlichen Zwecken bestimmten Einrichtungen als selbständiger Anstalten der Genehmigung des Landesherrn oder einer Behörde des Staates, in welchem die fernere Verwaltung der Anstalt stattfinden soll, so hat die im vorstehenden Absatze bezeichnete Behörde diese Genehmigung herbeizuführen.

Das hiernach verbleibende Reinvermögen des Innungsverbandes wird, soweit die Verbandsvertretung nicht anders beschließt, unter die Innungen, welche dem Verbande zur Zeit der Auflösung angehört haben, nach dem Verhältniß der von ihnen an den Verband in dem der Auflösung vorangegangenen Jahre geleisteten Beiträge vertheilt. Streitigkeiten hierüber werden von der im § 104l bezeichneten Stelle endgültig entschieden.

*Titel VII.

Gewerbliche Arbeiter (Gesellen, Gehülfen, Lehrlinge, Betriebsbeamte, Werkmeister, Techniker, Fabrikarbeiter).

I. Allgemeine Verhältnisse.

*§ 105.

Die Festsetzung der Verhältnisse zwischen den selbständigen Gewerbetreibenden und den gewerblichen Arbeitern ist, vorbehaltlich der durch Reichsgesetz begründeten Beschränkungen, Gegenstand freier Uebereinkunft.

*§ 105a.

Zum Arbeiten an Sonn- und Festtagen können die Gewerbetreibenden die Arbeiter nicht verpflichten. Arbeiten, welche nach den Bestimmungen dieses Gesetzes auch an Sonn- und Festtagen vorgenommen werden dürfen, fallen unter die vorstehende Bestimmung nicht.

Welche Tage als Festtage gelten, bestimmen unter Berücksichtigung der örtlichen und konfessionellen Verhältnisse die Landesregierungen.

Titel VII (nach der vor der Novelle vom 1. Juni 1891 allgemein giltigen Fassung, welche jetzt noch bis 1. April 1894 theilweise Geltung hat, s. Einleitung S. 3).

Gewerbliche Arbeiter (Gesellen, Gehülfen, Lehrlinge, Fabrikarbeiter).

I. Allgemeine Verhältnisse.

§ 105. Die Festsetzung der Verhältnisse zwischen den selbständigen Gewerbetreibenden und den gewerblichen

*§ 105b.

Im Betriebe von Bergwerken, Salinen, Aufbereitungsanstalten, Brüchen und Gruben, von Hüttenwerken, Fabriken und Werkstätten, von Zimmerplätzen und anderen Bauhöfen, von Werften und Ziegeleien, sowie bei Bauten aller Art dürfen Arbeiter an Sonn= und Festtagen nicht beschäftigt werden. Die den Arbeitern zu gewährende Ruhe hat mindestens für jeden Sonn= und Festtag vierundzwanzig, für zwei aufeinander folgende Sonn= und Festtage sechsunddreißig, für das Weihnachts=, Oster= und Pfingstfest achtundvierzig Stunden zu dauern. Die Ruhezeit ist von zwölf Uhr Nachts zu rechnen und muß bei zwei aufeinander folgenden Sonn= und Festtagen bis 6 Uhr Abends des zweiten Tages dauern. In Betrieben mit regelmäßiger Tag= und Nachtschicht kann die Ruhezeit frühestens um sechs Uhr Abends des vorhergehenden Werktages, spätestens um 6 Uhr Morgens des Sonn= oder Festtages beginnen, wenn für die auf den Beginn der Ruhezeit folgenden vierundzwanzig Stunden der Betrieb ruht.

Im Handelsgewerbe dürfen Gehülfen, Lehrlinge und Arbeiter am ersten Weihnachts=, Oster= und Pfingsttage überhaupt nicht, im Uebrigen an Sonn= und Festtagen nicht länger als fünf Stunden beschäftigt werden. Durch statutarische Bestimmung einer Gemeinde oder eines weiteren Kommunalverbandes (§ 142) kann diese Beschäftigung für alle oder einzelne Zweige des Handelsgewerbes auf

---

Arbeitern ist, vorbehaltlich der durch Reichsgesetz begründeten Beschränkungen, Gegenstand freier Uebereinkunft.

kürzere Zeit eingeschränkt oder ganz untersagt werden. Für die letzten vier Wochen vor Weihnachten, sowie für einzelne Sonn- und Festtage, an welchen örtliche Verhältnisse einen erweiterten Geschäftsverkehr erforderlich machen, kann die Polizeibehörde eine Vermehrung der Stunden, während welcher die Beschäftigung stattfinden darf, bis auf zehn Stunden zulassen. Die Stunden, während welcher die Beschäftigung stattfinden darf, werden unter Berücksichtigung der für den öffentlichen Gottesdienst bestimmten Zeit, sofern die Beschäftigungszeit durch statutarische Bestimmungen eingeschränkt worden ist, durch letztere, im Uebrigen von der Polizeibehörde festgestellt. Die Feststellung kann für verschiedene Zweige des Handelsgewerbes verschieden erfolgen.

*§ 105 c.

Die Bestimmungen des § 105 b finden keine Anwendung:

1. auf Arbeiten, welche in Nothfällen oder im öffentlichen Interesse unverzüglich vorgenommen werden müssen;
2. für einen Sonntag auf Arbeiten zur Durchführung einer gesetzlich vorgeschriebenen Inventur;
3. auf die Bewachung der Betriebsanlagen, auf Arbeiten zur Reinigung und Instandhaltung, durch welche der regelmäßige Fortgang des eigenen oder eines fremden Be-

---

Zum Arbeiten an Sonn- und Festtagen können die Gewerbetreibenden die Arbeiter nicht verpflichten. Arbeiten, welche nach der Natur des Gewerbebetriebes einen triebes bedingt ist, sowie auf Arbeiten, von welchen die Wiederaufnahme des vollen werktägigen Betriebes abhängig ist, sofern nicht diese Arbeiten an Werktagen vorgenommen werden können;

4. auf Arbeiten, welche zur Verhütung des Verderbens von Rohstoffen oder des Mißlingens von Arbeitserzeugnissen erforderlich sind, sofern nicht diese Arbeiten an Werktagen vorgenommen werden können;

5. auf die Beaufsichtigung des Betriebes, soweit er nach Ziffer 1 bis 4 an Sonn- und Festtagen stattfindet.

Gewerbetreibende, welche Arbeiter an Sonn- und Festtagen mit Arbeiten der unter Ziff. 1 bis 5 erwähnten Art beschäftigen, sind verpflichtet, ein Verzeichniß anzulegen, in welches für jeden einzelnen Sonn- und Festtag die Zahl der beschäftigten Arbeiter, die Dauer ihrer Beschäftigung sowie die Art der vorgenommenen Arbeiten einzutragen sind. Das Verzeichniß ist auf Erfordern der Ortspolizeibehörde sowie dem im § 139b bezeichneten Beamten jederzeit zur Einsicht vorzulegen.

Bei den unter Ziff. 3 und 4 bezeichneten Arbeiten, sofern dieselben länger als drei Stunden dauern, oder die Arbeiter am Besuche des Gottesdienstes hindern, sind die Gewerbetreibenden verpflichtet, jeden Arbeiter entweder an jedem dritten Sonntage volle sechsunddreißig Stunden, oder an jedem zweiten Sonntage mindestens in der Zeit

---

Aufschub oder eine Unterbrechung nicht gestatten, fallen unter die vorstehende Bestimmung nicht.

von sechs Uhr Morgens bis sechs Uhr Abends von der Arbeit frei zu lassen.

Ausnahmen von den Vorschriften des vorstehenden Absatzes darf die untere Verwaltungsbehörde gestatten, wenn die Arbeiter am Besuche des sonntäglichen Gottesdienstes nicht gehindert werden und ihnen an Stelle des Sonntages eine vierundzwanzigstündige Ruhezeit an einem Wochentage gewährt wird.

* § 105 d.

Für bestimmte Gewerbe, insbesondere für Betriebe, in denen Arbeiten vorkommen, welche ihrer Natur nach eine Unterbrechung oder einen Aufschub nicht gestatten, sowie für Betriebe, welche ihrer Natur nach auf bestimmte Jahreszeiten beschränkt sind, oder welche in gewissen Zeiten des Jahres zu einer außergewöhnlich verstärkten Thätigkeit genöthigt sind, können durch Beschluß des Bundesraths Ausnahmen von der Bestimmung des § 105b Absatz 1 zugelassen werden.

Die Regelung der an Sonn- und Festtagen in diesen Betrieben gestatteten Arbeiten und der Bedingungen, unter welchen sie gestattet sind, erfolgt für alle Betriebe derselben Art gleichmäßig und unter Berücksichtigung der Bestimmung des § 105c Absatz 3.

Die vom Bundesrath getroffenen Bestimmungen sind durch das Reichsgesetzblatt zu veröffentlichen und dem Reichstag bei seinem nächsten Zusammentritt zur Kenntnißnahme vorzulegen.

Welche Tage als Festtage gelten, bestimmen die Landesregierungen.

*§ 105e.

Für Gewerbe, deren vollständige oder theilweise Ausübung an Sonn- und Festtagen zur Befriedigung täglicher oder an diesen Tagen besonders hervortretender Bedürfnisse der Bevölkerung erforderlich ist, sowie für Betriebe, welche ausschließlich oder vorwiegend mit durch Wind oder unregelmäßige Wasserkraft bewegten Triebwerken arbeiten, können durch Verfügung der höheren Verwaltungsbehörde Ausnahmen von den im § 105b getroffenen Bestimmungen zugelassen werden. Die Regelung dieser Ausnahmen hat unter Berücksichtigung der Bestimmungen des § 105c Absatz 3 zu erfolgen.

Das Verfahren auf Anträge wegen Zulassung von Ausnahmen für Betriebe, welche ausschließlich oder vorwiegend mit durch Wind oder unregelmäßige Wasserkraft bewegten Triebwerken arbeiten, unterliegt den Vorschriften der §§ 20 und 21.

*§ 105f.

Wenn zur Verhütung eines unverhältnißmäßigen Schadens ein nicht vorherzusehendes Bedürfniß der Beschäftigung von Arbeitern an Sonn- und Festtagen eintritt, so können durch die untere Verwaltungsbehörde Ausnahmen von der Bestimmung des § 105b Absatz 1 für bestimmte Zeit zugelassen werden.

Die Verfügung der unteren Verwaltungsbehörde ist schriftlich zu erlassen und muß von dem Unternehmer auf Erfordern dem für die Revision zuständigen Beamten an der Betriebsstelle zur Ein-

---

§ 106. Gewerbetreibende, welchen die bürgerlichen Ehrenrechte aberkannt sind, dürfen, so lange ihnen diese sicht vorgelegt werden. Eine Abschrift der Verfügung ist innerhalb der Betriebsstätte an einer den Arbeitern leicht zugänglichen Stelle auszuhängen.

Die untere Verwaltungsbehörde hat über die von ihr gestatteten Ausnahmen ein Verzeichniß zu führen, in welchem die Betriebsstätte, die gestatteten Arbeiten, die Zahl der in dem Betriebe beschäftigten und der an den betreffenden Sonn- und Festtagen thätig gewesenen Arbeiter, die Dauer ihrer Beschäftigung, sowie die Dauer und die Gründe der Erlaubniß einzutragen sind. *

*§ 105g.

Das Verbot der Beschäftigung von Arbeitern an Sonn- und Festtagen kann durch Kaiserliche Verordnung mit Zustimmung des Bundesraths auf andere Gewerbe ausgedehnt werden. Diese Verordnungen sind dem Reichstag bei seinem nächsten Zusammentritt zur Kenntnißnahme vorzulegen. Auf die von dem Verbote zuzulassenden Ausnahmen finden die Bestimmungen der §§ 105c bis 105f entsprechende Anwendung.

*§ 105h.

Die Bestimmungen der §§ 105a bis 105g stehen weitergehenden landesgesetzlichen Beschränkungen der Arbeit an Sonn- und Festtagen nicht entgegen.

Den Landes-Zentralbehörden bleibt vorbehalten, für einzelne Festtage, welche nicht auf einen Sonntag fallen, Abweichungen von der Vorschrift

---

Rechte entzogen bleiben, mit der Anleitung von Arbeitern unter achtzehn Jahren sich nicht befassen.

des § 105b Absatz 1 zu gestatten. Auf das Weihnachts=, Neujahrs=, Oster=, Himmelfahrts= und Pfingstfest findet diese Bestimmung keine Anwendung.

*§ 105 i.

Die §§ 105a Absatz 1, 105b bis 105g finden auf Gast= und Schankwirthschaftsgewerbe, Musikaufführungen, Schaustellungen, theatralische Vorstellungen oder sonstige Lustbarkeiten, sowie auf Verkehrsgewerbe keine Anwendung.

Die Gewerbetreibenden können die Arbeiter in diesen Gewerben nur zu solchen Arbeiten an Sonn= und Festtagen verpflichten, welche nach der Natur des Gewerbebetriebes einen Aufschub oder eine Unterbrechung nicht gestatten.

*§ 106.

Gewerbetreibende, welchen die bürgerlichen Ehrenrechte aberkannt sind, dürfen, solange ihnen diese Rechte entzogen bleiben, mit der Anleitung von Arbeitern unter achtzehn Jahren sich nicht befassen.

Die Entlassung der dem vorstehenden Verbote zuwider beschäftigten Arbeiter kann polizeilich erzwungen werden.

*§ 107.

Minderjährige Personen dürfen, soweit reichsgesetzlich nicht ein Anderes zugelassen ist, als Ar=

Die Entlassung der dem vorstehenden Verbote zuwider beschäftigten Arbeiter kann polizeilich erzwungen werden.

§ 107 Personen unter einundzwanzig Jahren dürfen, soweit reichsgesetzlich nicht ein Anderes zugelassen ist, als Arbeiter nur beschäftigt werden, wenn sie mit einem Ar=

beiter nur beschäftigt werden, wenn sie mit einem Arbeitsbuche versehen sind. Bei der Annahme solcher Arbeiter hat der Arbeitgeber das Arbeitsbuch einzufordern. Er ist verpflichtet, dasselbe zu verwahren, auf amtliches Verlangen vorzulegen und nach rechtmäßiger Lösung des Arbeitsverhältnisses wieder auszuhändigen. Die Aushändigung erfolgt an den Vater oder Vormund, sofern diese es verlangen, oder der Arbeiter das sechszehnte Lebensjahr noch nicht vollendet hat, anderenfalls an den Arbeiter selbst. Mit Genehmigung der Gemeindebehörde des im § 108 bezeichneten Ortes kann die Aushändigung des Arbeitsbuches auch an die Mutter oder einen sonstigen Angehörigen oder unmittelbar an den Arbeiter erfolgen.

Auf Kinder, welche zum Besuche der Volksschule verpflichtet sind, finden vorstehende Bestimmungen keine Anwendung.

*§ 108.

Das Arbeitsbuch wird dem Arbeiter durch die Polizeibehörde desjenigen Ortes, an welchem er zuletzt seinen dauernden Aufenthalt gehabt hat,

---

beitsbuche versehen sind. Bei der Annahme solcher Arbeiter hat der Arbeitgeber das Arbeitsbuch einzufordern. Er ist verpflichtet, dasselbe zu verwahren, auf amtliches Verlangen vorzulegen und nach rechtmäßiger Lösung des Arbeitsverhältnisses dem Arbeiter wieder auszuhändigen.

Auf Kinder, welche zum Besuche der Volksschule verpflichtet sind, finden vorstehende Bestimmungen keine Anwendung.

§ 108. Das Arbeitsbuch wird dem Arbeiter durch die Polizeibehörde desjenigen Ortes, an welchem er zuletzt seinen dauernden Aufenthalt gehabt hat, wenn aber ein wenn aber ein solcher im Gebiete des Deutschen Reichs nicht stattgefunden hat, von der Polizeibehörde des von ihm zuerst erwählten deutschen Arbeitsortes kosten= und stempelfrei ausgestellt. Die Ausstellung erfolgt auf Antrag oder mit Zustimmung des Vaters oder Vormundes; ist die Erklärung des Vaters nicht zu beschaffen, oder verweigert der Vater die Zustimmung ohne genügenden Grund und zum Nachtheile des Arbeiters, so kann die Gemeindebehörde die Zustimmung desselben ergänzen. Vor der Ausstellung ist nachzuweisen, daß der Arbeiter zum Besuche der Volksschule nicht mehr verpflichtet ist, und glaubhaft zu machen, daß bisher ein Arbeitsbuch für ihn noch nicht ausgestellt war.

*§ 109.

Wenn das Arbeitsbuch vollständig ausgefüllt oder nicht mehr brauchbar, oder wenn es verloren gegangen oder vernichtet ist, so wird an Stelle desselben ein neues Arbeitsbuch ausgestellt. Die

---

solcher im Gebiete des Deutschen Reichs nicht stattgefunden hat, von der Polizeibehörde des von ihm zuerst erwählten deutschen Arbeitsortes kosten= und stempelfrei ausgestellt. Die Ausstellung erfolgt auf Antrag oder mit Zustimmung des Vaters oder Vormundes; ist die Erklärung des Vaters nicht zu beschaffen, oder verweigert der Vater die Zustimmung ohne genügenden Grund und zum Nachtheile des Arbeiters, so kann die Gemeindebehörde die Zustimmung desselben ergänzen. Vor der Ausstellung ist nachzuweisen, daß der Arbeiter zum Besuche der Volksschule nicht mehr verpflichtet ist, und glaubhaft zu machen, daß bisher ein Arbeitsbuch für ihn noch nicht ausgestellt war.

§ 109. Wenn das Arbeitsbuch vollständig ausgefüllt oder nicht mehr brauchbar, oder wenn es verloren

Ausstellung erfolgt durch die Polizeibehörde desjenigen Ortes, an welchem der Inhaber des Arbeitsbuches zuletzt seinen dauernden Aufenthalt gehabt hat. Das ausgefüllte oder nicht mehr brauchbare Arbeitsbuch ist durch einen amtlichen Vermerk zu schließen.

Wird das neue Arbeitsbuch an Stelle eines nicht mehr brauchbaren, eines verloren gegangenen oder vernichteten Arbeitsbuches ausgestellt, so ist dies darin zu vermerken. Für die Ausstellung kann in diesem Falle eine Gebühr bis zu fünfzig Pfennig erhoben werden.

*§ 110.

Das Arbeitsbuch (§ 108) muß den Namen des Arbeiters, Ort, Jahr und Tag seiner Geburt, Namen und letzten Wohnort seines Vaters oder Vormundes und die Unterschrift des Arbeiters enthalten. Die Ausstellung erfolgt unter dem Siegel

---

gegangen oder vernichtet ist, so wird an Stelle desselben ein neues Arbeitsbuch ausgestellt. Die Ausstellung erfolgt durch die Polizeibehörden desjenigen Ortes, an welchem der Inhaber des Arbeitsbuches zuletzt seinen dauernden Aufenthalt gehabt hat. Das ausgefüllte oder nicht mehr brauchbare Arbeitsbuch ist durch einen amtlichen Vermerk zu schließen.

Wird das neue Arbeitsbuch an Stelle eines nicht mehr brauchbaren, eines verloren gegangenen oder vernichteten Arbeitsbuches ausgestellt, so ist dies darin zu vermerken. Für die Ausstellung kann in diesem Falle eine Gebühr bis zu fünfzig Pfennig erhoben werden.

§ 110. Das Arbeitsbuch (§ 108) muß den Namen des Arbeiters, Ort, Jahr und Tag seiner Geburt, sowie seine Unterschrift enthalten. Die Ausstellung erfolgt unter dem Siegel und der Unterschrift der Behörde. Letztere hat und der Unterschrift der Behörde. Letztere hat über die von ihr ausgestellten Arbeitsbücher ein Verzeichniß zu führen.

Die Einrichtung der Arbeitsbücher wird durch den Reichskanzler bestimmt.

*§ 111.

Bei dem Eintritt des Arbeiters in das Arbeitsverhältniß hat der Arbeitgeber an der dafür bestimmten Stelle des Arbeitsbuches die Zeit des Eintritts und die Art der Beschäftigung, am Ende des Arbeitsverhältnisses die Zeit des Austritts und, wenn die Beschäftigung Aenderungen erfahren hat, die Art der letzten Beschäftigung des Arbeiters einzutragen.

Die Eintragungen sind mit Tinte zu bewirken und von dem Arbeitgeber oder dem dazu bevollmächtigten Betriebsleiter zu unterzeichnen.

Die Eintragungen dürfen nicht mit einem Merkmal versehen sein, welches den Inhaber des Arbeitsbuches günstig oder nachtheilig zu kennzeichnen bezweckt.

über die von ihr ausgestellten Arbeitsbücher ein Verzeichniß zu führen.

Die Einrichtung der Arbeitsbücher wird durch den Reichskanzler bestimmt.

§ 111. Bei dem Eintritte des Arbeiters in das Arbeitsverhältniß hat der Arbeitgeber an der dafür bestimmten Stelle des Arbeitsbuches die Zeit des Eintrittes und die Art der Beschäftigung, am Ende des Arbeitsverhältnisses die Zeit des Austrittes und, wenn die Beschäftigung Aenderungen erfahren hat, die Art der letzten Beschäftigung des Arbeiters einzutragen.

Die Eintragung eines Urtheils über die Führung oder die Leistungen des Arbeiters und sonstige durch dieses Gesetz nicht vorgesehene Eintragungen oder Vermerke in oder an dem Arbeitsbuche sind unzulässig.

*§ 112.

Ist das Arbeitsbuch bei dem Arbeitgeber unbrauchbar geworden, verloren gegangen oder vernichtet, oder sind von dem Arbeitgeber unzulässige Merkmale, Eintragungen oder Vermerke in oder an dem Arbeitsbuche gemacht, oder wird von dem Arbeitgeber ohne rechtmäßigen Grund die Aushändigung des Arbeitsbuches verweigert, so kann die Ausstellung eines neuen Arbeitsbuches auf Kosten des Arbeitgebers beansprucht werden.

Ein Arbeitgeber, welcher das Arbeitsbuch seiner gesetzlichen Verpflichtung zuwider nicht rechtzeitig ausgehändigt oder die vorschriftsmäßigen Eintragungen zu machen unterlassen oder unzulässige Merk=

Die Eintragungen sind mit Tinte zu bewirken und von dem Arbeitgeber zu unterzeichnen. Sie dürfen nicht mit einem Merkmale versehen sein, welches den Inhaber des Arbeitsbuches günstig oder nachtheilig zu kennzeichnen bezweckt.

Die Eintragung eines Urtheils über die Führung oder die Leistungen des Arbeiters und sonstige durch dieses Gesetz nicht vorgesehene Eintragungen oder Vermerke in oder an dem Arbeitsbuche sind unzulässig.

§ 112. Ist das Arbeitsbuch bei dem Arbeitgeber unbrauchbar geworden, verloren gegangen oder vernichtet, oder sind von dem Arbeitgeber unzulässige Eintragungen oder Vermerke in oder an dem Arbeitsbuche gemacht, oder wird von dem Arbeitgeber ohne rechtmäßigen Grund die male, Eintragungen oder Vermerke gemacht hat, ist dem Arbeiter entschädigungspflichtig. Der Anspruch auf Entschädigung erlischt, wenn er nicht innerhalb vier Wochen nach seiner Entstehung im Wege der Klage oder Einrede geltend gemacht ist.

*§ 113.

Beim Abgange können die Arbeiter ein Zeugniß über die Art und Dauer ihrer Beschäftigung fordern.

Dieses Zeugniß ist auf Verlangen der Arbeiter auch auf ihre Führung und ihre Leistungen auszudehnen.

Den Arbeitgebern ist untersagt, die Zeugnisse mit Merkmalen zu versehen, welche den Zweck haben, den Arbeiter in einer aus dem Wortlaut des Zeugnisses nicht ersichtlichen Weise zu kennzeichnen.

Ist der Arbeiter minderjährig, so kann das Zeugniß von dem Vater oder Vormund gefordert werden. Diese können verlangen, daß das Zeugniß nicht an den Minderjährigen, sondern an sie aus-

---

Aushändigung des Arbeitsbuches verweigert, so kann die Ausstellung eines neuen Arbeitsbuches auf Kosten des Arbeitgebers beansprucht werden.

Ein Arbeitgeber, welcher das Arbeitsbuch seiner gesetzlichen Verpflichtung zuwider nicht rechtzeitig ausgehändigt oder die vorschriftsmäßigen Eintragungen zu machen unterlassen oder unzulässige Eintragungen oder Vermerke gemacht hat, ist dem Arbeiter entschädigungspflichtig. Der Anspruch auf Entschädigung erlischt, wenn er nicht innerhalb vier Wochen nach seiner Entstehung im Wege der Klage oder Einrede geltend gemacht ist.

§ 113. Beim Abgange können die Arbeiter ein Zeugniß über die Art und Dauer ihrer Beschäftigung fordern.

Dieses Zeugniß ist auf Verlangen der Arbeiter auch auf ihre Führung auszudehnen.

gehändigt werde. Mit Genehmigung der Gemeindebehörde des im § 108 bezeichneten Ortes kann auch gegen den Willen des Vaters oder Vormundes die Aushändigung unmittelbar an den Arbeiter erfolgen.

*§ 114.

Auf Antrag des Arbeiters hat die Ortspolizeibehörde die Eintragung in das Arbeitsbuch und das dem Arbeiter etwa ausgestellte Zeugniß kosten- und stempelfrei zu beglaubigen.

*§ 115.

Die Gewerbetreibenden sind verpflichtet, die Löhne ihrer Arbeiter in Reichswährung zu berechnen und baar auszuzahlen.

Sie dürfen den Arbeitern keine Waaren kreditiren. Doch ist es gestattet, den Arbeitern Lebensmittel für den Betrag der Anschaffungskosten, Wohnung und Landnutzung gegen die ortsüblichen

---

§ 114. Auf Antrag des Arbeiters hat die Ortspolizeibehörde die Eintragung in das Arbeitsbuch und das dem Arbeiter etwa ausgestellte Zeugniß kosten- und stempelfrei zu beglaubigen.

§ 115. Die Gewerbetreibenden sind verpflichtet, die Löhne ihrer Arbeiter baar in Reichswährung auszuzahlen.

Sie dürfen denselben keine Waaren kreditiren. Die Verabfolgung von Lebensmitteln an die Arbeiter fällt, sofern sie zu einem die Anschaffungskosten nicht übersteigenden Preise erfolgt, unter die vorstehende Bestimmung nicht; auch können den Arbeitern Wohnung, Feuerung, Landnutzung, regelmäßige Beköstigung, Arzneien und ärztliche Hülfe, sowie Werkzeuge und Stoffe zu den ihnen übertragenen Arbeiten unter Anrechnung bei der Lohnzahlung verabfolgt werden.

Mieth- und Pachtpreise, Feuerung, Beleuchtung, regelmäßige Beköstigung, Arzeneien und ärztliche Hülfe, sowie Werkzeuge und Stoffe zu den ihnen übertragenen Arbeiten für den Betrag der durchschnittlichen Selbstkosten unter Anrechnung bei der Lohnzahlung zu verabfolgen. Zu einem höheren Preise ist die Verabfolgung von Werkzeugen und Stoffen für Akkordarbeiten zulässig, wenn derselbe den ortsüblichen nicht übersteigt und im Voraus vereinbart ist.

*§ 115a.

Lohn- und Abschlagszahlungen dürfen in Gast- und Schankwirthschaften oder Verkaufsstellen nicht ohne Genehmigung der untern Verwaltungsbehörde erfolgen; sie dürfen an Dritte nicht erfolgen auf Grund von Rechtsgeschäften oder Urkunden über Rechtsgeschäfte, welche nach § 2 des Gesetzes, betreffend die Beschlagnahme des Arbeits- oder Dienstlohnes, vom 21. Juni 1869 (Bundes-Gesetzbl. S. 242) rechtlich unwirksam sind.

*§ 116.

Arbeiter, deren Forderungen in einer dem § 115 zuwiderlaufenden Weise berichtigt worden sind, können zu jeder Zeit Zahlung nach Maßgabe des § 115 verlangen, ohne daß ihnen eine Einrede aus dem an Zahlungsstatt Gegebenen entgegengesetzt werden kann. Letzteres fällt, soweit

---

§ 116. Arbeiter, deren Forderungen in einer dem § 115 zuwiderlaufenden Weise berichtigt worden sind, können zu jeder Zeit Zahlung nach Maßgabe des § 115 verlangen, ohne daß ihnen eine Einrede aus dem an es noch bei dem Empfänger vorhanden oder dieser daraus bereichert ist, derjenigen Hülfskasse zu, welcher der Arbeiter angehört, in Ermangelung einer solchen einer anderen zum Besten der Arbeiter an dem Orte bestehenden, von der Gemeindebehörde zu bestimmenden Kasse und in deren Ermangelung der Ortsarmenkasse.

*§ 117.

Verträge, welche dem § 115 zuwiderlaufen, sind nichtig.

Dasselbe gilt von Verabredungen zwischen den Gewerbetreibenden und den von ihnen beschäftigten Arbeitern über die Entnahme der Bedürfnisse der letzteren aus gewissen Verkaufsstellen, sowie überhaupt über die Verwendung des Verdienstes derselben zu einem anderen Zweck als zur Betheiligung an Einrichtungen zur Verbesserung der Lage der Arbeiter oder ihrer Familien.

Zahlungsstatt Gegebenen entgegengesetzt werden kann. Letzteres fällt, soweit es noch bei dem Empfänger vorhanden oder dieser daraus bereichert ist, derjenigen Hülfskasse zu, welcher der Arbeiter angehört, in Ermangelung einer solchen einer anderen zum Besten der Arbeiter an dem Orte bestehenden, von der Gemeindebehörde zu bestimmenden Kasse und in deren Ermangelung der Ortsarmenkasse.

§ 117. Verträge, welche dem § 115 zuwiderlaufen, sind nichtig.

Dasselbe gilt von Verabredungen zwischen den Gewerbetreibenden und den von ihnen beschäftigten Arbeitern über die Entnahme der Bedürfnisse der letzteren aus gewissen Verkaufsstellen, sowie überhaupt über die Verwendung des Verdienstes derselben zu einem anderen Zweck als zur Betheiligung an Einrichtungen zur Verbesserung der Lage der Arbeiter oder ihrer Familien.

*§ 118.

Forderungen für Waaren, welche dem § 115 zuwider kreditirt worden sind, können von dem Gläubiger weder eingeklagt, noch durch Anrechnung oder sonst geltend gemacht werden, ohne Unterschied, ob sie zwischen den Betheiligten unmittelbar entstanden oder mittelbar erworben sind. Dagegen fallen dergleichen Forderungen der im § 116 bezeichneten Kasse zu.

*§ 119.

Den Gewerbetreibenden im Sinne der §§ 115 bis 118 sind gleich zu achten deren Familienglieder, Gehülfen, Beauftragte, Geschäftsführer, Aufseher und Faktoren, sowie andere Gewerbetreibende, bei deren Geschäft eine der hier erwähnten Personen unmittelbar oder mittelbar betheiligt ist.

*§ 119a.

Lohneinbehaltungen, welche von Gewerbeunternehmern zur Sicherung des Ersatzes eines ihnen aus der widerrechtlichen Auflösung des Arbeits=

---

§ 118. Forderungen für Waaren, welche dem § 115 zuwider kreditirt worden sind, können von dem Gläubiger weder eingeklagt, noch durch Anrechnung oder sonst geltend gemacht werden, ohne Unterschied, ob sie zwischen den Betheiligten unmittelbar entstanden oder mittelbar erworben sind. Dagegen fallen dergleichen Forderungen der im § 116 bezeichneten Kasse zu.

§ 119. Den Gewerbetreibenden im Sinne der §§ 115 bis 118 sind gleich zu achten deren Familienglieder, Gehülfen, Beauftragte, Geschäftsführer, Aufseher und Faktoren, sowie andere Gewerbetreibende, bei deren Geschäft eine der hier erwähnten Personen unmittelbar oder mittelbar betheiligt ist.

verhältnisses erwachsenden Schadens oder einer für diesen Fall verabredeten Strafe ausbedungen werden, dürfen bei den einzelnen Lohnzahlungen ein Viertel des fälligen Lohnes, im Gesammtbetrage den Betrag eines durchschnittlichen Wochenlohnes nicht übersteigen.

Durch statutarische Bestimmung einer Gemeinde oder eines weiteren Kommunalverbandes (§ 142) kann für alle Gewerbebetriebe oder gewisse Arten derselben festgesetzt werden:

1. daß Lohn- und Abschlagszahlungen in festen Fristen erfolgen müssen, welche nicht länger als einen Monat und nicht kürzer als eine Woche sein dürfen;
2. daß der von minderjährigen Arbeitern verdiente Lohn an die Eltern oder Vormünder und nur mit deren schriftlicher Zustimmung oder nach deren Bescheinigung über den Empfang der letzten Lohnzahlung unmittelbar an die Minderjährigen gezahlt wird;
3. daß die Gewerbetreibenden den Eltern oder Vormündern innerhalb gewisser Fristen Mittheilung von den an minderjährige Arbeiter gezahlten Lohnbeträgen zu machen haben.

*§ 119 b.

Unter den in §§ 115 bis 119 a bezeichneten Arbeitern werden auch diejenigen Personen ver=

Unter den in §§ 115 bis 118 bezeichneten Arbeitern werden auch diejenigen Personen verstanden, welche für bestimmte Gewerbetreibende außerhalb der Arbeitsstätten der letzteren mit der Anfertigung gewerblicher Erzeugnisse beschäftigt sind.

standen, welche für bestimmte Gewerbetreibende außerhalb der Arbeitsstätten der letzteren mit der Anfertigung gewerblicher Erzeugnisse beschäftigt sind, und zwar auch dann, wenn sie die Roh= und Hülfsstoffe selbst beschaffen.

*§ 120.

Die Gewerbeunternehmer sind verpflichtet, ihren Arbeitern unter achtzehn Jahren, welche eine von der Gemeindebehörde oder vom Staate als Fortbildungsschule anerkannte Unterrichtsanstalt besuchen, hierzu die erforderlichenfalls von der zuständigen Behörde festzusetzende Zeit zu gewähren. Am Sonntage darf der Unterricht nur stattfinden, wenn die Unterrichtsstunden so gelegt werden, daß die Schüler nicht gehindert werden, den Hauptgottesdienst oder einen mit Genehmigung der kirchlichen Behörden für sie eingerichteten besonderen Gottesdienst ihrer Konfession zu besuchen. Ausnahmen von dieser Bestimmung kann die Zentral=

---

§ 120. Die Gewerbeunternehmer sind verpflichtet, bei der Beschäftigung von Arbeitern unter achtzehn Jahren die durch das Alter derselben gebotene besondere Rücksicht auf Gesundheit und Sittlichkeit zu nehmen.

Sie haben ihren Arbeitern unter achtzehn Jahren, welche eine von der Gemeindebehörde oder vom Staate als Fortbildungsschule anerkannte Unterrichtsanstalt besuchen, hierzu die erforderlichenfalls von der zuständigen Behörde festzusetzende Zeit zu gewähren. Für Arbeiter unter achtzehn Jahren kann die Verpflichtung zum Besuche einer Fortbildungsschule, soweit die Verpflichtung nicht landesgesetzlich besteht, durch Ortsstatut (§ 142) begründet werden.

Die Gewerbeunternehmer sind endlich verpflichtet, alle diejenigen Einrichtungen herzustellen und zu unterhalten, behörde für bestehende Fortbildungsschulen, zu deren Besuch keine Verpflichtung besteht, bis zum 1. Oktober 1894 gestatten.

Als Fortbildungsschulen im Sinne dieser Bestimmung gelten auch Anstalten, in welchen Unterricht in weiblichen Hand- und Hausarbeiten ertheilt wird.

Durch statutarische Bestimmung einer Gemeinde oder eines weiteren Kommunalverbandes (§ 142) kann für männliche Arbeiter unter achtzehn Jahren die Verpflichtung zum Besuche einer Fortbildungsschule, soweit diese Verpflichtung nicht landesgesetzlich besteht, begründet werden. Auf demselben Wege können die zur Durchführung dieser Verpflichtung erforderlichen Bestimmungen getroffen werden. Insbesondere können durch statutarische Bestimmung die zur Sicherung eines regelmäßigen Schulbesuchs den Schulpflichtigen, sowie deren Eltern, Vormündern und Arbeitgebern obliegenden Verpflichtungen bestimmt und diejenigen Vorschriften erlassen werden, durch welche die Ordnung in der Fortbildungsschule und ein gebührliches Verhalten der Schüler gesichert wird. Von der durch statutarische Bestimmung begründeten Verpflichtung zum Besuche einer Fortbildungsschule

---

welche mit Rücksicht auf die besondere Beschaffenheit des Gewerbebetriebes und der Betriebsstätte zu thunlichster Sicherheit gegen Gefahr für Leben und Gesundheit nothwendig sind. Darüber, welche Einrichtungen für alle Anlagen einer bestimmten Art herzustellen sind, können durch Beschluß des Bundesraths Vorschriften erlassen werden. Soweit solche nicht erlassen sind, bleibt es den nach den Landesgesetzen zuständigen Behörden überlassen, die erforderlichen Bestimmungen zu treffen.

sind diejenigen befreit, welche eine Innungs- oder andere Fortbildungs- oder Fachschule besuchen, sofern der Unterricht dieser Schule von der höheren Verwaltungsbehörde als ein ausreichender Ersatz des allgemeinen Fortbildungsschulunterrichts anerkannt wird.

*§ 120 a.

Die Gewerbeunternehmer sind verpflichtet, die Arbeitsräume, Betriebsvorrichtungen, Maschinen und Geräthschaften so einzurichten und zu unterhalten und den Betrieb so zu regeln, daß die Arbeiter gegen Gefahren für Leben und Gesundheit soweit geschützt sind, wie es die Natur des Betriebes gestattet.

Insbesondere ist für genügendes Licht, ausreichenden Luftraum und Luftwechsel, Beseitigung des bei dem Betriebe entstehenden Staubes, der dabei entwickelten Dünste und Gase, sowie der dabei entstehenden Abfälle Sorge zu tragen.

Ebenso sind diejenigen Vorrichtungen herzustellen, welche zum Schutze der Arbeiter gegen gefährliche Berührungen mit Maschinen oder Maschinentheilen oder gegen andere in der Natur der Betriebsstätte oder des Betriebes liegende Gefahren, namentlich auch gegen die Gefahren, welche aus Fabrikbränden erwachsen können, erforderlich sind.

Endlich sind diejenigen Vorschriften über die Ordnung des Betriebes und das Verhalten der

---

§ 120a. Streitigkeiten der selbständigen Gewerbetreibenden mit ihren Arbeitern, die auf den Antritt, die Fortsetzung oder Aufhebung des Arbeitsverhältnisses, auf die gegenseitigen Leistungen aus demselben, auf die Er-

Arbeiter zu erlassen, welche zur Sicherung eines gefahrlosen Betriebes erforderlich sind.

*§ 120 b.

Die Gewerbeunternehmer sind verpflichtet, diejenigen Einrichtungen zu treffen und zu unterhalten und diejenigen Vorschriften über das Verhalten der Arbeiter im Betriebe zu erlassen, welche erforderlich sind, um die Aufrechterhaltung der guten Sitten und des Anstandes zu sichern.

Insbesondere muß, soweit es die Natur des Betriebes zuläßt, bei der Arbeit die Trennung der Geschlechter durchgeführt werden, sofern nicht die Aufrechterhaltung der guten Sitten und des Anstandes durch die Einrichtung des Betriebes ohnehin gesichert ist.

In Anlagen, deren Betrieb es mit sich bringt, daß die Arbeiter sich umkleiden und nach der Arbeit sich reinigen, müssen ausreichende, nach Geschlechtern getrennte Ankleide= und Waschräume vorhanden sein.

Die Bedürfnißanstalten müssen so eingerichtet sein, daß sie für die Zahl der Arbeiter ausreichen, daß den Anforderungen der Gesundheitspflege entsprochen wird und daß ihre Benutzung ohne Verletzung von Sitte und Anstand erfolgen kann.

---

theilung oder den Inhalt der Arbeitsbücher oder Zeugnisse sich beziehen, sind, soweit für diese Angelegenheiten besondere Behörden bestehen, bei diesen zur Entscheidung zu bringen.

Insoweit solche besondere Behörden nicht bestehen, erfolgt die Entscheidung durch die Gemeindebehörde.

*§ 120 c.

Gewerbeunternehmer, welche Arbeiter unter achtzehn Jahren beschäftigen, sind verpflichtet, bei der Einrichtung der Betriebsstätte und bei der Regelung des Betriebes diejenigen besonderen Rücksichten auf Gesundheit und Sittlichkeit zu nehmen, welche durch das Alter dieser Arbeiter geboten sind.

*§ 120 d.

Die zuständigen Polizeibehörden sind befugt, im Wege der Verfügung für einzelne Anlagen die Ausführung derjenigen Maßnahmen anzuordnen, welche zur Durchführung der in §§ 120 a bis 120 c enthaltenen Grundsätze erforderlich und nach der Beschaffenheit der Anlage ausführbar erscheinen. Sie können anordnen, daß den Arbeitern zur Einnahme von Mahlzeiten außerhalb der Arbeitsräume angemessene, in der kalten Jahreszeit geheizte Räume unentgeltlich zur Verfügung gestellt werden.

Soweit die angeordneten Maßregeln nicht die Beseitigung einer dringenden, das Leben oder die Gesundheit bedrohenden Gefahr bezwecken, muß für die Ausführung eine angemessene Frist gelassen werden.

Den bei Erlaß dieses Gesetzes bereits bestehenden Anlagen gegenüber können, solange nicht eine Erweiterung oder ein Umbau eintritt, nur An=

Gegen diese Entscheidung steht die Berufung auf den Rechtsweg binnen zehn Tagen offen; die vorläufige Vollstreckung wird durch die Berufung nicht aufgehalten.

forderungen gestellt werden, welche zur Beseitigung erheblicher, das Leben, die Gesundheit oder die Sittlichkeit der Arbeiter gefährdender Mißstände erforderlich oder ohne unverhältnißmäßige Aufwendungen ausführbar erscheinen.

Gegen die Verfügung der Polizeibehörde steht dem Gewerbeunternehmer binnen zwei Wochen die Beschwerde an die höhere Verwaltungsbehörde zu. Gegen die Entscheidung der höheren Verwaltungsbehörde ist binnen vier Wochen die Beschwerde an die Zentralbehörde zulässig; diese entscheidet endgültig. Widerspricht die Verfügung den von der zuständigen Berufsgenossenschaft erlassenen Vorschriften zur Verhütung von Unfällen, so ist zur Einlegung der vorstehend bezeichneten Rechtsmittel binnen der dem Gewerbeunternehmer zustehenden Frist auch der Vorstand der Berufsgenossenschaft befugt.

*§ 120e.

Durch Beschluß des Bundesraths können Vorschriften darüber erlassen werden, welchen Anforderungen in bestimmten Arten von Anlagen zur Durchführung der in den §§ 120a bis 120c enthaltenen Grundsätze zu genügen ist.

Soweit solche Vorschriften durch Beschluß des Bundesraths nicht erlassen sind, können dieselben durch Anordnung der Landes-Zentralbehörden oder

---

Durch Ortsstatut (§ 142) können an Stelle der gegenwärtig hierfür bestimmten Behörden Schiedsgerichte mit der Entscheidung betraut werden. Dieselben sind durch die Gemeindebehörde unter gleichmäßiger Zuziehung von Arbeitgebern und Arbeitern zu bilden.

(Dieser § ist aufgehoben durch § 78 des Gesetzes vom 29. Juli 1890, betr. die Gewerbegerichte.)

durch Polizeiverordnungen der zum Erlaß solcher berechtigten Behörden erlassen werden. Vor dem Erlaß solcher Anordnungen und Polizeiverordnungen ist den Vorständen der betheiligten Berufsgenossenschaften oder Berufsgenossenschafts-Sektionen Gelegenheit zu einer gutachtlichen Aeußerung zu geben. Auf diese finden die Bestimmungen des § 79 Absatz 1 des Gesetzes, betreffend die Unfallversicherung der Arbeiter, vom 6. Juli 1884 (Reichs-Gesetzbl. S. 69) Anwendung.

Durch Beschluß des Bundesraths können für solche Gewerbe, in welchen durch übermäßige Dauer der täglichen Arbeitszeit die Gesundheit der Arbeiter gefährdet wird, Dauer, Beginn und Ende der zulässigen täglichen Arbeitszeit und der zu gewährenden Pausen vorgeschrieben und die zur Durchführung dieser Vorschriften erforderlichen Anordnungen erlassen werden.

Die durch Beschluß des Bundesraths erlassenen Vorschriften sind durch das Reichs-Gesetzbatt zu veröffentlichen und dem Reichstag bei seinem nächsten Zusammentritt zur Kenntnißnahme vorzulegen.

II. Verhältnisse der Gesellen und Gehülfen.

*§ 121.

Gesellen und Gehülfen sind verpflichtet, den Anordnungen der Arbeitgeber in Beziehung auf die

---

II. Verhältnisse der Gesellen und Gehülfen.

§ 121. Gesellen und Gehülfen sind verpflichtet, den Anordnungen der Arbeitgeber in Beziehung auf die ihnen übertragenen Arbeiten und auf die häuslichen Einrichtungen Folge zu leisten; zu häuslichen Arbeiten sind sie nicht verbunden.

ihnen übertragenen Arbeiten und auf die häuslichen Einrichtungen Folge zu leisten; zu häuslichen Arbeiten sind sie nicht verbunden.

*§ 122.

Das Arbeitsverhältniß zwischen den Gesellen oder Gehülfen und ihren Arbeitgebern kann, wenn nicht ein Anderes verabredet ist, durch eine jedem Theile freistehende, vierzehn Tage vorher erklärte Aufkündigung gelöst werden. Werden andere Aufkündigungsfristen vereinbart, so müssen sie für beide Theile gleich sein. Vereinbarungen, welche dieser Bestimmung zuwiderlaufen, sind nichtig.

*§ 123.

Vor Ablauf der vertragsmäßigen Zeit und ohne Aufkündigung können Gesellen und Gehülfen entlassen werden:

1. wenn sie bei Abschluß des Arbeitsvertrages den Arbeitgeber durch Vorzeigung falscher oder verfälschter Arbeitsbücher oder Zeugnisse hintergangen oder ihn über das Bestehen eines anderen, sie gleichzeitig verpflichtenden Arbeitsverhältnisses in einen Irrthum versetzt haben;

---

§ 122. Das Arbeitsverhältniß zwischen den Gesellen oder Gehülfen und ihren Arbeitgebern kann, wenn nicht ein Anderes verabredet ist, durch eine jedem Theile freistehende, vierzehn Tage vorher erklärte Aufkündigung gelöst werden.

§ 123. Vor Ablauf der vertragsmäßigen Zeit und ohne Aufkündigung können Gesellen und Gehülfen entlassen werden:

2. wenn sie eines Diebstahls, einer Entwendung, einer Unterschlagung, eines Betruges oder eines liederlichen Lebenswandels sich schuldig machen;
3. wenn sie die Arbeit unbefugt verlassen haben oder sonst den nach dem Arbeitsvertrage ihnen obliegenden Verpflichtungen nachzukommen beharrlich verweigern;
4. wenn sie der Verwarnung ungeachtet mit Feuer und Licht unvorsichtig umgehen;
5. wenn sie sich Thätlichkeiten oder grobe Beleidigungen gegen den Arbeitgeber oder seine Vertreter oder gegen die Familienangehörigen des Arbeitgebers oder seiner Vertreter zu Schulden kommen lassen;
6. wenn sie einer vorsätzlichen und rechtswidrigen Sachbeschädigung zum Nachtheile des Arbeitgebers oder eines Mitarbeiters sich schuldig machen;
7. wenn sie Familienangehörige des Arbeitgebers oder seiner Vertreter oder Mit-

---

1. wenn sie bei Abschluß des Arbeitsvertrages den Arbeitgeber durch Vorzeigung falscher oder verfälschter Arbeitsbücher oder Zeugnisse hintergangen oder ihn über das Bestehen eines anderen, sie gleichzeitig verpflichtenden Arbeitsverhältnisses in einen Irrthum versetzt haben;
2. wenn sie eines Diebstahls, einer Entwendung, einer Unterschlagung, eines Betruges oder eines liederlichen Lebenswandels sich schuldig machen;
3. wenn sie die Arbeit unbefugt verlassen haben oder sonst den nach dem Arbeitsvertrage ihnen obliegenden Verpflichtungen nachzukommen beharrlich verweigern;

arbeiter zu Handlungen verleiten oder zu verleiten versuchen oder mit Familienangehörigen des Arbeitgebers oder seiner Vertreter Handlungen begehen, welche wider die Gesetze oder die guten Sitten verstoßen;

8. wenn sie zur Fortsetzung der Arbeit unfähig oder mit einer abschreckenden Krankheit behaftet sind.

In den unter Nr. 1 bis 7 gedachten Fällen ist die Entlassung nicht mehr zulässig, wenn die zu Grunde liegenden Thatsachen dem Arbeitgeber länger als eine Woche bekannt sind.

Inwiefern in den unter Nro. 8 gedachten Fällen dem Entlassenen ein Anspruch auf Entschädigung zustehe, ist nach dem Inhalt des Vertrages und nach den allgemeinen gesetzlichen Vorschriften zu beurtheilen.

---

4. wenn sie der Verwarnung ungeachtet mit Feuer und Licht unvorsichtig umgehen;
5. wenn sie sich Thätlichkeiten oder grobe Beleidigungen gegen den Arbeitgeber oder seine Vertreter oder gegen die Familienangehörigen des Arbeitgebers oder seiner Vertreter zu Schulden kommen lassen;
6. wenn sie einer vorsätzlichen und rechtswidrigen Sachbeschädigung zum Nachtheile des Arbeitgebers oder eines Mitarbeiters sich schuldig machen;
7. wenn sie Familienangehörige des Arbeitgebers oder seiner Vertreter oder Mitarbeiter zu Handlungen verleiten oder mit Familienangehörigen des Arbeitgebers oder seiner Vertreter Handlungen begehen, welche wider die Gesetze oder die guten Sitten verstoßen;
8. wenn sie zur Fortsetzung der Arbeit unfähig oder mit einer abschreckenden Krankheit behaftet sind.

*§ 124.

Vor Ablauf der vertragsmäßigen Zeit und ohne Aufkündigung können Gesellen und Gehülfen die Arbeit verlassen:

1. wenn sie zur Fortsetzung der Arbeit unfähig werden;
2. wenn der Arbeitgeber oder seine Vertreter sich Thätlichkeiten oder grobe Beleidigungen gegen die Arbeiter oder gegen ihre Familienangehörigen zu Schulden kommen lassen;
3. wenn der Arbeitgeber oder seine Vertreter oder Familienangehörige derselben die Arbeiter oder deren Familienangehörige zu Handlungen verleiten oder zu verleiten versuchen oder mit den Familienangehörigen der Arbeiter Handlungen begehen, welche wider die Gesetze oder die guten Sitten laufen;
4. wenn der Arbeitgeber den Arbeitern den schuldigen Lohn nicht in der bedungenen Weise auszahlt, bei Stücklohn nicht für ihre ausreichende Beschäftigung sorgt, oder

---

In den unter Nr. 1 bis 7 gedachten Fällen ist die Entlassung nicht mehr zuläßig, wenn die zu Grunde liegenden Thatsachen dem Arbeitgeber länger als eine Woche bekannt sind.

Inwiefern in den unter Nr. 8 gedachten Fällen dem Entlassenen ein Anspruch auf Entschädigung zustehe, ist nach dem Inhalt des Vertrages und nach den allgemeinen gesetzlichen Vorschriften zu beurtheilen.

§ 124. Vor Ablauf der vertragsmäßigen Zeit und ohne Aufkündigung können Gesellen und Gehülfen die Arbeit verlassen:

wenn er sich widerrechtlicher Uebervortheilungen gegen sie schuldig macht;

5. wenn bei Fortsetzung der Arbeit das Leben oder die Gesundheit der Arbeiter einer erweislichen Gefahr ausgesetzt sein würde, welche bei Eingehung des Arbeitsvertrages nicht zu erkennen war.

In den unter Nr. 2 gedachten Fällen ist der Austritt aus der Arbeit nicht mehr zulässig, wenn die zu Grunde liegenden Thatsachen dem Arbeiter länger als eine Woche bekannt sind.

*§ 124 a.

Außer den in §§ 123 und 124 bezeichneten Fällen kann jeder der beiden Theile aus wichtigen Gründen vor Ablauf der vertragsmäßigen Zeit und ohne Innehaltung einer Kündigungsfrist die Aufhebung des Arbeitsverhältnisses verlangen, wenn dasselbe mindestens auf vier Wochen oder wenn eine längere als vierzehntägige Kündigungsfrist vereinbart ist.

---

1. wenn sie zur Fortsetzung der Arbeit unfähig werden;
2. wenn der Arbeitgeber oder seine Vertreter sich Thätlichkeiten oder grobe Beleidigungen gegen die Arbeiter oder gegen ihre Familienangehörigen zu Schulden kommen lassen;
3. wenn der Arbeitgeber oder seine Vertreter oder Familienangehörige derselben die Arbeiter oder deren Familienangehörige zu Handlungen verleiten oder mit den Familienangehörigen der Arbeiter Handlungen begehen, welche wider die Gesetze oder die guten Sitten laufen;
4. wenn der Arbeitgeber den Arbeitern den schuldigen Lohn nicht in der bedungenen Weise auszahlt, bei

*§ 124b.

Hat ein Geselle oder Gehülfe rechtswidrig die Arbeit verlassen, so kann der Arbeitgeber als Entschädigung für den Tag des Vertragsbruches und jeden folgenden Tag der vertragsmäßigen oder gesetzlichen Arbeitszeit, höchstens aber für eine Woche, den Betrag des ortsüblichen Tagelohnes (§ 8 des Krankenversicherungsgesetzes vom 15. Juni 1883, Reichs-Gesetzbl. S. 73) fordern. Diese Forderung ist an den Nachweis eines Schadens nicht gebunden. Durch ihre Geltendmachung wird der Anspruch auf Erfüllung des Vertrages und auf weiteren Schadensersatz ausgeschlossen. Dasselbe Recht steht den Gesellen oder Gehülfen gegen den Arbeitgeber zu, wenn er von diesem vor rechtmäßiger Beendigung des Arbeitsverhältnisses entlassen worden ist.

*§ 125.

Ein Arbeitgeber, welcher einen Gesellen oder Gehülfen verleitet, vor rechtmäßiger Beendigung des Arbeitsverhältnisses die Arbeit zu verlassen, ist

---

Stücklohn nicht für ihre ausreichende Beschäftigung sorgt, oder wenn er sich widerrechtlicher Uebervortheilungen gegen sie schuldig macht;

5. wenn bei Fortsetzung der Arbeit das Leben oder die Gesundheit der Arbeiter einer erweislichen Gefahr ausgesetzt sein würde, welche bei Eingehung des Arbeitsvertrages nicht zu erkennen war.

In den unter Nr. 2 und 3 gedachten Fällen ist der Austritt aus der Arbeit nicht mehr zulässig, wenn die zu Grunde liegenden Thatsachen dem Arbeiter länger als eine Woche bekannt sind.

§ 125. Ein Arbeitgeber, welcher einen Gesellen oder Gehülfen verleitet, vor rechtmäßiger Beendigung des dem früheren Arbeitgeber für den entstandenen Schaden oder den nach § 124 b an die Stelle des Schadensersatzes tretenden Betrag als Selbstschuldner mitverhaftet. In gleicher Weise haftet ein Arbeitgeber, welcher einen Gesellen oder Gehülfen annimmt, von dem er weiß, daß derselbe einem anderen Arbeitgeber zur Arbeit noch verpflichtet ist.

In dem im vorstehenden Absatz bezeichneten Umfang ist auch derjenige Arbeitgeber mitverhaftet, welcher einen Gesellen oder Gehülfen, von dem er weiß, daß derselbe einem anderen Arbeitgeber zur Arbeit noch verpflichtet ist, während der Dauer dieser Verpflichtung in der Beschäftigung behält, sofern nicht seit der unrechtmäßigen Lösung des Arbeitsverhältnisses bereits vierzehn Tage verflossen sind.

Den Gesellen und Gehülfen stehen im Sinne der vorstehenden Bestimmungen die im § 119 b bezeichneten Personen gleich.

III. Lehrlingsverhältnisse.

* § 126.

Der Lehrherr ist verpflichtet, den Lehrling in den bei seinem Betriebe vorkommenden Arbeiten des

---

Arbeitsverhältnisses die Arbeit zu verlassen, ist dem früheren Arbeitgeber für den dadurch entstehenden Schaden als Selbstschuldner mitverhaftet. In gleicher Weise haftet ein Arbeitgeber, welcher einen Gesellen oder Gehülfen annimmt oder behält, von dem er weiß, daß derselbe einem anderen Arbeitgeber zur Arbeit noch verpflichtet ist.

III. Lehrlingsverhältnisse.

§ 126. Der Lehrherr ist verpflichtet, den Lehrling in den bei seinem Betriebe vorkommenden Arbeiten des

Gewerbes in der durch den Zweck der Ausbildung gebotenen Reihenfolge und Ausdehnung zu unterweisen. Er muß entweder selbst oder durch einen geeigneten, ausdrücklich dazu bestimmten Vertreter die Ausbildung des Lehrlings leiten. Er darf dem Lehrling die zu seiner Ausbildung und zum Besuche des Gottesdienstes an Sonn- und Festtagen erforderliche Zeit und Gelegenheit durch Verwendung zu anderen Dienstleistungen nicht entziehen. Er hat den Lehrling zur Arbeitsamkeit und zu guten Sitten anzuhalten und vor Ausschweifungen zu bewahren.

*§ 127.

Der Lehrling ist der väterlichen Zucht des Lehrherrn unterworfen. Demjenigen gegenüber, welcher an Stelle des Lehrherrn seine Ausbildung zu leiten hat, ist er zur Folgsamkeit verpflichtet.

Gewerbes in der durch den Zweck der Ausbildung gebotenen Reihenfolge und Ausdehnung zu unterweisen. Er muß entweder selbst oder durch einen geeigneten, ausdrücklich dazu bestimmten Vertreter die Ausbildung des Lehrlings leiten. Er darf dem Lehrling die zu seiner Ausbildung und zum Besuche des Gottesdienstes an Sonn- und Festtagen erforderliche Zeit und Gelegenheit durch Verwendung zu anderen Dienstleistungen nicht entziehen. Er hat den Lehrling zur Arbeitsamkeit und zu guten Sitten anzuhalten und vor Ausschweifungen zu bewahren.

§ 127. Der Lehrling ist der väterlichen Zucht des Lehrherrn unterworfen. Demjenigen gegenüber, welcher an Stelle des Lehrherrn seine Ausbildung zu leiten hat, ist er zur Folgsamkeit verpflichtet.

§ 128. Das Lehrverhältniß kann, wenn eine längere Frist nicht vereinbart ist, während der ersten vier Wochen

*§ 128.

Das Lehrverhältniß kann, wenn eine längere Frist nicht vereinbart ist, während der ersten vier Wochen nach Beginn der Lehrzeit durch einseitigen Rücktritt aufgelöst werden. Eine Vereinbarung, wonach diese Probezeit mehr als drei Monate betragen soll, ist nichtig.

Nach Ablauf der Probezeit kann der Lehrling vor Beendigung der verabredeten Lehrzeit entlassen werden, wenn einer der im § 123 vorgesehenen Fälle auf ihn Anwendung findet.

Von Seiten des Lehrlings kann das Lehrverhältniß nach Ablauf der Probezeit aufgelöst werden:

1. wenn einer der im § 124 unter Nr. 1, 3 bis 5 vorgesehenen Fälle vorliegt;
2. wenn der Lehrherr seine gesetzlichen Verpflichtungen gegen den Lehrling in einer die Gesundheit, die Sittlichkeit oder die Aus-

---

nach Beginn der Lehrzeit durch einseitigen Rücktritt aufgelöst werden. Eine Vereinbarung, wonach diese Probezeit mehr als drei Monate betragen soll, ist nichtig.

Nach Ablauf der Probezeit kann der Lehrling vor Beendigung der verabredeten Lehrzeit entlassen werden, wenn einer der im § 123 vorgesehenen Fälle auf ihn Anwendung findet.

Von Seiten des Lehrlings kann das Lehrverhältniß nach Ablauf der Probezeit aufgelöst werden:

1. wenn einer der im § 124 unter Nr. 1, 3 bis 5 vorgesehenen Fälle vorliegt;
2. wenn der Lehrherr seine gesetzlichen Verpflichtungen gegen den Lehrling in einer die Gesundheit, die Sittlichkeit oder die Ausbildung des Lehrlings gefährdenden Weise vernachlässigt, oder das Recht

bildung des Lehrlings gefährdenden Weise vernachlässigt, oder das Recht der väterlichen Zucht mißbraucht, oder zur Erfüllung der ihm vertragsmäßig obliegenden Verpflichtungen unfähig wird.

Der Lehrvertrag wird durch den Tod des Lehrlings aufgehoben. Durch den Tod des Lehrherrn gilt der Lehrvertrag als aufgehoben, sofern die Aufhebung innerhalb vier Wochen geltend gemacht wird.

Schriftliche Lehrverträge sind stempelfrei.

*§ 129.

Bei Beendigung des Lehrverhältnisses hat der Lehrherr dem Lehrling unter Angabe des Gewerbes, in welchem der Lehrling unterwiesen worden ist, über die Dauer der Lehrzeit und die während derselben erworbenen Kenntnisse und Fertigkeiten, sowie über sein Betragen ein Zeugniß auszustellen, welches von der Gemeindebehörde kosten- und stempelfrei zu beglaubigen ist.

---

der väterlichen Zucht mißbraucht, oder zur Erfüllung der ihm vertragsmäßig obliegenden Verpflichtungen unfähig wird.

Der Lehrvertrag wird durch den Tod des Lehrlings aufgehoben. Durch den Tod des Lehrherrn gilt der Lehrvertrag als aufgehoben, sofern die Aufhebung innerhalb vier Wochen geltend gemacht wird.

§ 129. Bei Beendigung des Lehrverhältnisses hat der Lehrherr dem Lehrling unter Angabe des Gewerbes, in welchem der Lehrling unterwiesen worden ist, über die Dauer der Lehrzeit und die während derselben erworbenen Kenntnisse und Fertigkeiten, sowie über sein Betragen ein Zeugniß auszustellen, welches von der Gemeindebehörde kosten- und stempelfrei zu beglaubigen ist.

An Stelle dieser Zeugnisse können, wo Innungen oder andere Vertretungen der Gewerbetreibenden bestehen, die von diesen ausgestellten Lehrbriefe treten.

*§ 130.

Verläßt der Lehrling in einem durch dies Gesetz nicht vorgesehenen Falle ohne Zustimmung des Lehrherrn die Lehre, so kann letzterer den Anspruch auf Rückkehr des Lehrlings nur geltend machen, wenn der Lehrvertrag schriftlich geschlossen ist. Die Polizeibehörde kann in diesem Falle auf Antrag des Lehrherrn den Lehrling anhalten, solange in der Lehre zu verbleiben, als durch gerichtliches Urtheil das Lehrverhältniß nicht für aufgelöst erklärt ist. Der Antrag ist nur zulässig, wenn er binnen einer Woche nach dem Austritt des Lehrlings gestellt ist. Im Falle der Weiger-

---

An Stelle dieser Zeugnisse können, wo Innungen oder andere Vertretungen der Gewerbetreibenden bestehen, die von diesen ausgestellten Lehrbriefe treten.

§ 130. Verläßt der Lehrling in einem durch dies Gesetz nicht vorgesehenen Falle ohne Zustimmung des Lehrherrn die Lehre, so kann letzterer den Anspruch auf Rückkehr des Lehrlings nur geltend machen, wenn der Lehrvertrag schriftlich geschlossen ist. Die Polizeibehörde kann in diesem Falle auf Antrag des Lehrherrn den Lehrling anhalten, so lange in der Lehre zu verbleiben, als durch gerichtliches Urtheil das Lehrverhältniß nicht für aufgelöst erklärt ist. Der Antrag ist nur zulässig, wenn er binnen einer Woche nach dem Austritte des Lehrlings gestellt ist. Im Falle der Weigerung kann die Polizeibehörde den Lehrling zwangsweise zurückführen lassen, oder durch Androhung von Geldstrafe bis zu fünfzig Mark oder Haft bis zu fünf Tagen zur Rückkehr ihn anhalten.

ung kann die Polizeibehörde den Lehrling zwangsweise zurückführen lassen, oder durch Androhung von Geldstrafe bis zu fünfzig Mark oder Haft bis zu fünf Tagen zur Rückkehr ihn anhalten.

*§ 131.

Wird von dem Vater oder Vormund für den Lehrling oder, sofern der letztere großjährig ist, von ihm selbst dem Lehrherrn die schriftliche Erklärung abgegeben, daß der Lehrling zu einem anderen Gewerbe oder anderen Berufe übergehen werde, so gilt das Lehrverhältniß, wenn der Lehrling nicht früher entlassen wird, nach Ablauf von vier Wochen als aufgelöst. Den Grund der Auflösung hat der Lehrherr in dem Arbeitsbuche zu vermerken.

Binnen neun Monaten nach der Auflösung darf der Lehrling in demselben Gewerbe von einem anderen Arbeitgeber ohne Zustimmung des früheren Lehrherrn nicht beschäftigt werden.

---

§ 131. Wird von dem Vater oder Vormund für den Lehrling, oder, sofern der letztere großjährig ist, von ihm selbst dem Lehrherrn die schriftliche Erklärung abgegeben, daß der Lehrling zu einem anderen Gewerbe oder anderen Berufe übergehen werde, so gilt das Lehrverhältniß, wenn der Lehrling nicht früher entlassen wird, nach Ablauf von vier Wochen als aufgelöst. Den Grund der Auflösung hat der Lehrherr in dem Arbeitsbuche zu vermerken.

Binnen neun Monaten nach der Auflösung darf der Lehrling in demselben Gewerbe von einem anderen Arbeitgeber ohne Zustimmung des früheren Lehrherrn nicht beschäftigt werden.

§ 132. Erreicht das Lehrverhältniß vor Ablauf der verabredeten Lehrzeit sein Ende, so kann von dem Lehr-

*§ 132.

Erreicht das Lehrverhältniß vor Ablauf der verabredeten Lehrzeit sein Ende, so kann von dem Lehrherrn oder von dem Lehrling ein Anspruch auf Entschädigung nur geltend gemacht werden, wenn der Lehrvertrag schriftlich geschlossen ist. In den Fällen des § 128 Absatz 1 und 4 kann der Anspruch nur geltend gemacht werden, wenn dieses in dem Lehrvertrage unter Festsetzung der Art und Höhe der Entschädigung vereinbart ist.

Der Anspruch auf Entschädigung erlischt, wenn er nicht innerhalb vier Wochen nach Auflösung des Lehrverhältnisses im Wege der Klage oder Einrede geltend gemacht ist.

*§ 133.

Ist von dem Lehrherrn das Lehrverhältniß aufgelöst worden, weil der Lehrling die Lehre unbefugt verlassen hat, so ist die von dem Lehrherrn

---

herrn oder von dem Lehrling ein Anspruch auf Entschädigung nur geltend gemacht werden, wenn der Lehrvertrag schriftlich geschlossen ist. In den Fällen des § 128 Absatz 1 und 4 kann der Anspruch nur geltend gemacht werden, wenn dieses in dem Lehrvertrage unter Festsetzung der Art und Höhe der Entschädigung vereinbart ist.

Der Anspruch auf Entschädigung erlischt, wenn er nicht innerhalb vier Wochen nach Auflösung des Lehrverhältnisses im Wege der Klage oder Einrede geltend gemacht ist.

§ 133. Ist von dem Lehrherrn das Lehrverhältniß aufgelöst worden, weil der Lehrling die Lehre unbefugt verlassen hat, so ist die von dem Lehrherrn beanspruchte Entschädigung, wenn in dem Lehrvertrage ein Anderes beanspruchte Entschädigung, wenn in dem Lehrvertrage ein Anderes nicht ausbedungen ist, auf einen Betrag festzusetzen, welcher für jeden auf den Tag des Vertragsbruchs folgenden Tag der Lehrzeit, höchstens aber für sechs Monate, bis auf die Hälfte des in dem Gewerbe des Lehrherrn den Gesellen oder Gehülfen ortsüblich gezahlten Lohnes sich belaufen darf.

Für die Zahlung der Entschädigung sind als Selbstschuldner mitverhaftet der Vater des Lehrlings sowie derjenige Arbeitgeber, welcher den Lehrling zum Verlassen der Lehre verleitet oder welcher ihn in Arbeit genommen hat, obwohl er wußte, daß der Lehrling zur Fortsetzung eines Lehrverhältnisses noch verpflichtet war. Hat der Entschädigungsberechtigte erst nach Auflösung des Lehrverhältnisses von der Person des Arbeitgebers, welcher den Lehrling verleitet oder in Arbeit genommen hat, Kenntniß erhalten, so erlischt gegen diese der Entschädigungsanspruch erst, wenn derselbe nicht innerhalb vier Wochen nach erhaltener Kenntniß geltend gemacht ist.

---

nicht ausbedungen ist, auf einen Betrag festzusetzen, welcher für jeden auf den Tag des Vertragsbruches folgenden Tag der Lehrzeit, höchstens aber für sechs Monate, bis auf die Hälfte des in dem Gewerbe des Lehrherrn den Gesellen oder Gehülfen ortsüblich gezahlten Lohnes sich belaufen darf.

Für die Zahlung der Entschädigung sind als Selbstschuldner mitverhaftet der Vater des Lehrlings sowie derjenige Arbeitgeber, welcher den Lehrling zum Verlassen der Lehre verleitet oder welcher ihn in Arbeit genommen hat, obwohl er wußte, daß der Lehrling zur Fortsetzung eines Lehrverhältnisses noch verpflichtet war. Hat der

IIa. Verhältnisse der Betriebsbeamten, Werkmeister, Techniker.

*§ 133a.

Das Dienstverhältniß der von Gewerbeunternehmern gegen feste Bezüge beschäftigten Personen, welche nicht lediglich vorübergehend mit der Leitung oder Beaufsichtigung des Betriebes oder einer Abtheilung desselben beauftragt (Betriebsbeamte, Werkmeister und ähnliche Angestellte) oder mit höheren technischen Dienstleistungen betraut sind (Maschinentechniker, Bautechniker, Chemiker, Zeichner und dergleichen), kann, wenn nicht etwas Anderes verabredet ist, von jedem Theile mit Ablauf jedes Kalendervierteljahres nach sechs Wochen vorher erklärter Aufkündigung aufgehoben werden.

*§ 133b.

Jeder der beiden Theile kann vor Ablauf der vertragsmäßigen Zeit und ohne Innehaltung einer Kündigungsfrist die Aufhebung des Dienstverhältnisses verlangen, wenn ein wichtiger, nach den Umständen des Falles die Aufhebung rechtfertigender Grund vorliegt.

*§ 133c.

Gegenüber den im § 133a bezeichneten Personen kann die Aufhebung des Dienstverhältnisses insbesondere verlangt werden:

Entschädigungsberechtigte erst nach Auflösung des Lehrverhältnisses von der Person des Arbeitgebers, welcher den Lehrling verleitet oder in Arbeit genommen hat, Kenntniß

1. wenn sie beim Abschluß des Dienstvertrages den Arbeitgeber durch Vorbringung falscher oder verfälschter Zeugnisse hintergangen oder ihn über das Bestehen eines anderen, sie gleichzeitig verpflichtenden Dienstverhältnisses in einen Irrthum versetzt haben;
2. wenn sie im Dienste untreu sind oder das Vertrauen mißbrauchen;
3. wenn sie ihren Dienst unbefugt verlassen oder den nach dem Dienstvertrage ihnen obliegenden Verpflichtungen nachzukommen beharrlich verweigern;
4. wenn sie durch anhaltende Krankheit oder durch eine längere Freiheitsstrafe oder Abwesenheit an der Verrichtung ihrer Dienste verhindert werden;
5. wenn sie sich Thätlichkeiten oder Ehrverletzungen gegen den Arbeitgeber oder seinen Vertreter zu Schulden kommen lassen;
6. wenn sie sich einem unsittlichen Lebenswandel ergeben.

In dem Falle zu 4 bleibt der Anspruch auf die vertragsmäßigen Leistungen des Arbeitgebers für die Dauer von sechs Wochen in Kraft, wenn die Verrichtung der Dienste durch unverschuldetes Unglück verhindert worden ist. Jedoch mindern sich die Ansprüche in diesem Falle um denjenigen Betrag, welcher dem Berechtigten aus einer auf

---

erhalten, so erlischt gegen diese der Entschädigungsanspruch erst, wenn derselbe nicht innerhalb vier Wochen nach erhaltener Kenntniß geltend gemacht ist.

Grund gesetzlicher Verpflichtung bestehenden Krankenversicherung oder Unfallversicherung zukommt.

*§ 133d.

Die im § 133a bezeichneten Personen können die Auflösung des Dienstverhältnisses insbesondere verlangen:

1. wenn der Arbeitgeber oder seine Vertreter sich Thätlichkeiten oder Ehrverletzungen gegen sie zu Schulden kommen lassen;
2. wenn der Arbeitgeber die vertragsmäßigen Leistungen nicht gewährt;
3. wenn bei Fortsetzung des Dienstverhältnisses ihr Leben oder ihre Gesundheit einer erweislichen Gefahr ausgesetzt sein würde, welche bei Eingehung des Dienstverhältnisses nicht zu erkennen war.

*§ 133e.

Auf die im § 133a bezeichneten Personen finden die Bestimmungen der §§ 124b und 125 Anwendung, dagegen nicht die Bestimmungen des § 119a.

IV. Verhältnisse der Fabrikarbeiter.

*§ 134.

Auf Fabrikarbeiter finden die Bestimmungen der §§ 121 bis 125 oder, wenn die Fabrikarbeiter

---

IV. Verhältnisse der Fabrikarbeiter.

§ 134. Auf Fabrikarbeiter finden die Bestimmungen der §§ 121 bis 125 oder, wenn die Fabrikarbeiter als Lehrlinge anzusehen sind, die Bestimmungen der §§ 126 bis 133 Anwendung.

als Lehrlinge anzusehen sind, die Bestimmungen der §§ 126 bis 133 Anwendung.

Den Unternehmern von Fabriken, in welchen in der Regel mindestens zwanzig Arbeiter beschäftigt werden, ist untersagt, für den Fall der rechtswidrigen Auflösung des Arbeitsverhältnisses durch den Arbeiter die Verwirkung des rückständigen Lohnes über den Betrag des durchschnittlichen Wochenlohnes hinaus auszubedingen. Auf die Arbeitgeber und Arbeiter in solchen Fabriken finden die Bestimmungen des § 124 b keine Anwendung.

*§ 134 a.

Für jede Fabrik, in welcher in der Regel mindestens zwanzig Arbeiter beschäftigt werden, ist innerhalb vier Wochen nach Inkrafttreten dieses Gesetzes oder nach der Eröffnung des Betriebes eine Arbeitsordnung zu erlassen. Für die einzelnen Abtheilungen des Betriebes oder für die einzelnen Gruppen der Arbeiter können besondere Arbeitsordnungen erlassen werden. Der Erlaß erfolgt durch Aushang (§ 134 e Absatz 2).

Die Arbeitsordnung muß den Zeitpunkt, mit welchem sie in Wirksamkeit treten soll, angeben und von demjenigen, welcher sie erläßt, unter Angabe des Datums unterzeichnet sein.

Abänderungen ihres Inhalts können nur durch den Erlaß von Nachträgen oder in der Weise erfolgen, daß an Stelle der bestehenden eine neue Arbeitsordnung erlassen wird.

---

§ 135. Kinder unter zwölf Jahren dürfen in Fabriken nicht beschäftigt werden.

Die Arbeitsordnungen und Nachträge zu denselben treten frühestens zwei Wochen nach ihrem Erlaß in Geltung.

*§ 134b.

Die Arbeitsordnung muß Bestimmungen enthalten:

1. über Anfang und Ende der regelmäßigen täglichen Arbeitszeit, sowie der für die erwachsenen Arbeiter vorgesehenen Pausen;
2. über Zeit und Art der Abrechnung und Lohnzahlung;
3. sofern es nicht bei den gesetzlichen Bestimmungen bewenden soll, über die Frist der zulässigen Aufkündigung, sowie über die Gründe, aus welchen die Entlassung und der Austritt aus der Arbeit ohne Aufkündigung erfolgen darf;
4. sofern Strafen vorgesehen werden, über die Art und Höhe derselben, über die Art ihrer Festsetzung und, wenn sie in Geld bestehen, über deren Einziehung und über den Zweck, für welchen sie verwendet werden sollen;
5. sofern die Verwirkung von Lohnbeträgen nach Maßgabe der Bestimmung des § 134 Absatz 2 durch Arbeitsordnung oder Arbeitsvertrag ausbedungen wird, über die Verwendung der verwirkten Beträge.

Die Beschäftigung von Kindern unter vierzehn Jahren darf die Dauer von sechs Stunden täglich nicht überschreiten.

Strafbestimmungen, welche das Ehrgefühl oder die guten Sitten verletzen, dürfen in die Arbeitsordnung nicht aufgenommen werden. Geldstrafen dürfen die Hälfte des durchschnittlichen Tagesarbeitsverdienstes nicht übersteigen; jedoch können Thätlichkeiten gegen Mitarbeiter, erhebliche Verstöße gegen die guten Sitten, sowie gegen die zur Aufrechthaltung der Ordnung des Betriebes, zur Sicherung eines gefahrlosen Betriebes oder zur Durchführung der Bestimmungen der Gewerbeordnung erlassenen Vorschriften mit Geldstrafen bis zum vollen Betrage des durchschnittlichen Tagesarbeitsverdienstes belegt werden. Alle Strafgelder müssen zum Besten der Arbeiter der Fabrik verwendet werden. Das Recht des Arbeitgebers, Schadensersatz zu fordern, wird durch diese Bestimmung nicht berührt.

Dem Besitzer der Fabrik bleibt überlassen, neben den im Absatz 1 unter 1 bis 5 bezeichneten, noch weitere die Ordnung des Betriebes und das Verhalten der Arbeiter im Betriebe betreffende Bestimmungen in die Arbeitsordnung aufzunehmen. Mit Zustimmung eines ständigen Arbeiterausschusses können in die Arbeitsordnung Vorschriften über das Verhalten der Arbeiter bei Benutzung der zu ihrem Besten getroffenen mit der Fabrik verbundenen Einrichtungen, sowie Vorschriften über das Verhalten der minderjährigen Arbeiter außerhalb des Betriebes aufgenommen werden.

Kinder, welche zum Besuche der Volksschule verpflichtet sind, dürfen in Fabriken nur dann beschäftigt werden, wenn sie in der Volksschule oder in einer von der Schulaufsichtsbehörde genehmigten Schule und nach

*§ 134c.

Der Inhalt der Arbeitsordnung ist, soweit er den Gesetzen nicht zuwiderläuft, für die Arbeitgeber und Arbeiter rechtsverbindlich.

Andere als die in der Arbeitsordnung oder in den §§ 123 und 124 vorgesehenen Gründe der Entlassung und des Austritts aus der Arbeit dürfen im Arbeitsvertrage nicht vereinbart werden. Andere als die in der Arbeitsordnung vorgesehenen Strafen dürfen über den Arbeiter nicht verhängt werden. Die Strafen müssen ohne Verzug festgesetzt und dem Arbeiter zur Kenntniß gebracht werden.

Die verhängten Geldstrafen sind in ein Verzeichniß einzutragen, welches den Namen des Bestraften, den Tag der Bestrafung, sowie den Grund und die Höhe der Strafe ergeben und auf Erfordern dem im § 139b bezeichneten Beamten jederzeit zur Einsicht vorgelegt werden muß.

*§ 134d.

Vor dem Erlaß der Arbeitsordnung oder eines Nachtrags zu derselben ist den in der Fabrik oder in den betreffenden Abtheilungen des Betriebes beschäftigten großjährigen Arbeitern Gelegenheit zu geben, sich über den Inhalt derselben zu äußern.

Für Fabriken, für welche ein ständiger Arbeiterausschuß besteht, wird dieser Vorschrift durch Anhören des Ausschusses über den Inhalt der Arbeitsordnung genügt.

---

einem von ihr genehmigten Lehrplane einen regelmäßigen Unterricht von mindestens drei Stunden täglich genießen.

*§ 134e.

Die Arbeitsordnung, sowie jeder Nachtrag zu derselben ist unter Mittheilung der seitens der Arbeiter geäußerten Bedenken, soweit die Aeußerungen schriftlich oder zu Protokoll erfolgt sind, binnen drei Tagen nach dem Erlaß in zwei Ausfertigungen unter Beifügung der Erklärung, daß und in welcher Weise der Vorschrift des § 134 d genügt ist, der unteren Verwaltungsbehörde einzureichen.

Die Arbeitsordnung ist an geeigneter, allen betheiligten Arbeitern zugänglicher Stelle auszuhängen. Der Aushang muß stets in lesbarem Zustande erhalten werden. Die Arbeitsordnung ist jedem Arbeiter bei seinem Eintritt in die Beschäftigung zu behändigen.

*§ 134f.

Arbeitsordnungen und Nachträge zu denselben, welche nicht vorschriftsmäßig erlassen sind, oder deren Inhalt den gesetzlichen Bestimmungen zuwiderläuft, sind auf Anordnung der unteren Verwaltungsbehörde durch gesetzmäßige Arbeitsordnungen zu ersetzen oder den gesetzlichen Vorschriften entsprechend abzuändern.

Gegen diese Anordnung findet binnen zwei Wochen die Beschwerde an die höhere Verwaltungsbehörde statt.

*§ 134g.

Arbeitsordnungen, welche vor dem Inkrafttreten dieses Gesetzes erlassen worden sind, unter-

---

Junge Leute zwischen vierzehn und sechszehn Jahren dürfen in Fabriken nicht länger als zehn Stunden täglich beschäftigt werden.

liegen den Bestimmungen der §§ 134a bis 134c, 134e Absatz 2, 134f und sind binnen vier Wochen der unteren Verwaltungsbehörde in zwei Ausfertigungen einzureichen. Auf spätere Abänderungen dieser Arbeitsordnungen und auf die seit dem 1. Januar 1891 erstmalig erlassenen Arbeitsordnungen finden die §§ 134d und 134e Absatz 1 Anwendung.

*§ 134h.

Als ständige Arbeiterausschüsse im Sinne der §§ 134b Absatz 3 und 134d gelten nur:

1. diejenigen Vorstände der Betriebs- (Fabrik-) Krankenkassen oder anderer für die Arbeiter der Fabrik bestehender Kasseneinrichtungen, deren Mitglieder in ihrer Mehrheit von den Arbeitern aus ihrer Mitte zu wählen sind, sofern sie als ständige Arbeiterausschüsse bestellt werden;
2. die Knappschaftsältesten von Knappschaftsvereinen, welche die nicht den Bestimmungen der Berggesetze unterstehenden Betriebe eines Unternehmers umfassen, sofern sie als ständige Arbeiterausschüsse bestellt werden;
3. die bereits vor dem 1. Januar 1891 errichteten ständigen Arbeiterausschüsse, deren Mitglieder in ihrer Mehrzahl von den Arbeitern aus ihrer Mitte gewählt werden;
4. solche Vertretungen, deren Mitglieder in ihrer Mehrzahl von den volljährigen Arbeitern der Fabrik oder der betreffenden

---

Wöchnerinen dürfen während drei Wochen nach ihrer Niederkunft nicht beschäftigt werden.

Betriebsabtheilung aus ihrer Mitte in unmittelbarer und geheimer Wahl gewählt werden. Die Wahl der Vertreter kann auch nach Arbeiterklassen oder nach besonderen Abtheilungen des Betriebes erfolgen.

* § 135.

Kinder unter dreizehn Jahren dürfen in Fabriken nicht beschäftigt werden. Kinder über dreizehn Jahre dürfen in Fabriken nur beschäftigt werden, wenn sie nicht mehr zum Besuche der Volksschule verpflichtet sind.

Die Beschäftigung von Kindern unter vierzehn Jahren darf die Dauer von sechs Stunden täglich nicht überschreiten.

Junge Leute zwischen vierzehn und sechszehn Jahren dürfen in Fabriken nicht länger als zehn Stunden täglich beschäftigt werden.

* § 136.

Die Arbeitsstunden der jugendlichen Arbeiter (§ 135) dürfen nicht vor fünfeinhalb Uhr Morgens beginnen und nicht über achteinhalb Uhr Abends dauern. Zwischen den Arbeitsstunden müssen an

---

§ 136. Die Arbeitsstunden der jugendlichen Arbeiter (§ 135) dürfen nicht vor $5^1/_2$ Uhr Morgens beginnen und nicht über $8^1/_2$ Uhr Abends dauern. Zwischen den Arbeitsstunden müssen an jedem Arbeitstage regelmäßige Pausen gewährt werden. Die Pausen müssen für Kinder eine halbe Stunde, für junge Leute zwischen vierzehn und sechszehn Jahren Mittags eine Stunde, sowie Vormittags und Nachmittags je eine halbe Stunde mindestens betragen.

jedem Arbeitstage regelmäßige Pausen gewährt werden. Für jugendliche Arbeiter, welche nur sechs Stunden täglich beschäftigt werden, muß die Pause mindestens eine halbe Stunde betragen. Den übrigen jugendlichen Arbeitern muß mindestens Mittags eine einstündige sowie Vormittags und Nachmittags je eine halbstündige Pause gewährt werden.

Während der Pausen darf den jugendlichen Arbeitern eine Beschäftigung in dem Fabrikbetriebe überhaupt nicht und der Aufenthalt in den Arbeitsräumen nur dann gestattet werden, wenn in denselben diejenigen Theile des Betriebes, in welchen jugendliche Arbeiter beschäftigt sind, für die Zeit der Pausen völlig eingestellt werden oder wenn der Aufenthalt im Freien nicht thunlich und andere geeignete Aufenthaltsräume ohne unverhältnißmäßige Schwierigkeiten nicht beschafft werden können.

An Sonn- und Festtagen, sowie während der von dem ordentlichen Seelsorger für den Katechumenen- und Konfirmanden-, Beicht- und Kommunion-Unterricht bestimmten Stunden dürfen jugendliche Arbeiter nicht beschäftigt werden.

Während der Pausen darf den jugendlichen Arbeitern eine Beschäftigung in dem Fabrikbetriebe überhaupt nicht und der Aufenthalt in den Arbeitsräumen nur dann gestattet werden, wenn in denselben diejenigen Theile des Betriebes, in welchen jugendliche Arbeiter beschäftigt sind, für die Zeit der Pausen völlig eingestellt werden.

An Sonn- und Festtagen, sowie während der von dem ordentlichen Seelsorger für den Katechumenen- und Konfirmanden-, Beicht- und Kommunion-Unterricht bestimmten Stunden dürfen jugendliche Arbeiter nicht beschäftigt werden.

*§ 137.

Arbeiterinnen dürfen in Fabriken nicht in der Nachtzeit von achteinhalb Uhr Abends bis fünfeinhalb Uhr Morgens und am Sonnabend sowie an Vorabenden der Festtage nicht nach fünfeinhalb Uhr Nachmittags beschäftigt werden.

Die Beschäftigung von Arbeiterinnen über sechszehn Jahre darf die Dauer von elf Stunden täglich, an den Vorabenden der Sonn= und Festtage von zehn Stunden, nicht überschreiten.

Zwischen den Arbeitsstunden muß den Arbeiterinnen eine mindestens einstündige Mittagspause gewährt werden.

Arbeiterinnen über sechszehn Jahre, welche ein Hauswesen zu besorgen haben, sind auf ihren Antrag eine halbe Stunde vor der Mittagspause zu entlassen, sofern diese nicht mindestens ein und eine halbe Stunde beträgt.

---

§ 137. Die Beschäftigung eines Kindes in Fabriken ist nicht gestattet, wenn dem Arbeitgeber nicht zuvor für dasselbe eine Arbeitskarte eingehändigt ist. Dasselbe gilt hinsichtlich der noch zum Besuche der Volksschule verpflichteten jungen Leute zwischen vierzehn und sechszehn Jahren. Eines Arbeitsbuches bedarf es in diesem Falle nicht.

Die Arbeitskarten werden auf Antrag oder mit Zustimmung des Vaters oder Vormundes durch die Ortspolizeibehörde kosten= und stempelfrei ausgestellt; ist die Erklärung des Vaters nicht zu beschaffen, so kann die Gemeindebehörde die Zustimmung desselben ergänzen. Sie haben den Namen, Tag und Jahr der Geburt, sowie die Religion des Kindes, den Namen, Stand und letzten Wohnort des Vaters oder Vormundes und außerdem die zur Erfüllung der gesetzlichen Schulpflicht (§ 135) getroffenen Einrichtungen anzugeben.

Wöchnerinnen dürfen während vier Wochen nach ihrer Niederkunft überhaupt nicht und während der folgenden zwei Wochen nur beschäftigt werden, wenn das Zeugniß eines approbirten Arztes dies für zulässig erklärt.

*§ 138.

Sollen Arbeiterinnen oder jugendliche Arbeiter in Fabriken beschäftigt werden, so hat der Arbeitgeber vor dem Beginn der Beschäftigung der Ortspolizeibehörde eine schriftliche Anzeige zu machen.

In der Anzeige sind die Fabrik, die Wochentage, an welchen die Beschäftigung stattfinden soll, Beginn und Ende der Arbeitszeit und der Pausen, sowie die Art der Beschäftigung anzugeben. Eine Aenderung hierin darf, abgesehen von Verschiebungen, welche durch Ersetzung behinderter Arbeiter für einzelne Arbeitsschichten nothwendig werden, nicht erfolgen, bevor eine entsprechende weitere An-

---

Der Arbeitgeber hat die Arbeitskarte zu verwahren, auf amtliches Verlangen jederzeit vorzulegen und am Ende des Arbeitsverhältnisses dem Vater oder Vormund wieder auszuhändigen. Ist die Wohnung des Vaters nicht zu ermitteln, so erfolgt die Zustellung der Arbeitskarte an die Mutter oder den sonstigen nächsten Angehörigen des Kindes.

§ 138. Sollen jugendliche Arbeiter in Fabriken beschäftigt werden, so hat der Arbeitgeber vor dem Beginn der Beschäftigung der Ortspolizeibehörde eine schriftliche Anzeige zu machen.

In der Anzeige sind die Fabrik, die Wochentage, an welchen die Beschäftigung stattfinden soll, Beginn und Ende der Arbeitszeit und der Pausen, sowie die Art der Beschäftigung anzugeben. Eine Aenderung hierin darf abgesehen von Verschiebungen, welche durch Ersetzung bezeige der Behörde gemacht ist. In jeder Fabrik hat der Arbeitgeber dafür zu sorgen, daß in den Fabrikräumen, in welchen jugendliche Arbeiter beschäftigt werden, an einer in die Augen fallenden Stelle ein Verzeichniß der jugendlichen Arbeiter unter Angabe ihrer Arbeitstage, sowie des Beginns und Endes ihrer Arbeitszeit und der Pausen ausgehängt ist. Ebenso hat er dafür zu sorgen, daß in den betreffenden Räumen eine Tafel ausgehängt ist, welche in der von der Zentralbehörde zu bestimmenden Fassung und in deutlicher Schrift einen Auszug aus den Bestimmungen über die Beschäftigung von Arbeiterinnen und jugendlichen Arbeitern enthält.

*§ 138a.

Wegen außergewöhnlicher Häufung der Arbeit kann auf Antrag des Arbeitgebers die untere Verwaltungsbehörde auf die Dauer von zwei Wochen die Beschäftigung von Arbeiterinnen über sechszehn Jahre bis zehn Uhr Abends an den Wochentagen außer Sonnabend unter der Voraussetzung gestatten, daß die tägliche Arbeitszeit dreizehn Stunden nicht überschreitet. Innerhalb eines Kalenderjahres darf die Erlaubniß einem Arbeitgeber für

---

hinderter Arbeiter für einzelne Arbeitsschichten nothwendig werden, nicht erfolgen, bevor eine entsprechende weitere Anzeige der Behörde gemacht ist.

In jeder Fabrik hat der Arbeitgeber dafür zu sorgen, daß in den Fabrikräumen, in welchen jugendliche Arbeiter beschäftigt werden, an einer in die Augen fallenden Stelle ein Verzeichniß der jugendlichen Arbeiter unter Angabe ihrer Arbeitstage, sowie des Beginns und Endes ihrer Arbeitszeit und der Pausen ausgehängt ist. Ebenso hat seinen Betrieb oder für eine Abtheilung seines Betriebes auf mehr als vierzig Tage nicht ertheilt werden.

Für eine zwei Wochen überschreitende Dauer kann die gleiche Erlaubniß nur von der höheren Verwaltungsbehörde und auch von dieser für mehr als vierzig Tage im Jahre nur dann ertheilt werden, wenn die Arbeitszeit für den Betrieb oder die betreffende Abtheilung des Betriebes so geregelt wird, daß ihre tägliche Dauer im Durchschnitt der Betriebstage des Jahres die regelmäßige gesetzliche Arbeitszeit nicht überschreitet.

Der Antrag ist schriftlich zu stellen und muß den Grund, aus welchem die Erlaubniß beantragt wird, die Zahl der in Betracht kommenden Arbeiterinnen, das Maß der längeren Beschäftigung, sowie den Zeitraum angeben, für welchen diese stattfinden soll. Der Bescheid der unteren Verwaltungsbehörde auf den Antrag ist binnen drei Tagen schriftlich zu ertheilen. Gegen die Versagung der Erlaubniß steht die Beschwerde an die vorgesetzte Behörde zu.

Die untere Verwaltungsbehörde hat über die Fälle, in welchen die Erlaubniß ertheilt worden ist, ein Verzeichniß zu führen, in welches der Name des Arbeitgebers und die für den schriftlichen Antrag vorgeschriebenen Angaben einzutragen sind.

---

er dafür zu sorgen, daß in den bezeichneten Räumen eine Tafel ausgehängt ist, welche in der von der Zentralbehörde zu bestimmenden Fassung und in deutlicher Schrift einen Auszug aus den Bestimmungen über die Beschäftigung jugendlicher Arbeiter enthält.

Die untere Verwaltungsbehörde kann die Beschäftigung von Arbeiterinnen über sechszehn Jahre, welche kein Hauswesen zu besorgen haben und eine Fortbildungsschule nicht besuchen, bei den im § 105 c Absatz 1 unter Ziffer 2 und 3 bezeichneten Arbeiten an Sonnabenden und Vorabenden von Festtagen Nachmittags nach fünfeinhalb Uhr, jedoch nicht über achteinhalb Uhr Abends hinaus, gestatten. Die Erlaubniß ist schriftlich zu ertheilen und vom Arbeitgeber zu verwahren.

*§ 139.

Wenn Naturereignisse oder Unglücksfälle den regelmäßigen Betrieb einer Fabrik unterbrochen haben, so können Ausnahmen von den in §§ 135 Absatz 2 und 3, 136, 137 Absatz 1 bis 3 vorgesehenen Beschränkungen auf die Dauer von vier Wochen durch die höhere Verwaltungsbehörde, auf längere Zeit durch den Reichskanzler zugelassen werden. In dringenden Fällen solcher Art, sowie zur Verhütung von Unglücksfällen kann die untere Verwaltungsbehörde, jedoch höchstens auf die Dauer von vierzehn Tagen, solche Ausnahmen gestatten.

---

§ 139. Wenn Naturereignisse oder Unglücksfälle den regelmäßigen Betrieb einer Fabrik unterbrochen haben, so können Ausnahmen von den im § 135 Absatz 2 bis 4 und im § 134 vorgesehenen Beschränkungen auf die Dauer von vier Wochen durch die höhere Verwaltungsbehörde, auf längere Zeit durch den Reichskanzler nachgelassen werden. In dringenden Fällen solcher Art, sowie zur Verhütung von Unglücksfällen kann die Ortspolizeibehörde, jedoch höchstens auf die Dauer von vierzehn Tagen, solche Ausnahmen gestatten.

Wenn die Natur des Betriebes oder Rücksichten auf die Arbeiter in einzelnen Fabriken es erwünscht erscheinen

Wenn die Natur des Betriebes oder Rücksichten auf die Arbeiter in einzelnen Fabriken es erwünscht erscheinen lassen, daß die Arbeitszeit der Arbeiterinnen oder jugendlichen Arbeiter in einer anderen als der durch §§ 136 und 137 Absatz 1 und 3 vorgesehenen Weise geregelt wird, so kann auf besonderen Antrag eine anderweite Regelung hinsichtlich der Pausen durch die höhere Verwaltungsbehörde, im Uebrigen durch den Reichskanzler gestattet werden. Jedoch dürfen in solchen Fällen die jugendlichen Arbeiter nicht länger als sechs Stunden beschäftigt werden, wenn zwischen den Arbeitsstunden nicht Pausen von zusammen mindestens einstündiger Dauer gewährt werden.

Die auf Grund vorstehender Bestimmungen zu treffenden Verfügungen müssen schriftlich erlassen werden.

*§ 139a.

Der Bundesrath ist ermächtigt:

1. die Verwendung von Arbeiterinnen, sowie von jugendlichen Arbeitern für gewisse Fabrikationszweige, welche mit besonderen Ge-

---

lassen, daß die Arbeitszeit der jugendlichen Arbeiter in einer anderen als der durch § 136 vorgesehenen Weise geregelt wird, so kann auf besonderen Antrag eine anderweite Regelung hinsichtlich der Pausen durch die höhere Verwaltungsbehörde, im übrigen durch den Reichskanzler gestattet werden. Jedoch dürfen in solchen Fällen die jugendlichen Arbeiter nicht länger als sechs Stunden beschäftigt werden, wenn zwischen den Arbeitsstunden nicht Pausen von zusammen mindestens einstündiger Dauer gewährt werden.

Die auf Grund vorstehender Bestimmungen zu treffenden Verfügungen müssen schriftlich erlassen werden.

fahren für Gesundheit oder Sittlichkeit verbunden sind, gänzlich zu untersagen oder von besonderen Bedingungen abhängig zu machen;

2. für Fabriken, welche mit ununterbrochenem Feuer betrieben werden, oder welche sonst durch die Art des Betriebes auf eine regelmäßige Tag- und Nachtarbeit angewiesen sind, sowie für solche Fabriken, deren Betrieb eine Eintheilung in regelmäßige Arbeitsschichten von gleicher Dauer nicht gestattet oder seiner Natur nach auf bestimmte Jahreszeiten beschränkt ist, Ausnahmen von den in §§ 135 Absatz 2 und 3, 136, 137 Absatz 1 bis 3 vorgesehenen Bestimmungen nachzulassen;

3. für gewisse Fabrikationszweige, soweit die Natur des Betriebes oder die Rücksicht auf die Arbeiter es erwünscht erscheinen lassen, die Abkürzung oder den Wegfall der für jugendliche Arbeiter vorgeschriebenen Pausen zu gestatten;

4. für Fabrikationszweige, in denen regelmäßig zu gewissen Zeiten des Jahres ein vermehrtes Arbeitsbedürfniß eintritt, Ausnahmen von den Bestimmungen des § 137

---

§ 139 a. Durch Beschluß des Bundesraths kann die Verwendung von jugendlichen Arbeitern sowie von Arbeiterinnen für gewisse Fabrikationszweige, welche mit besonderen Gefahren für Gesundheit oder Sittlichkeit verbunden sind, gänzlich untersagt oder von besonderen Bedingungen abhängig gemacht werden. Insbesondere kann für gewisse Fabrikationszweige die Nachtarbeit der Arbeiterinnen untersagt werden.

Absatz 1 und 2 mit der Maßgabe zuzulassen, daß die tägliche Arbeitszeit dreizehn Stunden, an Sonnabenden zehn Stunden nicht überschreitet.

In den Fällen zu 2 darf die Dauer der wöchentlichen Arbeitszeit für Kinder sechsunddreißig Stunden, für junge Leute sechszig, für Arbeiterinnen fünfundsechzig, in Ziegeleien für junge Leute und Arbeiterinnen siebzig Stunden nicht überschreiten. Die Nachtarbeit darf in vierundzwanzig Stunden die Dauer von zehn Stunden nicht überschreiten und muß in jeder Schicht durch eine oder mehrere Pausen in der Gesammtdauer von mindestens einer Stunde unterbrochen sein. Die Tagschichten und Nachtschichten müssen wöchentlich wechseln.

In den Fällen zu 3 dürfen die jugendlichen Arbeiter nicht länger als sechs Stunden beschäftigt werden, wenn zwischen den Arbeitsstunden nicht eine oder mehrere Pausen von zusammen mindestens einstündiger Dauer gewährt werden.

In den Fällen zu 4 darf die Erlaubniß zur Ueberarbeit für mehr als vierzig Tage im Jahre nur dann ertheilt werden, wenn die Arbeitszeit so geregelt wird, daß ihre tägliche Dauer im Durchschnitt der Betriebstage des Jahres die regelmäßige gesetzliche Arbeitszeit nicht überschreitet.

Durch Beschluß des Bundesraths können für Spinnereien, für Fabriken, welche mit ununterbrochenem Feuer betrieben werden, oder welche sonst durch die Art des Betriebes auf eine regelmäßige Tag= und Nachtarbeit angewiesen sind, sowie für solche Fabriken, deren Betrieb eine Eintheilung in regelmäßige Arbeitsschichten von gleicher Dauer nicht gestattet oder seiner Natur nach auf

Die durch Beschluß des Bundesraths getroffenen Bestimmungen sind zeitlich zu begrenzen und können auch für bestimmte Bezirke erlassen werden. Sie sind durch das Reichs-Gesetzblatt zu veröffentlichen und dem Reichstag bei seinem nächsten Zusammentritt zur Kenntnißnahme vorzulegen.*)

*) Solche Anordnungen sind nach der Nov. v. 1. Juni 1891 durch den Bundesrath erlassen, am: 11. März 1892 betr. Beschäftigung von Arbeiterinnen und jugendlichen Arbeitern in Drahtziehereien mit Wasserbetrieb (R.-G.-Bl. S. 324), 11. März 1892 betr., Beschäftigung von Arbeiterinnen und jugendlichen Arbeitern in Glashütten (R.-G.-Bl. S. 317); 17. März 1892, betr. die Beschäftigung jugendlicher Arbeiter auf Steinkohlenbergwerken (R.-G.-Bl., S. 328); 17. März 1892, betr. Beschäftigung von Arbeiterinnen und jugendl. Arbeitern in Cichorienfabriken (R.-G.-Bl. S. 327); 24. März 1892, betr. Beschäftigung von Arbeiterinnen und jugendlichen Arbeitern in Rohzuckerfabriken und Zuckerraffinerien (R.-G.-Bl. S. 334); 24. März 1892, betr. Beschäftigung von Arbeiterinnen auf Steinkohlenbergwerken, Zink- und Bleierzbergwerken und auf Kokereien im Regierungsbezirke Oppeln (R.-G.-Bl. S. 331); 29. April 1892 betr. Beschäftigung von Arbeiterinnen und jugendlichen Arbeitern in Walz- und Hammerwerken (R.-G.-Bl. S. 602); 29. April 1892 desgl. in Hechelräumen (R.-G.-Bl. S. 604.)

---

bestimmte Jahreszeiten beschränkt ist, Ausnahmen von den im § 135 Absatz 2 bis 4 und im § 136 vorgesehenen Beschränkungen nachgelassen werden. Jedoch darf in solchen Fällen die Arbeitszeit für Kinder die Dauer von sechsunddreißig Stunden und für junge Leute die Dauer von sechzig, in Spinnereien von sechsundsechszig Stunden wöchentlich nicht überschreiten.

Die durch Beschluß des Bundesraths getroffenen Bestimmungen sind dem nächstfolgenden Reichstag vorzulegen. Sie sind außer Kraft zu setzen, wenn der Reichstag dies verlangt.

V. Aufsicht.

*§ 139 b.

Die Aufsicht über die Ausführung der Bestimmungen der §§ 105a und 105b Absatz 1, 105c bis 105h, 120a bis 120e, 134 bis 139a ist ausschließlich oder neben den ordentlichen Polizeibehörden besonderen von den Landesregierungen zu ernennenden Beamten zu übertragen. Denselben stehen bei Ausübung dieser Aufsicht alle amtlichen Befugnisse der Ortspolizeibehörden, insbesondere das Recht zur jederzeitigen Revision der Anlagen zu. Sie sind, vorbehaltlich der Anzeige von Gesetzwidrigkeiten, zur Geheimhaltung der amtlich zu ihrer Kenntniß gelangenden Geschäfts- und Betriebsverhältnisse der ihrer Revision unterliegenden Anlagen zu verpflichten.

Die Ordnung der Zuständigkeitsverhältnisse zwischen diesen Beamten und den ordentlichen Po-

---

§ 139b. Die Aufsicht über die Ausführung der Bestimmungen der §§ 135 bis 139a, sowie des § 120 Absatz 3 in seiner Anwendung auf Fabriken ist ausschließlich oder neben den ordentlichen Polizeibehörden besonderen von den Landesregierungen zu ernennenden Beamten zu übertragen. Denselben stehen bei Ausübung dieser Aufsicht alle amtlichen Befugnisse der Ortspolizeibehörden, insbesondere das Recht zur jederzeitigen Revision der Fabriken zu. Sie sind, vorbehaltlich der Anzeige von Gesetzwidrigkeiten, zur Geheimhaltung der amtlich zu ihrer Kenntniß gelangenden Geschäfts- oder Betriebsverhältnisse der ihrer Revision unterliegenden Fabriken zu verpflichten.

Die Ordnung der Zuständigkeitsverhältnisse zwischen diesen Beamten und den ordentlichen Polizeibehörden

lizeibehörden bleibt der verfassungsmäßigen Regelung in den einzelnen Bundesstaaten vorbehalten.

Die erwähnten Beamten haben Jahresberichte über ihre amtliche Thätigkeit zu erstatten. Diese Jahresberichte oder Auszüge aus denselben sind dem Bundesrath und dem Reichstag vorzulegen.

Die auf Grund der Bestimmungen der §§ 105a bis 105h, 120a bis 120e, 134 bis 139a auszuführenden amtlichen Revisionen müssen die Arbeitgeber zu jeder Zeit, namentlich auch in der Nacht, während des Betriebes gestatten.

Die Arbeitgeber sind ferner verpflichtet, den genannten Beamten oder der Polizeibehörde diejenigen statistischen Mittheilungen über die Verhältnisse ihrer Arbeiter zu machen, welche vom Bundesrath oder von der Landes-Zentralbehörde unter Festsetzung der dabei zu beobachtenden Fristen und Formen vorgeschrieben werden.

---

bleibt der verfassungsmäßigen Regelung in den einzelnen Bundesstaaten vorbehalten.

Die erwähnten Beamten haben Jahresberichte über ihre amtliche Thätigkeit zu erstatten. Diese Jahresberichte oder Auszüge aus denselben sind dem Bundesrath und dem Reichstag vorzulegen.

Auf Antrag der Landesregierungen kann für solche Bezirke, in welchen Fabrikbetriebe gar nicht oder in geringem Umfange vorhanden sind, durch Beschluß des Bundesraths von der Anstellung besonderer Beamten abgesehen werden.

Die auf Grund der Bestimmungen der §§ 135 bis 139a, sowie des § 120 Absatz 3 in seiner Anwendung auf Fabriken auszuführenden amtlichen Revisionen müssen die Arbeitgeber zu jeder Zeit, namentlich auch in der Nacht, während die Fabriken im Betriebe sind, gestatten.

Titel VIII.

Gewerbliche Hülfskassen.

§ 140.

Die durch Ortsstatut oder Anordnung der Verwaltungsbehörde begründete Verpflichtung der selbständigen Gewerbetreibenden, einer mit einer Innung verbundenen oder außerhalb derselben bestehenden Kranken=, Hülfs= oder Sterbekasse für selbständige Gewerbetreibende beizutreten, wird aufgehoben. Im übrigen wird in den Verhältnissen dieser Kassen durch gegenwärtiges Gesetz nichts geändert.

Neue Kassen der selbständigen Gewerbetreibenden für die erwähnten Zwecke erhalten durch die Genehmigung der höheren Verwaltungsbehörde die Rechte juristischer Personen, soweit es zur Erlangung dieser Rechte einer besonderen staatlichen Genehmigung bedarf.

§ 141.*)

Durch Ortsstatut (§ 142) kann die Bildung von Hülfskassen nach Maßgabe des Gesetzes über

*) Die §§ 141 bis 141f beruhen auf dem Gesetze, betreffend die Abänderung des Titels VIII der Gewerbeordnung, vom 8. April 1876 (Reichs=Gesetzbl. S. 134). Dieses Gesetz ist durch § 87 des Gesetzes, betreffend die Krankenversicherung der Arbeiter, vom 15. Juni 1883 (Reichs=Gesetzbl. S. 73) aufgehoben. Die Bestimmungen des letzteren Gesetzes traten, soweit sie die Beschlußfassung über die statutarische Einführung des Versicherungszwanges, sowie die Herstellung der zur Durchführung des Versicherungszwanges dienenden Einrichtungen betreffen, mit dem 1. Dezember 1883, die übrigen mit dem 1. Dezember 1884 in Kraft (§ 88 a. a. O.).

die eingeschriebenen Hülfskassen vom 7. April 1876 zur Unterstützung von Gesellen, Gehülfen und Fabrikarbeitern angeordnet werden.

In diesem Falle ist die Gemeindebehörde ermächtigt, nach Maßgabe des genannten Gesetzes die Einrichtung der Kassen nach Anhörung der Betheiligten zu regeln und die Verwaltung der Kassen sicher zu stellen.

§ 141a.

Durch Ortsstatut kann Gesellen, Gehülfen und Fabrikarbeitern, welche das sechszehnte Lebensjahr zurückgelegt haben, die Betheiligung an einer auf Anordnung der Gemeindebehörde gebildeten Kasse zur Pflicht gemacht werden.

Von der Pflicht, einer solchen Hülfskasse beizutreten oder fernerhin anzugehören, werden diejenigen befreit, welche die Betheiligung an einer anderen eingeschriebenen Hülfskasse nachweisen.

Wer der Pflicht zur Betheiligung nicht genügt, kann von der Kasse für alle Zahlungen, welche bei rechtzeitigem Eintritte von ihm zu entrichten gewesen wären, gleich einem Mitgliede in Anspruch genommen werden.

§ 141b.

Für Gesellen, Gehülfen und Fabrikarbeiter, welche nach Maßgabe der Landesgesetze auf Grund einer Anordnung der Gemeindeverwaltung regelmäßige Beiträge zum Zweck der Krankenunterstützung entrichten, kann durch Ortsstatut die Verpflichtung zur Betheiligung an einer eingeschriebenen Hülfskasse nicht begründet werden.

§ 141 c.

Durch Ortsstatut kann bestimmt werden:

1. daß Arbeitgeber diejenigen Beiträge, welche ihre Arbeiter an eine auf Anordnung der Gemeindebehörde gebildete Hülfskasse zu entrichten haben, bis auf die Hälfte des verdienten Lohnes vorschießen, soweit diese Beiträge während der Dauer der Arbeit bei ihnen fällig werden;
2. daß Fabrikinhaber zu den vorgedachten Beiträgen ihrer Arbeiter Zuschüsse bis auf Höhe der Hälfte dieser Beiträge leisten;
3. daß Arbeitgeber ihre zum Eintritte in eine bestimmte Hülfskasse verpflichteten Arbeiter für diese Kasse anmelden. Wer dieser Pflicht nicht genügt, kann von der Kasse für alle Zahlungen, welche bei rechtzeitigem Eintritte von den Arbeitern zu entrichten gewesen wären, gleich einem Mitgliede in Anspruch genommen werden.

§ 141 d.

Die im § 141 a Absatz 3 und § 141 c Nr. 3 bezeichneten Forderungen einer Kasse verjähren in einem Jahre; die Verjährung beginnt mit Schluß des Kalenderjahres, in welchem die Forderung entstanden ist.

§ 141 e.

Gleich der Gemeinde kann auch ein größerer Kommunalverband nach Maßgabe der vorstehenden Bestimmungen durch seine verfassungsmäßigen Organe für seinen Bezirk oder für Theile desselben die Bildung eingeschriebener Hülfskassen anordnen und Gesellen, Gehülfen sowie Fabrikarbeiter zur Betheiligung an diesen Kassen verpflichten.

§ 141 f.

Den Bestimmungen der §§ 141 bis 141e unterliegen auch diejenigen bei Bergwerken, Aufbereitungsanstalten und Brüchen oder Gruben beschäftigten Arbeiter und Arbeitgeber, für welche eine sonstige gesetzliche Verpflichtung zur Bildung von Hülfskassen und zur Betheiligung an denselben nicht besteht. Arbeitgeber der hier bezeichneten Art werden den Fabrikinhabern (§ 141c Nr. 2) gleichgeachtet.

Auf Arbeiter und Arbeitgeber, welche bei den auf Grund berggesetzlicher Vorschriften gebildeten Hülfskassen betheiligt sind, finden die Bestimmungen der §§ 141 bis 141e keine Anwendung.

Tit. IX.

Statutarische Bestimmungen.

*§ 142.

Statutarische Bestimmungen einer Gemeinde oder eines weiteren Kommunalverbandes können die ihnen durch das Gesetz überwiesenen gewerblichen Gegenstände mit verbindlicher Kraft ordnen. Dieselben werden nach Anhörung betheiligter Gewerbetreibender und Arbeiter abgefaßt, bedürfen der Genehmigung der höheren Verwaltungsbehörde und sind in der für Bekanntmachungen der Gemeinde oder des weiteren Kommunalverbandes vorgeschriebenen oder üblichen Form zu veröffentlichen.

Die Zentralbehörde ist befugt, statutarische Bestimmungen, welche mit den Gesetzen oder den statutarischen Bestimmungen des weiteren Kommunalverbandes in Widerspruch stehen, außer Kraft zu setzen.

Titel X.

Strafbestimmungen.

§ 143.

Die Berechtigung zum Gewerbebetriebe kann, abgesehen von den in den Reichsgesetzen vorgesehenen Fällen ihrer Entziehung, weder durch richterliche, noch administrative Entscheidung entzogen werden.

Ausnahmen von diesem Grundsatze, welche durch die Steuergesetze begründet sind, bleiben so lange aufrecht erhalten, als diese Steuergesetze in Kraft bleiben.

Die Bestimmungen der Landesgesetze, nach welchen die Befugniß zur Herausgabe von Druckschriften und zum Vertriebe derselben innerhalb des Reichsgebiets im Verwaltungswege entzogen werden darf, werden hierdurch aufgehoben.

§ 144.

Inwiefern, abgesehen von den Vorschriften über die Entziehung des Gewerbebetriebes (§ 143), Zuwiderhandlungen der Gewerbetreibenden gegen ihre Berufspflichten außer den in diesem Gesetz er=

wähnten Fällen einer Strafe unterliegen, ist nach den darüber bestehenden Gesetzen zu beurtheilen.

Jedoch werden aufgehoben die für Medizinalpersonen bestehenden besonderen Bestimmungen, welche ihnen unter Androhung von Strafen einen Zwang zu ärztlicher Hülfe auferlegen.

§ 145.

Für das Mindestmaß der Strafen, das Verhältniß von Geldstrafe zur Freiheitsstrafe, sowie für die Verjährung der in den §§ 146 und 153 verzeichneten Vergehen sind die Bestimmungen des Strafgesetzbuchs für das Deutsche Reich maßgebend.

Die übrigen in diesem Titel mit Strafe bedrohten Handlungen verjähren binnen drei Monaten, von dem Tage an gerechnet, an welchem sie begangen sind.

§ 146.

Mit Geldstrafe bis zu zweitausend Mark und im Unvermögensfalle mit Gefängniß bis zu sechs Monaten werden bestraft:

*1. Gewerbetreibende, welche dem § 115 zuwiderhandeln;

*2. Gewerbetreibende, welche den §§ 135, 136, 137 oder den auf Grund der §§ 139 und 139a getroffenen Verfügungen zuwiderhandeln;

*3. Gewerbetreibende, welche den §§ 111 Absatz 3 und 113 Absatz 3 zuwiderhandeln;

4. wer § 56 Ziffer 6 zuwiderhandelt.

Die Geldstrafen fließen der im § 116 bezeichneten Kasse zu.

*Der § 75 des Gerichtsverfassungsgesetzes [Ueberweisung an das Schöffengericht zulässig] findet Anwendung.

*§ 146a.

Mit Geldstrafe bis zu sechshundert Mark, im Unvermögensfalle mit Haft wird bestraft, wer den §§ 105b bis 105g oder den auf Grund derselben erlassenen Anordnungen zuwider Arbeitern an Sonn= und Festtagen Beschäftigung giebt oder den §§ 41a und 55a, oder den auf Grund des § 105b Absatz 2 erlassenen statutarischen Bestimmungen zuwiderhandelt.

§ 147.

Mit Geldstrafe bis zu dreihundert Mark und im Unvermögensfalle mit Haft wird bestraft:

1. wer den selbständigen Betrieb eines stehenden Gewerbes, zu dessen Beginn eine besondere polizeiliche Genehmigung (Konzession, Approbation, Bestallung) erforderlich ist, ohne die vorschriftsmäßige Genehmigung unternimmt oder fortsetzt, oder von den in der Genehmigung festgesetzten Bedingungen abweicht;
2. wer eine gewerbliche Anlage, zu der mit Rücksicht auf die Lage oder Beschaffenheit der Betriebsstätte oder des Lokals eine besondere Genehmigung erforderlich ist (§§ 16 und 24), ohne diese Genehmigung errichtet, oder die wesentlichen Bedingungen, unter welchen die Genehmigungen ertheilt worden, nicht innehält, oder ohne neue Genehmigung eine wesentliche Veränderung der Betriebsstätte

oder eine Verlegung des Lokals oder eine wesentliche Veränderung in dem Betriebe der Anlage vornimmt;

3. wer, ohne hierzu approbirt zu sein, sich als Arzt (Wundarzt, Augenarzt, Geburtshelfer, Zahnarzt, Thierarzt) bezeichnet oder sich einen ähnlichen Titel beilegt, durch den der Glauben erweckt wird, der Inhaber desselben sei eine geprüfte Medizinalperson;

*4. wer den auf Grund des § 120d endgültig erlassenen Verfügungen oder den auf Grund des § 120e erlassenen Vorschriften zuwiderhandelt;

*5. wer eine Fabrik betreibt, für welche eine Arbeitsordnung (§ 134a) nicht besteht, oder wer der endgültigen Anordnung der Behörde wegen Ersetzung oder Abänderung der Arbeitsordnung (§ 134f) nicht nachkommt.

Enthält die Handlung zugleich eine Zuwiderhandlung gegen die Steuergesetze, so soll nicht außerdem noch auf eine Steuerstrafe erkannt werden, es ist aber darauf bei Zumessung der Strafe Rücksicht zu nehmen.

In dem Falle zu 2 kann die Polizeibehörde die Wegschaffung der Anlage oder die Herstellung des den Bedingungen entsprechenden Zustandes derselben anordnen.

* In dem Falle zu 4 kann die Polizeibehörde bis zur Herstellung des der Verfügung oder der Vorschrift entsprechenden Zustandes die Einstellung des Betriebes, soweit derselbe durch die Verfügung oder die Vorschrift getroffen wird,

anordnen, falls dessen Fortsetzung erhebliche Nachtheile oder Gefahren herbeizuführen geeignet sein würde.

§ 148.

Mit Geldstrafe bis zu einhundertfünfzig Mark und im Unvermögensfalle mit Haft bis zu vier Wochen wird bestraft:

1. wer außer den im § 147 vorgesehenen Fällen ein stehendes Gewerbe beginnt, ohne dasselbe vorschriftsmäßig anzuzeigen;
2. wer die im § 14 erforderte An- oder Abmeldung einer übernommenen Feuerversicherungsagentur unterläßt;
3. wer die im § 14 erforderten Anzeigen über das Betriebslokal unterläßt;
4. wer der nach § 35 gegen ihn ergangenen Untersagung eines Gewerbebetriebes zuwiderhandelt, oder die im § 35 vorgeschriebene Anzeige unterläßt;
5. wer dem § 33b oder außer den im § 149 Ziffer 1 vorgesehenen Fällen den §§ 42a bis 44a zuwiderhandelt, oder seine Legitimationskarte (§ 44a) oder seinen Wandergewerbeschein (§ 55) einem Anderen zur Benutzung überläßt;
6. wer zum Zweck der Erlangung einer Legitimationskarte, eines Wandergewerbescheins oder der im § 62 vorgesehenen Erlaubniß in Bezug auf seine Person, oder die Personen, die er mit sich zu führen beabsichtigt, wissentlich unrichtige Angaben macht;

7. wer ein Gewerbe im Umherziehen ohne den gesetzlich erforderlichen Wandergewerbeschein, imgleichen wer eines der im § 59 Ziffer 1 bis 3 bezeichneten Gewerbe der nach § 59a ergangenen Untersagung zuwider betreibt;

7a. wer dem § 56 Absatz 1, Absatz 2 Ziffer 1 bis 5, 7 bis 9, Absatz 3, § 56a oder § 56b zuwiderhandelt;

7b. wer den Vorschriften der §§ 56c, 60a, 60b Absatz 2 oder 60c Absatz 2 und 3 zuwiderhandelt;

7c. wer einer ihm in Gemäßheit des § 60 Absatz 1, § 60b Absatz 1 oder des § 60d Absatz 3 in dem Wandergewerbescheine auferlegten Beschränkung zuwiderhandelt;

7d. wer bei dem Gewerbebetriebe im Umherziehen Kinder unter vierzehn Jahren zu gewerblichen Zwecken mit sich führt;

7e. ein Ausländer, welcher bei dem Gewerbebetriebe im Umherziehen den in Gemäßheit des § 56d vom Bundesrath getroffenen Bestimmungen zuwiderhandelt;

8. wer bei dem Betriebe seines Gewerbes die von der Obrigkeit vorgeschriebenen oder genehmigten Taxen überschreitet;

9. wer die gesetzlichen Pflichten gegen die ihm anvertrauten Lehrlinge verletzt;

**10. wer wissentlich der Bestimmung im § 131 Absatz 2 zuwider einen Lehrling beschäftigt, oder wer einer auf Grund des § 100e Nr. 2 und 3 getroffenen Bestimmung zuwiderhandelt.

*11. wer der Bestimmung des § 134c Absatz 2 zuwider gegen Arbeiter Strafen verhängt, welche in der Arbeitsordnung nicht vorgesehen sind oder den gesetzlich zulässigen Betrag übersteigen, oder wer Strafgelder oder die im § 134b Nr. 5 bezeichneten Beträge in einer in der Arbeitsordnung nicht vorgesehenen Weise verwendet;

*12. wer es unterläßt, der durch §§ 134e Absatz 1 und 134g für ihn begründeten Verpflichtung nachzukommen;

*13. wer dem § 115a oder den auf Grund des § 119a erlassenen statutarischen Bestimmungen zuwiderhandelt.

In allen diesen Fällen bleibt die Strafe ausgeschlossen, wenn die strafbare Handlung zugleich eine Zuwiderhandlung gegen die Steuergesetze enthält.

§ 149.

Mit Geldstrafe bis zu dreißig Mark und im Unvermögensfalle mit Haft bis zu acht Tagen wird bestraft:

1. wer den in § 42b vorgesehenen Erlaubnißschein oder den im § 43 vorgesehenen Legitimationsschein während der Ausübung des Gewerbebetriebes nicht bei sich führt, oder den Bestimmungen des § 44a Absatz 2 zuwiderhandelt;
2. wer bei dem Gewerbebetriebe im Umherziehen dem letzten Absatz des § 56 oder dem § 60c Absatz 1 zuwiderhandelt;

3. wer ein Gewerbe im Umherziehen, für welches ihm ein auf einen bestimmten Bezirk lautender Wandergewerbeschein ertheilt ist, unbefugt in einem anderen Bezirke betreibt;
4. wer ein Gewerbe im Umherziehen mit anderen Waarengattungen oder unter Darbietung anderer Leistungen betreibt, als sein Wandergewerbeschein angiebt;
5. wer bei dem Gewerbebetriebe im Umherziehen unbefugt Personen mit sich führt, oder einen Gewerbetreibenden, zu welchem er nicht in dem Verhältnisse eines Ehegatten, Kindes oder Enkels steht, unbefugt begleitet;
6. wer den polizeilichen Anordnungen wegen des Marktverkehrs zuwiderhandelt;

*7. wer es unterläßt, den durch §§ 105c Absatz 2, 134e Absatz 2, 138, 138a Absatz 5, 139b für ihn begründeten Verpflichtungen nachzukommen;
8. wer, ohne einer Innung als Mitglied anzugehören, sich als Innungsmeister bezeichnet.

Die Unterlassung einer durch das Gesetz oder durch Statuten vorgeschriebenen Anzeige über Innungsverhältnisse an die Behörden, sowie Unrichtigkeiten in einer solchen Anzeige werden gegen die Mitglieder des Vorstandes der Innung oder des Innungsverbandes mit der gleichen Strafe geahndet.

In allen diesen Fällen bleibt die Strafe ausgeschlossen, wenn die strafbare Handlung zugleich eine Zuwiderhandlung gegen die Steuergesetze enthält.

§ 150.

Mit Geldstrafe bis zu zwanzig Mark und im Unvermögensfalle mit Haft bis zu drei Tagen für jeden Fall der Verletzung des Gesetzes wird bestraft:

1. wer den Bestimmungen der §§ 106 bis 112 zuwider einen Arbeiter in Beschäftigung nimmt oder behält;

*2. wer außer dem im § 146 Ziff. 3 vorgesehenen Falle den Bestimmungen dieses Gesetzes in Ansehung der Arbeitsbücher zuwiderhandelt;

3. wer vorsätzlich ein auf seinen Namen ausgestelltes Arbeitsbuch unbrauchbar macht oder vernichtet;

*4. wer den Bestimmungen des § 120 Absatz 1 oder einer auf Grund des § 120 Absatz 3 erlassenen statutarischen Bestimmung zuwiderhandelt;

*5. wer es unterläßt, den durch § 134c Absatz 3 für ihn begründeten Verpflichtungen nachzukommen.

* Landesgesetzliche Vorschriften gegen die Verletzung der Schulpflicht, nach welchen eine höhere Strafe eintritt, werden durch die Bestimmung unter Ziffer 4 nicht berührt.

§ 151.

* Sind bei der Ausübung des Gewerbes polizeiliche Vorschriften von Personen übertreten worden, welche der Gewerbetreibende zur Leitung des Betriebes oder eines Theiles desselben oder

zur Beaufsichtigung bestellt hatte, so trifft die Strafe diese letzteren. Der Gewerbetreibende ist neben denselben strafbar, wenn die Uebertretung mit seinem Vorwissen begangen ist oder wenn er bei der nach den Verhältnissen möglichen eigenen Beaufsichtigung des Betriebes, oder bei der Auswahl oder der Beaufsichtigung der Betriebsleiter oder Aufsichtspersonen es an der erforderlichen Sorgfalt hat fehlen lassen.

Ist an eine solche Uebertretung der Verlust der Konzession, Approbation oder Bestallung geknüpft, so findet derselbe auch als Folge der von dem Stellvertreter begangenen Uebertretung statt, wenn diese mit Vorwissen des verfügungsfähigen Vertretenen begangen worden. Ist dies nicht der Fall, so ist der Vertretene bei Verlust der Konzession, Approbation u. s. w. verpflichtet, den Stellvertreter zu entlassen.

§ 152.

Alle Verbote und Strafbestimmungen gegen Gewerbetreibende, gewerbliche Gehülfen, Gesellen oder Fabrikarbeiter wegen Verabredungen und Vereinigungen zum Behufe der Erlangung günstiger Lohn- und Arbeitsbedingungen, insbesondere mittelst Einstellung der Arbeit oder Entlassung der Arbeiter, werden aufgehoben.

Jedem Theilnehmer steht der Rücktritt von solchen Vereinigungen und Verabredungen frei, und es findet aus letzteren weder Klage noch Einrede statt.

§ 153.

Wer Andere durch Anwendung körperlichen Zwanges, durch Drohungen, durch Ehrverletzung oder durch Verrufserklärung bestimmt oder zu bestimmen versucht, an solchen Verabredungen (§ 152) Theil zu nehmen, oder ihnen Folge zu leisten, oder Andere durch gleiche Mittel hindert oder zu hindern versucht, von solchen Verabredungen zurückzutreten, wird mit Gefängniß bis zu drei Monaten bestraft, sofern nach dem allgemeinen Strafgesetz nicht eine härtere Strafe eintritt.

Schlußbestimmungen.

*§ 154.

Die Bestimmungen der §§ 105 bis 133e finden auf Gehülfen und Lehrlinge in Apotheken, die Bestimmungen der §§ 105, 106 bis 119b, 120a bis 133e auf Gehülfen und Lehrlinge in Handelsgeschäften keine Anwendung.

Die Bestimmungen der §§ 134 bis 139b finden auf Arbeitgeber und Arbeiter in Hüttenwerken, in Zimmerplätzen und anderen Bauhöfen, in Werften sowie in solchen Ziegeleien, über Tage betriebenen Brüchen und Gruben, welche nicht blos vorübergehend oder in geringem Umfang betrieben werden, entsprechende Anwendung. Darüber, ob die Anlage vorübergehend oder in geringem Umfang betrieben wird, entscheidet die höhere Verwaltungsbehörde endgültig.

Die Bestimmungen der §§ 135 bis 139b finden auf Arbeitgeber und Arbeiter in Werkstätten, in welchen durch elementare Kraft (Dampf, Wind, Wasser, Gas, Luft, Elektrizität u. s. w.) bewegte Triebwerke nicht blos vorübergehend zur

Verwendung kommen, mit der Maßgabe entsprechende Anwendung, daß der Bundesrath für gewisse Arten von Betrieben Ausnahmen von den in §§ 135 Absatz 2 und 3, 136, 137 Absatz 1 bis 3 und 138 vorgesehenen Bestimmungen nachlassen kann.

Auf andere Werkstätten sowie auf Bauten können durch Kaiserliche Verordnung mit Zustimmung des Bundesraths die Bestimmungen der §§ 135 bis 139b ganz oder theilweise ausgedehnt werden. Werkstätten, in welchen der Arbeitgeber ausschließlich zu seiner Familie gehörige Personen beschäftigt, fallen unter diese Bestimmungen nicht.

Die Kaiserlichen Verordnungen, sowie die Ausnahmebestimmungen des Bundesrathes können auch für bestimmte Bezirke erlassen werden. Sie sind durch das Reichs=Gesetzblatt zu veröffentlichen und dem Reichstag bei seinem nächsten Zusammentritt zur Kenntnißnahme vorzulegen.

*§ 154a.

Die Bestimmungen der §§ 115 bis 119a, 135 bis 139b, 152 und 153 finden auf die Besitzer und Arbeiter von Bergwerken, Salinen, Aufbereitungsanstalten und unterirdisch betriebenen Brüchen oder Gruben entsprechende Anwendung.

Arbeiterinnen dürfen in Anlagen der vorbezeichneten Art nicht unter Tage beschäftigt werden. Zuwiderhandlungen unterliegen der Strafbestimmung des § 146.

*§ 155.

Wo in diesem Gesetze auf die Landesgesetze verwiesen ist, sind unter den letzteren auch die ver=

fassungs- oder gesetzmäßig erlassenen Verordnungen verstanden.

Welche Behörden in jedem Bundesstaate unter der Bezeichnung: höhere Verwaltungsbehörde, untere Verwaltungsbehörde, Gemeindebehörde, Ortsbehörde, Unterbehörde, Polizeibehörde, Ortspolizeibehörde und welche Verbände unter der Bezeichnung weitere Kommunalverbände zu verstehen sind, wird von der Zentralbehörde des Bundesstaates bekannt gemacht.

Für die unter Reichs- und Staatsverwaltung stehenden Betriebe können die den Polizeibehörden, unteren und höheren Verwaltungsbehörden durch die §§ 105b Absatz 2, 105c Absatz 2, 105e, 105f, 115a, 120d, 134e, 134f, 134g, 138 Absatz 1, 138a, 139, 139b übertragenen Befugnisse und Obliegenheiten auf die der Verwaltung dieser Betriebe vorgesetzten Dienstbehörden übertragen werden.*)

---

*) Diese Uebertragung erfolgte durch Finanz-Minist.-B. v. 30. III. 92 (Fin.-M.-Bl. S. 41) für den Betrieb des k. Hofbrauhauses der k. Regierungsfinanzkammer von Oberbayern, für den Betrieb der k. Bergwerke, Salinen und Hüttenwerke der k. General-Bergwerks- und Salinen-Administration und für den Betrieb der k. Münzanstalt dem k. Staatsministerium der Finanzen; hinsichtlich der Zuständigkeit bei den der k. Staatseisenbahnverwaltung unterstehenden Betrieben wurde durch Bekanntmachung des k. Staatsministeriums des k. Hauses und des Aeußern vom 12. April 1892 (Bayer. Ges. u. V. Bl. S. 105) bestimmt:

1. Bei den durch die k. Staatseisenbahnverwaltung zur Ausführung kommenden Bauten steht in den Fällen des § 105f der Gewerbeordnung die Zulassung von Ausnahmen von der Bestimmung des § 105b Abs. 1 a. a. O.

dem Oberbahnamte oder der Eisenbahnbausektion, welchen die treffende Bauführung übertragen ist, zu.

2. In gleicher Weise ist, soweit sich bei den durch die k. Staatseisenbahnverwaltung zur Ausführung kommenden Bauten die Nothwendigkeit ergibt, Lohn- und Abschlags-Zahlungen in Gast- und Schank-Wirthschaften oder Verkaufsstellen vorzunehmen (§ 115 a der Gewerbeordnung), die Genehmigung hiefür dem treffenden Oberbahnamte oder der treffenden Eisenbahnbausektion vorbehalten.

3. Die Befugnisse und Obliegenheiten, welche in den §§ 105 c Abs. 2, 120 d, 134 e, 134 f, 134 g, 138 Abs. 1, 138 a, 139 und 139 b Abs. 5 den Polizeibehörden, unteren und höheren Verwaltungsbehörden übertragen sind, werden von der Generaldirektion der k. Staatseisenbahnen wahrgenommen.

4. Die gemäß § 139 b der Gewerbeordnung den ordentlichen Polizeibehörden zustehende Aufsicht wird

a) hinsichtlich der durch die k. Staatseisenbahnverwaltung zur Ausführung kommenden Bauten von dem betreffenden Oberbahnamte oder der treffenden Eisenbahnbausektion,

b) hinsichtlich der den Oberbahnämtern unterstellten Betriebswerkstätten und Regie-Gasanstalten von dem treffenden Oberbahnamte, und

c) hinsichtlich der Centralwerkstätten und der Imprägniranstalten von der Generaldirektion der k. Staatseisenbahnen

wahrgenommen.

III. Reichsgesetz, betr. Abänderung der Gewerbeordnung vom 1. Juni 1891.

(R. G. Bl. S. 261.)

(Die betreffenden Einschaltungen, Zusätze und Aenderungen sind im vorstehenden Text der Gewerbeordnung aufgenommen; es wird daher von einer Wiederholung hier abgesehen.)

Wir Wilhelm von Gottes Gnaden, Deutscher Kaiser, König von Preußen ꝛc.

verordnen im Namen des Deutschen Reichs, nach erfolgter Zustimmung des Bundesrathes und des Reichstages, was folgt:

Artikel 1.

Hinter § 41 der Gewerbeordnung wird eingeschaltet: § 41a. (Seite 32.)

Artikel 2.

Hinter § 55 der Gewerbeordnung wird eingeschaltet: § 55a. (Seite 43.)

Artikel 3.

Der Titel VII der Gewerbeordnung erhält folgende Fassung: Titel VII: (Seite 97 ff.)

Artikel 4.

Der Titel IX der Gewerbeordnung erhält folgende Fassung: Titel IX: (Seite 162.)

Artikel 5.

Der Absatz 2 des § 98 a Nr. 2 b der Gewerbeordnung erhält folgende Fassung: b: (Seite 71.)

Artikel 6.

Die Strafbestimmungen des Titels X der Gewerbeordnung werden wie folgt abgeändert:

1. die Ziff. 1, 2 und 3 des § 146 Abs. 1 erhalten folgende Fassung: Ziff. 1, 2, 3. (Seite 164.)
2. dem § 146 wird folgender Absatz beigefügt: der § 75 des Gerichtsverfassungsgesetzes findet Anwendung
3. hinter § 146 wird eingeschaltet: § 146 a. (Seite 165.)
4. die Ziffer 4 des § 147 Absatz 1 erhält folgende Fassung: Ziffer 4. (Seite 166.)
5. hinter Ziffer 4 des § 147 Absatz 1 wird eingeschaltet: Ziffer 5. (Seite 166.)
6. der § 147 erhält am Schlusse folgenden neuen Absatz: Abs. 4. (Seite 166.)
7. der § 148 Absatz 1 erhält folgende Zusätze: Ziffer 11, 12, 13. (Seite 169.)
8. die Ziffer 7 des § 149 Absatz 1 erhält folgende Fassung: Ziffer 7. (Seite 170.)
9. die Ziffer 2 des § 150 erhält folgende Fassung: Ziffer 2. (Seite 171.)
10. der § 150 erhält folgende Zusätze: Ziffer 4, 5 und Absatz 2. (Seite 171.)
11. der Absatz 1 des § 151 erhält folgende Fassung: (Seite 171.)

Artikel 7.

An Stelle des § 154 der Gewerbeordnung treten folgende Bestimmungen: § 154, § 154 a. (Seite 173.)

Artikel 8.

Der § 155 der Gewerbeordnung erhält folgende Fassung: § 155. (Seite 174.)

Artikel 9.

Der Zeitpunkt, an welchem die in §§ 41a, 55a, 105a bis 105f, 105h, 105i und 154 Absatz 3 getroffenen Bestimmungen ganz oder theilweise in Kraft treten, wird durch Kaiserliche Verordnung mit Zustimmung des Bundesraths bestimmt. Bis dahin bleiben die bisherigen gesetzlichen Bestimmungen in Kraft.

Die Bestimmungen der §§ 120 und 150 Ziffer 4 treten mit dem 1. Oktober 1891 in Kraft.

Im Uebrigen tritt dieses Gesetz mit dem 1. April 1892 in Kraft.

Für Kinder im Alter von zwölf bis vierzehn Jahren und für junge Leute zwischen vierzehn und sechszehn Jahren, welche vor Verkündung dieses Gesetzes bereits in Fabriken oder in den in §§ 154 Absatz 2 bis 4 und 154a bezeichneten gewerblichen Anlagen beschäftigt waren, bleiben die bisherigen gesetzlichen Bestimmungen bis zum 1. April 1894 in Kraft.

Für Betriebe, in welchen vor Verkündung dieses Gesetzes Arbeiterinnen über sechszehn Jahre in der Nachtzeit beschäftigt worden sind, kann die Landes-Zentralbehörde die Ermächtigung ertheilen, längstens bis zum 1. April 1894 solche Arbeiterinnen in der bisherigen Anzahl während der Nachtzeit weiter zu beschäftigen, wenn die Fortführung des Betriebes im bisherigen Umfang bei Beseitigung der Nachtarbeit Betriebsänderungen bedingt, welche ohne unverhältnißmäßige Kosten nicht früher hergestellt werden können. Die Nachtarbeit darf in vierundzwanzig Stunden die Dauer von zehn Stunden nicht überschreiten und muß in jeder Schicht durch eine oder mehrere Pausen in der Gesammtdauer von mindestens einer Stunde unterbrochen sein. Die Tagschichten und Nachtschichten müssen wöchentlich wechseln.

Urkundlich unserer höchsteigenhändigen Unterschrift und beigedrucktem Kaiserlichen Insiegel.

Gegeben Kiel an Bord Meiner Yacht „Meteor", den 1. Juni 1891.

Wilhelm.

von Caprivi.

IV. Kaiserliche Verordnung
vom 28. März 1892,

betr. das Inkrafttreten der auf die Sonntagsruhe im Handelsgewerbe bezüglichen Bestimmungen der Gewerbeordnungsnovelle vom 1. VI. 91.

(R. G. Bl. 1892 S. 339.)

Wir **Wilhelm** von Gottes Gnaden, Deutscher Kaiser, König von Preußen ꝛc.

verordnen auf Grund des Artikels 9 Absatz 1 des Gesetzes, betreffend die Abänderung der Gewerbeordnung, vom 1. Juni 1891 (Reichs-Gesetzbl. S. 261) im Namen des Reichs, nach erfolgter Zustimmung des Bundesraths, was folgt:

Für das Handelsgewerbe treten die Bestimmungen der §§ 41a, 55a, 105a, 105b Absatz 2, 105c, 105e, 105f, 105h und 105i des Gesetzes, betreffend die Abänderung der Gewerbeordnung, vom 1. Juni 1891 (Reichs-Gesetzbl. S. 261), soweit es sich um die zu ihrer Durchführung erforderlichen Maßnahmen handelt, mit dem 1. April 1892, im Uebrigen mit dem 1. Juli 1892 in Kraft.

Urkundlich unter Unserer Höchsteigenhändigen Unterschrift und beigedrucktem Kaiserlichen Insiegel.

Gegeben im Schloß Berlin, den 28. März 1892.

(L. S.) **Wilhelm.**

von Boetticher.

V. Bekanntmachung des Bundesraths

vom 31. Oktober 1883, betreffend Ausführungsbestimmungen zur Gewerbeordnung für das Deutsche Reich.

(Bayer. Ges. u. V. Bl. 1883 S. 470.)

Auf Grund der Bestimmungen in den §§ 44 Absatz 2, 56d, 60 Absatz 4 der Gewerbeordnung hat der Bundesrath nachstehende

Ausführungs-Bestimmungen zur Gewerbe-Ordnung für das Deutsche Reich

erlassen:

I. Geschäftsbetrieb der Gold- und Silberwaarenfabrikanten &c.

Gold- und Silberwaaren-Fabrikanten und -Großhändler sind befugt, auch außerhalb des Gemeindebezirkes ihrer gewerblichen Niederlassung, sofern diese im Inlande liegt, persönlich oder durch in ihrem Dienste stehende Reisende Gold- und Silberwaaren an Personen, die damit Handel treiben, feilzubieten und zu diesem Zwecke mit sich zu führen, vorausgesetzt, daß die Waaren, welche sie feilbieten, übungsgemäß an die Wiederverkäufer im Stück abgesetzt werden. Dasselbe gilt von Taschenuhren- und Bijouteriewaaren-Fabrikanten und -Großhändlern, sowie von Gewerbetreibenden, welche mit Edelsteinen, Perlen, Kameen und Korallen Großhandel treiben (vergleiche § 44 Absatz 2 der Gewerbeordnung).

II. Gewerbebetrieb der Ausländer im Umherziehen.

A. Im Allgemeinen.

1. Ausländer, welche ein Gewerbe im Umherziehen betreiben wollen, bedürfen eines Wandergewerbescheines.

2. Ausgenommen von der Vorschrift in Ziffer 1 sind solche Ausländer, welche ausschließlich den Verkauf roher Erzeugnisse der Land- und Forstwirthschaft, des Garten- und Obstbaues, der Geflügel- uud Bienenzucht im gewöhnlichen Grenzverkehr betreiben wollen; der Gewerbebetrieb kann jedoch untersagt werden, wenn eine der Voraussetzungen der §§ 57 Ziffer 1 bis 4, 57a, oder 57b Ziffer 2 bis 4 der Gewerbeordnung vorliegt.

3. Auf die Ausübung des Gewerbebetriebes im Umherziehen, ferner auf die Ertheilung, Versagung und Zurücknahme des Wandergewerbescheines finden die Bestimmungen des Titels III der Gewerbeordnung Anwendung, soweit nachstehend nicht etwas anderes bestimmt ist.

4. Die Ertheilung eines Wandergewerbescheines ist zu versagen, wenn ein Bedürfniß zur Ausstellung von Wandergewerbescheinen für Ausübung des betreffenden Gewerbes im Bezirke der Behörde nicht besteht, oder sobald für das Gewerbe, für welches der Schein nachgesucht wird, die den Verhältnissen des Verwaltungsbezirkes der Behörde entsprechende Anzahl von Wandergewerbescheinen ertheilt oder ausgedehnt worden ist (vergl. Ziff. 6).

Für das Gewerbe der Topfbinder, der Kesselflicker, der Händler mit Blech- und Drahtwaaren und ähnlichen Gegenständen, der Drehorgelspieler und Dudelsackpfeifer darf ein Wandergewerbeschein außerdem nur solchen Personen ertheilt werden, welche nachweislich in dem nächst vorangegangenen Kalenderjahre einen Wandergewerbeschein für dasselbe Gewerbe erhalten haben.

Zigeunern ist der Wandergewerbeschein stets zu versagen.

5. Ausländer, welche entweder das 21. Lebensjahr noch nicht überschritten haben, oder durch ihre Persönlichkeit zu erheblichen polizeilichen Bedenken Anlaß geben, sind zum Gewerbebetriebe im Umherziehen nicht zuzulassen.

Der ertheilte Wandergewerbeschein kann zurückgenommen werden, wenn solche Bedenken nachträglich sich ergeben.

6. Der Wandergewerbeschein berechtigt den Inhaber, nach Entrichtung der Landessteuern sein Gewerbe im Umherziehen in dem Bezirke derjenigen Behörde zu betreiben, welche den Wandergewerbeschein ertheilt hat. Zu dem Gewerbebetriebe in einem anderen Bezirke ist die Ausdehnung des Wandergewerbescheines durch die zuständige Behörde dieses Bezirkes erforderlich. Die Ausdehnung wird versagt, wenn ein Bedürfniß zur Ausübung des betreffenden Gewerbes in dem Bezirke der Behörde nicht besteht, oder sobald für die den Verhältnissen des Bezirkes entsprechende Anzahl von Personen Wandergewerbescheine bereits ertheilt oder auf den betreffenden Bezirk ausgedehnt sind.

Auf die Zurücknahme der Ausdehnung findet der § 58 der Gewerbeordnung sowie vorstehende Ziffer 5 Absatz 2 entsprechende Anwendung.

Das Recht, einen Ausländer aus dem Reichsgebiete auszuweisen, wird durch diese Bestimmungen nicht berührt.

7. Der Mangel eines festen Wohnsitzes im Inlande (§ 57b Ziffer 1 der Gewerbeordnung) ist Ausländern gegenüber als ein Grund zur Versagung des Wandergewerbescheines oder zur Versagung der Ausdehnung desselben nicht anzusehen.

8. Sowohl die Ausstellung als auch die Ausdehnung eines Wandergewerbescheines kann für eine kürzere Dauer, als das Kalenderjahr, oder für bestimmte Tage während des Kalenderjahres erfolgen.

9. Die Wandergewerbescheine werden nach den unter III nachstehend bezeichneten Formularien ausgestellt.

10. Wer beim Gewerbebetrieb im Umherziehen andere Personen von Ort zu Ort mit sich führen will, bedarf der Erlaubniß derjenigen Behörde, welche den Wandergewerbeschein ertheilt oder ausgedehnt hat. Die Erlaubniß wird in dem Wandergewerbeschein unter näherer Bezeichnung der Personen vermerkt.

Personen, welche den an die selbständigen Gewerbetreibenden zu stellenden Anforderungen nicht entsprechen, dürfen nicht mitgeführt werden. Diese Bestimmung findet auch auf die Mitführung eines Inländers durch einen ausländischen Gewerbetreibenden und eines Ausländers durch einen inländischen Gewerbetreibenden Anwendung.

Die Erlaubniß zur Mitführung von Personen anderen Geschlechts, mit Ausnahme der Ehegatten und der über 21 Jahre alten eigenen Kinder und Enkel, kann auch dann versagt werden, wenn keiner der aus Ziffer 3 bis 5 sich ergebenden Versagungsgründe vorliegt.

11. Die auf Grund der vorstehenden Bestimmungen getroffenen Verfügungen einschließlich der Versagung der Genehmigung des Druckschriftenverzeichnisses (§ 56 Absatz 4 der Gewerbeordnung) können nur im Wege der Beschwerde an die unmittelbar vorgesetzte Aufsichtsbehörde angefochten werden.

B. Der Geschäftsbetrieb der ausländischen Handlungsreisenden im besonderen.

1. Auf Handlungsreisende, welche durch die in den Staatsverträgen vorgesehene Gewerbelegitimationskarte legitimirt sind, finden die Bestimmungen der Staatsverträge Anwendung. Insoweit die Handlungsreisenden Waaren feilbieten, oder Waaren bei anderen Personen als bei Kaufleuten oder solchen Personen, welche die Waaren produziren, oder an anderen Orten, als in offenen Verkaufsstellen aufkaufen oder Waarenbestellungen bei anderen Personen als bei Kaufleuten oder solchen Personen, in deren Gewerbebetriebe Waaren der angebotenen Art Verwendung finden, aufsuchen wollen, finden die vorstehenden Bestimmungen unter A auf sie Anwendung.

2. Handlungsreisende, welche Staaten angehören, mit denen ein Abkommen wegen der Gewerbelegitimationskarten zwar nicht abgeschlossen, denen jedoch das Recht der Meistbegünstigung hinsichtlich des Gewerbebetriebes eingeräumt ist, be-

dürfen zum Geschäftsbetriebe im Inlande einer Gewerbelegitimationskarte nach dem unter I anliegenden Muster.

Die Gewerbelegitimationskarte berechtigt den Inhaber in dem ganzen Gebiete des Reichs, nach Entrichtung der Landessteuern, sofern in letzterer Hinsicht nicht ein anderes im Wege des Vertrages festgesetzt ist, Waaren bei Kaufleuten oder solchen Personen, welche die Waaren produziren, oder in offenen Verkaufsstellen aufzukaufen und Waarenbestellungen bei Kaufleuten oder Personen, in deren Gewerbebetriebe Waaren der angebotenen Art Verwendung finden, aufzusuchen. Er darf nur Waarenmuster, aber keine Waaren mit sich führen.

Auf die Ertheilung, Versagung und Zurücknahme der Gewerbelegitimationskarte finden die Bestimmungen des Titels III der Gewerbeordnung mit der Maßgabe entsprechende Anwendung, daß der Mangel eines festen Wohnsitzes im Inlande (§ 57 b der Gewerbeordnung) einen Grund zur Versagung der Gewerbelegitimationskarte nicht bildet, und daß die auf Grund dieser Bestimmungen getroffenen Verfügungen nur im Wege der Beschwerde an die unmittelbar vorgesetzte Aufsichtsbehörde angefochten werden können.

3. Auf die Ausübung des Geschäftsbetriebes der ausländischen Handlungsreisenden (Ziffer 1 und 2) finden die Bestimmungen des Titels III der Gewerbeordnung entsprechende Anwendung.

III. Formulare für Wandergewerbescheine.

Die Wandergewerbescheine sind nach den anliegenden Formularen auszustellen, von welchem

Formular A für Inländer und Ausländer in den Fällen des § 55 Ziffer 4 der Gewerbeordnung, und Formular B für Inländer, Formular C für Ausländer in den übrigen Fällen des Gewerbebetriebes im Umherziehen bestimmt sind.

IV. Schlußbestimmungen.

Vorstehende Bestimmungen kommen vom 1. Jan. 1884 ab zur Anwendung.

(Formulare s. Bayer. Ges. u. V.-Bl. 1883. S. 470 ff.)

VI. Kgl. Verordnung vom 29. März 1892
den
Vollzug der Reichsgewerbeordnung betr.
(Ges. u. V.-Bl. 1892 S. 61.)

Im Namen Seiner Majestät des Königs.

Luitpold,

von Gottes Gnaden Königlicher Prinz von Bayern,

Regent.

Wir finden Uns bewogen, zum Vollzuge der Gewerbeordnung für das Deutsche Reich in der Fassung der Reichs-Gesetze vom 1. Juli 1883, 8. Dezember 1884, 23. April 1886, 6. Juli 1887 und 1. Juni 1891 zu verordnen, was folgt:

I. Bestimmungen über Zuständigkeit im Allgemeinen.

§ 1. Höhere Verwaltungsbehörden im Sinne der Gewerbeordnung sind die Kreisregierungen, Kammern des Innern, soweit nicht in gegenwärtiger Verordnung Ausnahmen vorgesehen sind.

§ 2. In denjenigen Fällen, in welchen nach der Gewerbeordnung das Verfahren gemäß den Bestimmungen der §§ 20 und 21 derselben einzutreten hat, bilden die Kreisregierungen, Kammern des Innern, die kollegiale Behörde und zwar auch dann, wenn von der zuständigen Behörde erster Instanz nach der für dieselbe bestimmten Organisation der Beschluß nach kollegialer Berathung erlassen worden ist.

§ 3. Unter der Bezeichnung „Gemeindebehörde" sind, insoferne im einzelnen Falle nicht anders bestimmt wird, die Magistrate, die Gemeindeausschüsse und die Gemeinderäthe, unter der Bezeichnung „Weiterer Kommunalverband" die Distriktsgemeinden zu verstehen.

II. Einzelbestimmungen.

Zu § 14 Abs. 1 und 2 der Gewerbe-Ordnung.

§ 4. Die Anzeige über den Beginn eines selbstständigen Gewerbes ist nach Maßgabe der hierüber erlassenen Vorschriften bei der Gemeindebehörde zu erstatten.

Die besonderen Anzeigen, welche für die Agenturen der Feuerversicherungs-Anstalten vorgeschrieben sind, müssen gemäß § 7 Abs. 2 der Allerhöchsten Verordnung vom 11. September 1872, die Mobiliar-Feuerversicherungen betreffend, bei der Distriktspolizeibehörde des Wohnortes des Agenten, in München bei dem Magistrate, und bei den Distriktspolizeibehörden des Agenturbezirkes erstattet werden.

Die für die Preßgewerbe angeordneten besonderen Anmeldungen müssen bei der Ortspolizeibehörde erstattet und von dieser der vorgesetzten Distriktspolizeibehörde vorgelegt werden. In München erfolgen diese Anmeldungen sofort bei der Polizeidirektion; in den übrigen einer Kreisregierung unmittelbar untergeordneten Städten sind dieselben vom Magistrate dem für die Ausübung der Preßpolizei aufgestellten Beamten mitzutheilen.

Zu § 15 Abs. 2.

§ 5. Diejenige Behörde, welche die besondere Genehmigung zum Betriebe eines Gewerbes zu ertheilen hat, ist auch zur polizeilichen Verhinderung desselben zuständig.

Zu §§ 16—25.

§ 6. Zur Genehmigung der in § 16 der Gewerbeordnung erwähnten Anlagen sind die Distriktsverwaltungsbehörden, in München die Lokalbaukommission, zuständig, vorbehaltlich der besonderen Bestimmungen für Stauanlagen der Wassertriebwerke.

§ 7. Bezüglich des Verfahrens bei Anträgen auf Genehmigung der in § 16 der Gewerbeordnung aufgeführten Anlagen, mit Ausnahme der Stauanlagen für Wassertriebwerke, gelten nachstehende Vorschriften:

a) Der Antrag auf Ertheilung der Genehmigung ist bei der Distriktsverwaltungsbehörde, in deren Bezirk die Anlage errichtet werden soll, in München bei der Lokalbaukommission, mündlich oder schriftlich anzubringen.

Aus dem Antrage muß der vollständige Name, der Stand und Wohnort des Unternehmers ersichtlich sein.

Dem Antrage sind eine Beschreibung, eine Situationszeichnung und der Bauplan der Anlage in doppelter, vollständig übereinstimmender Ausfertigung beizufügen.

Trifft mit dem Antrage ein Baugesuch zusammen, so ist über dieses unter Beachtung der hiefür geltenden Vorschriften gleichzeitig zu verhandeln.

b) Aus den nach lit. a Absatz 3 erforderlichen Vorlagen muß hervorgehen:

1. die Größe des Grundstückes, auf welchem die Anlage errichtet werden soll, die Bezeichnung, welche dasselbe im Grundsteuerkataster führt, und der etwaige besondere Name;
2. die gleichmäßige Bezeichnung der Grundstücke, welche das zu 1 erwähnte Grundstück umgeben, und die Namen der Eigenthümer, beziehungsweise Besitzer derselben;
3. die Entfernung, in welcher die zum Betrieb bestimmten Gebäude oder Einrichtungen von den Grenzen der benachbarten Grundstücke und den darauf befindlichen Gebäuden, sowie von den nächsten öffentlichen Wegen zu liegen kommen sollen;
4. die Höhe, Bau- und Benützungsart der benachbarten Gebäude, soferne zur Betriebsstätte Feuerungsanlagen gehören;

5. die Lage, Ausdehnung und Bauart der Betriebsstätte, die Bestimmung der einzelnen Räume und deren Einrichtung, soweit dieselbe nicht beweglich ist;
6. der Gegenstand der Fabrikation, soweit diese innerhalb der Betriebsstätte erfolgt, die ungefähre Ausdehnung, sowie die Art und der Gang des Betriebes, bei chemischen Fabriken insbesondere die Bezeichnung aller Fabrikate und des Herganges ihrer Gewinnung.

c) Für die erforderlichen Zeichnungen ist ein Maßstab zu wählen, welcher eine deutliche Anschauung gewährt, der Maßstab selbst ist stets auf die Zeichnungen einzutragen.

Beschreibungen, Zeichnungen und Nivellements sind von demjenigen, welcher sie gefertigt hat, und von dem Unternehmer unter Angabe des Datums zu unterzeichnen.

d) Die Distriktsverwaltungsbehörde, bei welcher der Antrag eingereicht wird, hat, nöthigenfalls unter Zuziehung von Sachverständigen, zu prüfen, ob gegen die Vollständigkeit der Vorlage etwas zu erinnern ist. Finden sich Mängel, so ist der Unternehmer auf kürzestem Wege zur Ergänzung zu veranlassen.

e) Hierauf folgt ohne Rücksicht darauf, ob die betreffende Anlage sich sogleich als unzulässig darstellt oder nicht, die Bekanntmachung des Unternehmens durch die Distriktsverwaltungsbehörde, bei welcher der Antrag eingereicht ist. Dieselbe muß enthalten:

1. Namen, Stand und Wohnort des Unternehmers, den Gegenstand des Unternehmens

und die Bezeichnung des Grundstücks, auf welchem dasselbe aufgeführt werden soll;

2. die Aufforderung, etwaige Einwendungen binnen vierzehn Tagen ausschließender Frist bei der Behörde, welche die Bekanntmachung erläßt, mündlich oder schriftlich anzubringen;

3. den Hinweis, daß und wo die Beschreibungen, Zeichnungen und Pläne zur Einsicht aufgelegt sind.

Die der Distriktsverwaltungsbehörde bekannten Eigenthümer, beziehungsweise Besitzer, der benachbarten Grundstücke und Gebäude sind außerdem durch persönliche Zustellungen in der vorbemerkten Weise zu benachrichtigen.

Von dem die Bekanntmachung enthaltenden Blatte ist ein Exemplar zu den Akten zu nehmen, ebenso der Nachweis über die vorstehend angeordneten besonderen Zustellungen.

f) Nach Ablauf der festgesetzten Frist sind die Akten mit den eingekommenen Einwendungen, soferne die Instruktion durch ein Bezirksamt erfolgte, an die Gemeindebehörde des Ortes, wo die Anlage errichtet werden soll, zur Einsicht und Erklärungsabgabe binnen kurzer Frist zu übermitteln.

Ferner ist in denjenigen Fällen, in welchen die Erlassung von Anordnungen zum Schutze der Arbeiter aus Rücksichten der Gesundheit und Sittlichkeit in Frage kommen kann (§§ 18, 120a—120d der Gewerbeordnung), auch der gemäß § 139b zuständige Aufsichtsbeamte um Aeußerung anzugehen.

g) Sind gegen die Anlage Einwendungen nicht erhoben worden, und kann die Genehmigung zur Ausführung ohne weitere Bedingungen nach dem

Antrage des Unternehmers ertheilt werden, so fertigt die Distriktsverwaltungsbehörde alsbald die Genehmigungs-Urkunde aus.

In allen übrigen Fällen hat die Distriktsverwaltungsbehörde auf Grund mündlicher Verhandlung Beschluß zu fassen. Zu der Verhandlung sind der Gesuchsteller, sowie diejenigen Betheiligten, welche Einwendungen erhoben haben, mit dem Eröffnen vorzuladen, daß im Falle des Nichterscheinens nach Lage der Sache erkannt werden würde. Bei der Verhandlung sind etwa vorliegende technische Gutachten zur Kenntniß der Betheiligten zu bringen und diese zur Erklärung über dieselben aufzufordern.

h) Im Uebrigen sind die Bestimmungen in §§ 17—21 der Gewerbeordnung und, soweit diese nicht entgegenstehen, die einschlägigen Vorschriften über das Verfahren in Verwaltungsrechtsachen nach dem Gesetze vom 8. August 1878, betreffend die Errichtung eines Verwaltungsgerichtshofes und das Verfahren in Verwaltungsrechtsachen, zu beachten.

Die Ausfertigung der Genehmigungsurkunde erfolgt in Widerspruchsfällen erst, nachdem die Entscheidung rechtskräftig geworden ist.

In der Urkunde sind sämmtliche Bedingungen, unter welchen die Anlage und der Betrieb genehmigt worden sind, aufzuführen, sowie die von dem Unternehmer eingereichten, dem Verfahren zu Grunde gelegten Beschreibungen, Zeichnungen und Pläne ausführlich zu bezeichnen und in einem mit der amtlichen Hinweisung auf die Genehmigungsurkunde versehenen Exemplare hinauszugeben.

Vor Ertheilung der Genehmigungsurkunde ist die Ausführung der Anlage nicht gestattet.

Zu § 27.

§ 8. Die höhere Verwaltungsbehörde zur Entscheidung bezüglich der Betriebsstätte lärmender Gewerbe ist die Distriktsverwaltungsbehörde, in München die Lokalbaukommission.

Gegen die Entscheidung dieser Behörde ist innerhalb vierzehn Tagen ausschließender Frist Beschwerde an die vorgesetzte Kreisregierung, Kammer des Innern, zulässig. Dieselbe entscheidet unter entsprechender Anwendung der Bestimmungen in Art. 31, Art. 32 Abs. 1 und 2, Art. 33—38 des Gesetzes vom 8. August 1878, betreffend die Errichtung eines Verwaltungsgerichtshofes und das Verfahren in Verwaltungsrechtsachen.

Zu § 28.

§ 9. Die der höheren Verwaltungsbehörde zugewiesene Befugniß kommt der Distriktsverwaltungsbehörde, in München der Lokalbaukommission zu.

Zu § 30 Abs. 1.

§ 10. Zur Ertheilung der Konzessionen für Unternehmer von Privat-Kranken-, Privat-Entbindungs- und Privat-Irrenanstalten sind die Distriktsverwaltungsbehörden, in München die Polizeidirektion zuständig.

Ueber die Beschaffenheit, Einrichtung und Lage der zu errichtenden Anstalt hat der Unternehmer die zur Prüfung derselben erforderlichen Beschreibungen und Pläne bei Einreichung des Gesuches vorzulegen.

Zu § 32.

§ 11. Die für Schauspielunternehmer erforderliche Erlaubniß wird von der Distriktsverwaltungsbehörde, in München von der Polizeidirektion ertheilt.

Zu § 33.

§ 12. Die Erlaubniß zum Betrieb der Gastwirthschaft, Schankwirthschaft und des Kleinhandels mit Branntwein oder Spiritus wird von der Distriktsverwaltungsbehörde, in München vom Magistrate, ertheilt.

Die Behörden dürfen

a) die Erlaubniß zum Ausschänken von Branntwein oder Liqueur, sowie zum Kleinhandel mit diesen Getränken allgemein,

b) die Erlaubniß zum Betriebe der Gastwirthschaft und zum Ausschänken von Wein, Bier oder anderen, nicht unter a fallenden, geistigen Getränken in Ortschaften mit weniger als 15 000 Einwohnern, sowie in solchen Ortschaften mit einer größeren Einwohnerzahl, für welche dies durch Ortsstatut (§ 142 der Gewerbeordnung) festgesetzt wird, nur dann ertheilen, wenn ein Bedürfniß hiefür vorhanden und nachgewiesen ist.

Als Kleinhandel ist der Verkauf in Quantitäten unter zwei Liter anzusehen. Der Verkauf solcher Arten von Branntwein oder Liqueur, deren Vertrieb nach feststehendem Geschäftsgebrauch in versiegelten oder verkapselten und außerdem etikettirten Flaschen stattfindet, gilt nicht als Kleinhandel, wenn die Abgabe in Quantitäten von mindestens einem halben Liter erfolgt.

Zu § 33a.

§ 13. Zur Ertheilung der Erlaubniß für den in § 33a der Gewerbeordnung bezeichneten Gewerbebetrieb, sowie zur Zurücknahme der Erlaubniß und zur Untersagung dieses Gewerbebetriebes sind die Distriktsverwaltungsbehörden, in München die Polizeidirektion, zuständig.

Zu § 33b.

§ 14. Zur Ertheilung der erforderlichen ortspolizeilichen Erlaubniß ist in München die Polizeidirektion zuständig.

Zu §§ 34 Abs. 1 und 2 und 53 Abs. 2 und 3.

§ 15. Die Erlaubniß zum Betriebe des Geschäftes eines Pfandleihers wird von der Distriktspolizeibehörde, in München von der Polizeidirektion, ertheilt.

Dieselben Behörden entscheiden auch über die Zurücknahme der Erlaubniß und die Untersagung des Gewerbebetriebes.

In Ortschaften, für welche dies durch Ortsstatut (§ 142 der Gewerbeordnung) festgesetzt wird, darf die Erlaubniß zu diesem Geschäftsbetriebe nur dann ertheilt werden, wenn ein Bedürfniß hiefür vorhanden und nachgewiesen ist.

Zu § 34 Abs. 3.

§ 16. Zum Handel mit Giften ist, soweit hierüber nicht besondere Vorschriften bestehen, die Genehmigung der Distriktspolizeibehörde, in München der Polizeidirektion, erforderlich.

Zu § 35.

§ 17. Zur Entgegennahme der Anzeigen von Beginne der im § 35 der Gewerbeordnung bezeichneten Gewerbe sind die Distriktsverwaltungsbehörden, in München die Polizeidirektion, zuständig.

Denselben kommt auch die Untersagung des Betriebes zu.

Zu § 37.

§ 18. Die in § 37 der Gewerbeordnung vorbehaltene ortspolizeiliche Regelung steht in München der Polizeidirektion zu.

Ueber die nach § 40 Absatz 2 der Gewerbeordnung zulässigen Rekurse gegen Untersagung des Betriebs eines der in § 37 der Gewerbeordnung erwähnten Gewerbe durch die Ortspolizeibehörden entscheiden in zweiter Instanz die Kreisregierungen, Kammern des Innern.

Zu § 42a Abs. 3.

§ 19. Die ortspolizeiliche Erlaubniß in den Fällen des § 42a Abs. 3 der Gewerbeordnung wird in München vom Magistrate ertheilt.

Zu § 42b Abs. 2 und 3.

§ 20. Die gegen die Versagung oder Zurücknahme der Erlaubniß, sowie gegen die Untersagung des Gewerbebetriebs nach § 42b Abs. 2 und 3 zulässigen Rekurse werden von den Kreisregierungen, Kammern des Innern, verbeschieden.

Zu § 43.

§ 21. Die nach § 43 der Gewerbeordnung erforderliche ortspolizeiliche Erlaubniß wird in München von der Polizei-Direktion ertheilt.

Rekurse gegen Beschlüsse, durch welche die ortspolizeiliche Erlaubniß versagt wird, sind von den Kreisregierungen, Kammern des Innern, zu bescheiden.

Für die Ausfertigung des Legitimationsscheines haben sich die Ortspolizeibehörden des anliegenden Formulars K zu bedienen. Beil. 1.

Ueber die Ertheilung der Legitimationsscheine haben die Ortspolizeibehörden dem für Ausübung der Preßpolizei aufgestellten Beamten in jedem einzelnen Falle Mittheilung zu machen und außerdem fortlaufende jährlich abzuschließende Verzeichnisse nach anliegendem Formulare L zu führen. Beil. 2.

Zu § 44a.

§ 22. Zur Ausstellung und Zurücknahme der Gewerbe-Legitimationskarten für inländische und ausländische Handelsreisende (§ 44a der Gewerbe-Ordnung und Ziff. II B 2 der Bundesraths-Verordnung vom 31. Oktober 1883, Gesetz- und Verordnungsblatt 1883 S. 473) sind die Distriktsverwaltungsbehörden, in München der Magistrat, zuständig.

Für die Gewerbe-Legitimationskarten der inländischen Handelsreisenden ist ein den Bestimmungen der Zollvereins- und Handelsverträge entsprechendes Formular anzuwenden.

Ueber die an Handelsreisende ausgestellten Gewerbe-Legitimationskarten ist von den Distrikts-verwaltungsbehörden ein fortlaufendes jährlich ab-zuschließendes Verzeichniß nach dem anliegenden Formular D zu führen. Beil. 3.

Zu § 51.

§ 23. Bei Instruktion der Frage wegen Untersagung fernerer Benützung einer gewerblichen Anlage und bei der Verhandlung, auf Grund deren diese Frage entschieden wird, ist den im Falle der Untersagung voraussichtlich Entschädigungspflichtigen Gelegenheit zu geben, ihre Interessen geltend zu machen. Insbesondere ist, wo etwa die Entschädigungspflicht des Staates in Frage kommt, das treffende k. Regierungsfiskalat rechtzeitig in Kenntniß zu setzen.

Zu § 53.

§ 24. Ueber die Zurücknahme der in § 29 der Gewerbeordnung bezeichneten Approbationen entscheidet in erster Instanz die Kreisregierung, Kammer des Innern, dann in zweiter Instanz, soweit nicht die gesetzliche Zuständigkeit des Verwaltungsgerichtshofes Platz greift, das Staatsministerium des Innern im Benehmen mit dem Staatsministerium des Innern für Kirchen- und Schulangelegenheiten. Vor der Entscheidung der Kreisregierung ist ein Ausschuß der betreffenden Aerztekammer, beziehungsweise des thierärztlichen Kreisvereins oder des Apothekergremiums, gutachtlich zu vernehmen. Zu diesem Zwecke haben die einzelnen Aerztekammern, thierärztlichen Kreisvereine und Apothekergremien aus ihrer Mitte alljährlich je einen aus höchstens fünf Mitgliedern bestehenden Ausschuß zu wählen. Vor der Entscheidung der zweiten Instanz ist der Obermedizinalausschuß gutachtlich zu vernehmen.

Ueber die Zurücknahme der Konzessionen für Unternehmer von Privat-Kranken-, Privat-Entbindungs- und Privat-Irrenanstalten, sowie der Berechtigung zur Ausübung des Hebammenberufes (§ 30 der Gewerbeordnung), der Erlaubniß für Schauspielunternehmer und für Wirthe (§§ 32, 33 daselbst), der besonderen Genehmigung zum Gifthandel (§ 34 daselbst) und der Bestallungen nach § 36 der Gewerbeordnung, sowie über die Einstellung des Geschäftsbetriebs gemäß § 1 Abs. 3 des Reichsgesetzes vom 12. Juni 1872, betreffend die Einführung der Gewerbeordnung des Norddeutschen Bundes vom 21. Juni 1869 in Bayern und die Abänderung einiger Strafbestimmungen der Gewerbeordnung (Reichs-Ges.-Bl. S. 170), haben die Distriktsverwaltungsbehörden in erster Instanz zu entscheiden.

Zu §§ 55—63.

§ 25. Zur Ertheilung und Zurücknahme der Wandergewerbescheine (§ 55 der Gewerbeordnung und Ziffer II, A, 1 der Bundesraths-Verordnung vom 31. Oktober 1883), zur Genehmigung des Druckschriftenverzeichnisses (§ 56 Absatz 4 der Gewerbeordnung), zur Ausdehnung der Wandergewerbescheine auf einen anderen Bezirk und zur Zurücknahme der Ausdehnung, zur Ertheilung und Zurücknahme der Erlaubniß zur Mitführung von anderen Personen beim Gewerbebetrieb im Umherziehen, zur Gestattung von Versteigerungen gemäß § 56c Absatz 1 der Gewerbeordnung, zur Untersagung des Gewerbebetriebs im Falle des § 59a und zur Erlassung der in § 60b Absatz 1 bezeichneten Verfügung sind sowohl gegenüber Inländern wie gegenüber Ausländern die Distriktsverwaltungsbehörden zuständig. In München sind die erwähnten Befugnisse, soferne es sich um einen Gewerbebetrieb im Umherziehen mit Preßerzeugnissen handelt, von der Polizeidirektion, in allen übrigen Fällen vom Magistrate auszuüben.

Die Ortspolizeibehörde im Sinne des § 56 Abs. 2 Ziffer 1, des § 59 Absatz 1 Ziffer 4 und des § 60b Absatz 2 der Gewerbeordnung ist in München der Magistrat. Im Falle des § 60a ist die Polizeidirektion zuständig.

Die Distriktsverwaltungsbehörden haben über die von ihnen ertheilten, beziehungsweise ausgedehnten Wandergewerbescheine fortlaufende, jährlich abzuschließende Verzeichnisse nach dem anliegenden Formular J zu führen. Beil. 4.

§ 26. Für die Ausstellung von Wandergewerbescheinen, insoweit solche nicht für das Aufkaufen von Waaren, für das Aufsuchen von Arbeitsbestellungen, für das Anbieten gewerblicher Leistungen und für den Gewerbebetrieb nach § 55 Ziffer 4 der Gewerbeordnung erforderlich erscheinen, sind vor der Aushändigung neben den gesetzlichen Gebühren noch folgende besondere Abgaben zu erheben, und zwar wenn der Gewerbebetrieb erstreckt werden soll:

a) auf eine Gemeinde fünf Mark,

b) auf mehrere Gemeinden oder einen Verwaltungsbezirk zwölf Mark,
c) auf mehrere Verwaltungsbezirke oder einen Regierungsbezirk zwanzig Mark,
d) auf zwei Regierungsbezirke dreißig Mark,
e) auf drei Regierungsbezirke sechs und dreißig Mark,
f) auf vier Regierungsbezirke zwei und vierzig Mark,
g) auf fünf Regierungsbezirke acht und vierzig Mark,
h) auf sechs Regierungsbezirke vier und fünfzig Mark,
i) auf sieben Regierungsbezirke sechzig Mark,
k) auf das ganze Königreich vier und sechzig Mark.

Das Staatsministerium des Innern ist ermächtigt, für die Bewohner einzelner Orte oder Bezirke, sowie für einzelne Gegenstände die Begünstigung einer ermäßigten Abgabe eintreten zu lassen.

Die für Wandergewerbescheine auf Grund vorstehender Bestimmungen erhobenen Abgaben, welche für den gewerblichen Unterricht verwendet werden, sind halbjährig an das Staatsministerium des Innern für Kirchen- und Schulangelegenheiten einzusenden.

§ 27. Wird bei einer Distriktsverwaltungsbehörde die Ausstellung eines Wandergewerbescheines, für welchen die besondere Abgabe nach § 24 gegenwärtiger Verordnung zu entrichten ist, oder die Ausdehnung eines solchen einem Ausländer ausgestellten Wandergewerbescheines auf den Bezirk der Behörde nachgesucht, so darf die Ausstellung oder Ausdehnung des Scheines, auch wenn sonstige Bedenken nicht vorliegen, solange nicht erfolgen, als nicht jene Abgabe bezahlt ist. Ausländern ist die Vorausbezahlung der Abgabe für mehrere Verwaltungs- oder Regierungsbezirke nicht zu gestatten.

Reichsangehörige, welche auf Grund eines von einer nichtbayerischen deutschen Behörde ausgestellten Wandergewerbescheines in Bayern einen Gewerbebetrieb im Umherziehen beabsichtigen, für welchen die besonderen Abgaben zu entrichten sind, haben die sie treffende besondere Abgabe bei jener Distriktsverwaltungsbehörde, in deren Bezirk sie das Königreich betreten oder den Gewerbebetrieb beginnen wollen, zu erlegen.

Will der Inhaber eines Wandergewerbescheines später, aber innerhalb des Kalenderjahres, für welches der Schein ausgestellt wurde, seinen Gewerbebetrieb weiter ausdehnen, so muß er, falls er ein Ausländer ist, bei jener Distriktsverwaltungsbehörde, bei welcher er um Ausdehnung des Wandergewerbescheines nachsucht, außerdem aber bei einer beliebigen Distriktsverwaltungsbehörde die Differenz nachbezahlen, welche zwischen der bereits entrichteten und der für den größeren Bezirk bestimmten Abgabe besteht.

In dem Wandergewerbescheine ist in jedem einzelnen Falle vorzumerken, für welchen Bezirk oder für welche Bezirke und in welchem Betrage die besondere Abgabe entrichtet oder nachbezahlt wurde.

Bezüglich der Verpflichtung der Behörden, sich vor Ausstellung oder Ausdehnung der Wandergewerbescheine über die erfolgte Bezahlung der Gewerbesteuer nach dem Gesetze vom 10. März 1879 und der Kreis-, Distrikts- und Gemeindeumlagen zu vergewissern, bewendet es bei den einschlägigen Bestimmungen.

Zu § 55a.

§ 28. Zur Zulassung von Ausnahmen von dem Verbote des Gewerbebetriebes im Umherziehen und des Gewerbebetriebes der in § 42b bezeichneten Personen an Sonn- und Festtagen sind die Distriktsverwaltungsbehörden, in München die Polizeidirektion, zuständig.

Zu § 64 Abs. 2.

§ 29. Die den höheren Verwaltungsbehörden zugewiesene Befugniß der Regelung des herkömmlichen Wochenmarktverkehres üben die Distriktsverwaltungsbehörden, in München der Magistrat, aus.

Zu § 65.

§ 30. Messen und Jahrmärkte bedürfen zu ihrer Einführung der Genehmigung des Staatsministeriums des Innern.

Die Bewilligung zur Errichtung von Getreideschrannen, von Viehmärkten, von Wollmärkten und dergleichen Märkten für Rohstoffe, welche nicht ausschließlich zur Befriedigung örtlicher Bedürfnisse dienen, sondern auf einen größeren Verkehr berechnet sind, steht den Kreisregierungen, Kammern des Innern, zu.

Die Erlaubniß zur Abhaltung von Holz- und Viktualienmärkten für den vorzugsweise örtlichen Bedarf, von Weihnachtsmärkten und Trödelmärkten ertheilt die Distriktsverwaltungsbehörde, in München der Magistrat.

An Kirchweihen, Patrozinien und bei anderen besonderen kirchlichen Anlässen (Wallfahrten u. dgl.), sowie auf Viktualienmärkten kann unter Beachtung der bisherigen Ortsgewohnheit von der Ortspolizeibehörde, in München vom Magistrate, den in der Gemeinde selbst wohnhaften Gewerbetreibenden das Feilhalten von Gegenständen ihres Gewerbes in Buden und Ständen gestattet werden.

Die bleibende Abänderung der festgesetzten Meß- und Markttage kann nur von jener Behörde ausgehen, welcher die Bewilligung des Marktes selbst zusteht. Die durch vorübergehende Vorkommnisse veranlaßte Verlegung einzelner Märkte wird der Zuständigkeit der Distriktsverwaltungsbehörden, in München des Magistrats, überlassen.

Zu § 66 Abs. 2.

§ 31. Die Bestimmung darüber, welche Gegenstände nach Ortsgewohnheit und Bedürfniß auf den Wochenmärkten verkauft werden dürfen, wird von der Distriktsverwaltungsbehörde, in München vom Magistrate, getroffen.

Zu §§ 67 Abs. 2 und 69.

§ 32. Die in den §§ 67 Abs. 2 und 69 der Ortspolizeibehörde vorbehaltene Zuständigkeit wird in München vom Magistrate ausgeübt.

Zu §§ 73—75.

§ 33. Die in Bezug auf den Gewerbebetrieb der Bäcker und Verkäufer von Backwaaren, sowie der Gastwirthe den Ortspolizeibehörden vorbehaltenen Befugnisse werden in München vom Magistrate ausgeübt.

Zu § 76.

§ 34. Die Befugniß zur Festsetzung der bezüglichen Taxen kommt in München der Polizeidirektion zu.

Zu §§ 77.

§ 35. Die für die Festsetzung von Taxen für Schornsteinfeger zuständige Verwaltungsbehörde ist die Distriktsverwaltungsbehörde.

Zu § 100d Abs. 2.

§ 36. Die nach § 100d Abs. 2 der Gewerbeordnung den Polizeibehörden zukommenden Obliegenheiten werden von den Ortspolizeibehörden, in München von dem Magistrate, ausgeübt.

Zu § 105b Abs. 2.

§ 37. Die nach § 105b Abs. 2 der Gewerbeordnung den Polizeibehörden zustehenden Befugnisse sind von den Distriktspolizeibehörden, in München von der Polizeidirektion, wahrzunehmen.

Zu § 105c Abs. 2.

§ 38. Das Verzeichniß über die Sonntags-Beschäftigung ist in München der Polizeidirektion vorzulegen.

Zu §§ 105c Abs. 4 und 105f.

§ **39.** Untere Verwaltungsbehörden im Sinn des § 105c Abs. 4 und des § 105f der Gewerbeordnung sind die Distriktsverwaltungsbehörden, in München die Polizeidirektion.

Zu § 105e.

§ **40.** Bezüglich des Verfahrens in den Fällen des § 105e Abs. 2 der Gewerbeordnung werden die noch erforderlichen Bestimmungen vom Staatsministerium des Innern getroffen.

Zu § 106 Abs. 2.

§ **41.** Die im § 106 Abs. 2 der Gewerbeordnung vorgesehene polizeiliche Befugniß wird von den Distriktspolizeibehörden, in München von der Polizeidirektion, und in Bezug auf Handwerkslehrlinge vom Magistrat ausgeübt.

Zu §§ 108, 109 und 114.

§ **42.** Die Ausstellung der Arbeitsbücher und die Beglaubigung der Eintragungen in die Arbeitsbücher und der Arbeitszeugnisse obliegt in München der Polizeidirektion.

Zu § 115a.

§ **43.** Die nach § 115a der Gewerbeordnung den unteren Verwaltungsbehörden zustehende Befugniß wird von den Distriktsverwaltungsbehörden, in München von der Polizeidirektion, ausgeübt.

Zu §§ 120a—c und 120d Abs. 1.

§ 44. Die zum Vollzuge der §§ 120a—c in § 120d Abs. 1 der Gewerbeordnung vorgesehenen Anordnungen werden von den Distriktsverwaltungsbehörden, in München, soweit es sich um die bauliche Einrichtung der Arbeitsräume handelt, von der Lokalbaukommission, ferner soweit Maßnahmen zum Schutze jugendlicher Arbeiter in Fabriken in Frage kommen, von der Polizeidirektion und im Uebrigen vom Magistrate erlassen.

Zu § 120e Abs. 2.

§ 45. Die Landescentralbehörde im Sinne des § 120e Abs. 2 der Gewerbeordnung ist das Staatsministerium des Innern. Die bezüglichen Polizeiverordnungen werden als oberpolizeiliche Vorschriften vom Staatsministerium des Innern oder mit dessen Ermächtigung von den Kreisregierungen, Kammern des Innern, erlassen.

Zu § 130.

§ 46. Die in § 130 der Gewerbeordnung den Polizeibehörden übertragene Zuständigkeit in Bezug auf Lehrlinge wird von den Distriktspolizeibehörden, in München von der Polizeidirektion, ausgeübt.

Zu §§ 134e, 134f und 134g.

§ 47. Die den unteren Verwaltungsbehörden zukommende Zuständigkeit in Bezug auf die Arbeitsordnungen wird von den Distriktspolizeibehörden, in München vom Magistrate, ausgeübt.

Ein Exemplar der Arbeitsordnung und der eingereichten Nachträge ist von der Distriktspolizeibehörde dem nach § 139b zuständigen Aufsichtsbeamten mitzutheilen.

Zu § 138 Abs. 1 und 154a.

§ 48. Die Anzeige über Beschäftigung von Arbeiterinnen oder jugendlichen Arbeitern in Fabriken ist in München an die Polizeidirektion zu erstatten.

Unternehmer von Bergwerken und unterirdisch betriebenen Brüchen oder Gruben haben, sofern sie, sei es in ihren Werken, sei es in den dazu gehörigen Aufbereitungsanstalten, Arbeiterinnen oder jugendliche Arbeiter beschäftigen wollen, diese Anzeige an das zuständige Bezirksbergamt zu erstatten.

Zu §§ 138a, 139 Abs. 1 und 154.

§ 49. Die in §§ 138a und 139 Abs. 1 der Gewerbeordnung den unteren Verwaltungsbehörden übertragenen Befugnisse werden von den Distriktsverwaltungsbehörden, in München von der Polizeidirektion, ausgeübt.

Wenn die Gestattung von Ausnahmen für Bergwerke, unterirdisch betriebene Brüche oder Gruben oder die damit zusammenhängenden Aufbereitungsanstalten auf Grund der §§ 138a oder 139 und 154 beantragt wird, sind als untere Verwaltungsbehörden die Bezirksbergämter zuständig, während die Obliegenheiten der höheren Verwaltungsbehörde dem Oberbergamt zukommen.

Zu § 142.

§ 50. Zum Erlaß von ortsstatutarischen Bestimmungen im Sinne des § 142 der Gewerbeordnung sind die Gemeindebehörden zuständig. In den Landestheilen diesseits des Rheins ist die Zustimmung der Gemeindebevollmächtigten, beziehungsweise der Gemeindeversammlung, erforderlich.

Die Beschlußfassung des weiteren Kommunalverbandes über statutarische Bestimmungen gehört zum Wirkungskreise des Distriktsrathes.

Die Wiederaufhebung statutarischer Bestimmungen einer Gemeinde oder eines weiteren Kommunalverbandes bedarf der Zustimmung der Kreisregierung, Kammer des Innern.

Zu § 147 Abs. 3 und 4.

§ 51. Zur Erlassung der in § 147 Abs. 3 der Gewerbeordnung vorgesehenen Verfügungen sind die Distriktsverwaltungsbehörden, in München die Lokalbaukommission, zuständig.

Die Einstellung des Betriebes nach § 147 Abs. 4 der Gewerbeordnung kommt jener Behörde zu, welche gemäß § 44 gegenwärtiger Verordnung zum Erlaß der in Frage kommenden Anordnung zuständig war.

III. Schlußbestimmungen.

§ 52. Die zum Vollzuge des § 120 der Gewerbeordnung erforderlichen Anordnungen werden von dem Staatsministerium des Innern für Kirchen- und Schulangelegenheiten im Benehmen mit dem Staatsministerium des Innern getroffen.

Die in § 155 der Gewerbeordnung vorgesehene besondere Regelung der Zuständigkeit hinsichtlich der unter Staatsverwaltung stehenden Betriebe bleibt den einschlägigen Ministerien im Benehmen mit dem Staatsministerium des Innern vorbehalten.

Soferne zum Vollzuge der Gewerbeordnung und der auf dieselbe bezüglichen Ausführungsverordnungen des Bundesrathes weitere Bestimmungen über die zuständigen Behörden erforderlich werden, ist das Staatsministerium des Innern ermächtigt, dieselben zu treffen.

§ 53. In denjenigen Fällen, in welchen gemäß Art. 31 des Gesetzes über das Gewerbswesen vom 30. Januar 1868 die Beschlüsse der Kreisregierungen auf Grund kollegialer Berathung zu fassen sind, hat diese Beschlußfassung unter entsprechender Anwendung der in Art. 31, Art. 32 Abs. 1 und 2, Art. 33—38 des Gesetzes vom 8. August 1878, betreffend die Errichtung eines Verwaltungsgerichtshofes und das Verfahren in Verwaltungsrechtsachen, enthaltenen Bestimmungen zu erfolgen.

§ 54. Im Uebrigen verbleibt es bezüglich der Zuständigkeit und des Verfahrens in Gewerbesachen bei den bestehenden Vorschriften. Namentlich bleiben vorbehalten die besonderen Bestimmungen in Bezug auf

a) die Genehmigung von Stauanlagen für Wassertriebwerke,

b) die Genehmigung der Anlegung von Dampfkesseln,

c) die Verhältnisse der Bader,

d) das Hebammenwesen,
e) die Prüfung der Hufschmiede,
f) die Aufstellung der Kaminkehrer und die Bildung der Kehrbezirke,
g) die Gestattung des Gauritts,
h) die Zubereitung und Abgabe von Giften.

Die Regelung der Verhältnisse der gemäß § 139 b der Gewerbeordnung aufgestellten Aufsichtsbeamten erfolgt durch besondere Verordnung.

§ 55. Gegenwärtige Verordnung tritt am 1. April 1892 und soweit sie sich auf den Vollzug der §§ 55a, 105b, 105c, 105e, 105f der Gewerbeordnung bezieht, gleichzeitig mit der in Art. 9 Abs. 1 des Reichs=Gesetzes vom 1. Juni 1891 vorgesehenen Kaiserlichen Verordnung in Kraft.

Die Allerhöchsten Verordnungen vom 4. Dezember 1872 (Reg. Bl. S. 2657), 26. November 1875 (Ges. u. V. Bl. S. 732), 8. August 1879 (Ges. u. V. Bl. S. 777), 1. August 1881 (Ges. u. V. Bl. S. 937) und 27. Dezember 1883 (Ges. u. V. Bl. S. 511) werden aufgehoben.

München, den 29. März 1892.

Luitpold, Prinz von Bayern,
des Königreiches Bayern Verweser.

Frhr. v. Feilitzsch.

Auf Allerhöchsten Befehl:
Der General=Sekretär: Ministerialrath v. Ries.

Nr. 13.

Beilage 1.

Formular K.

Nr. des Verzeichnisses

. . . . § 43 Abs. 1 der Gewerbeordnung.

Legitimationsschein.

De . . . .

von . . . .

. . . Jahre alt, wird die ortspolizeiliche Erlaubniß zum gewerbsmäßigen Ausrufen, Verkaufen, Vertheilen, Anheften und Anschlagen von Druckschriften oder anderen Schriften oder Bildwerken auf den öffentlichen Wegen, Straßen, Plätzen und anderen öffentlichen Orten der Gemeinde . . . . für das laufende Jahr ertheilt.

. . . . . . den . . . . . . 18 . .

(L. S.) . . . .

. . . .

Beschreibung der Person des Inhabers:

Gebühr bezahlt mit:

Statur . . . Augen . . .

Haare . . .

Besondere Kennzeichen . . .

Unterschrift des Inhabers:

Beilage 2.

Formular L.

§ 43 Abs. 1 der Gewerbeordnung.

Verzeichniß

der im Jahre 18 . . bei (Behörde) . . . . . . zum gewerbsmäßigen Vertrieb von Schriften und Bildwerken an öffentlichen Orten ertheilten Legitimationsscheine.

Fortl. Nr.	Tag der Ertheilung	Vor- und Zuname des Gewerbetreibenden	Heimath	Vermerk über Einhebung der Taxe	Bemerkungen

Beilage 3.

Formular D.

Verzeichniß

der im Jahre . . . . . von dem k. Bezirksamte (Magistrate) . . . . an Handelsreisende ausgestellten Gewerbelegitimationskarten.

Fortlaufende Nummer	Tag der Ausstellung	Art der Karte (für Inländer oder Ausländer)	Vor- und Zuname des Reisenden	Wohnort	Firmen	Geschäftszweige	Sitze	Bemerkungen. (Vermerk über bezahlte Gebühren)
					der von dem Reisenden vertretenen Häuser			

Beilage 4.

Formular J.

Verzeichniß

der im Jahre . . . . . bei (Behörde) . . . . zum Gewerbebetrieb im Umherziehen ertheilten, beziehungsweise ausgedehnten Wandergewerbescheine.

Fortlaufende Nr.	Tag der		Vor- und Zuname des Gewerbetreibenden	Wohnort, beziehungsweise Heimat	Gewerbe unter Angabe der Steuer-Tarif-Nr.	Formular (A, B oder C)	Gesellschafter oder zur Mitführung zugelassene andere Personen			Giltigkeitsdauer der Ausstellung oder Ausdehnung (§ 60 Abs. 2).	Die besondere Abgabe wurde bezahlt			Gebühr bezahlt mit	
	Ertheilung	Ausdehnung					Vor- und Zuname	Wohnort bezw. Heimat	Alter		für (Bezirk)	mit M.	mit Pf.	M.	Pf.

Bemerkung. Als Fälle der „Ausdehnung eines Wandergewerbescheines“ sind in dieses Verzeichniß nicht bloß die nach § 60 Abs. 2 der Gewerbeordnung und Ziff. II, A, 6 der Bundesrathsordnung vom 31. Oktober 1883 erfolgenden Ausdehnungen, sondern auch diejenigen Fälle einzutragen, in welchen die besondere Abgabe nachbezahlt wird. Ferner sind auch diejenigen Fälle einzutragen, in welchen andere Personen nachträglich zur Mitführung zugelassen werden.

VII. Kgl. Verordnung vom 31. März 1892, die Fabriken- u. Gewerbe-Inspektoren btr.

(Ges. u. V.-Bl. 1892 S. 83.)

Im Namen Seiner Majestät des Königs.

Luitpold,

von Gottes Gnaden Königlicher Prinz von Bayern.

Regent.

Wir finden Uns bewogen, zum Vollzuge des § 139b der Gewerbeordnung in der Fassung des Reichsgesetzes vom 1. Juni 1891 (Reichsgesetzblatt Seite 285) zu verordnen, was folgt:

§ 1. Die Aufsicht über die Ausführung der Bestimmungen der §§ 105a, 105b Abs. 1, 105c—105h, 120a—120e, 134—139a der Reichsgewerbeordnung, ferner die Kontrole in Bezug auf die Sicherung der Arbeiter gegen Gefahren für Leben und Gesundheit in denjenigen Anlagen, welche nach §§ 16 und 24 der Reichsgewerbeordnung einer besonderen Genehmigung bedürfen, wird neben den ordentlichen Polizeibehörden besonderen Beamten übertragen, welche den Titel „Fabriken- und Gewerbe-Inspektoren“ führen.

Es bleibt vorbehalten, denselben noch die Wahrnehmung von weiteren mit ihrem Wirkungskreise in Zusammenhange stehenden Geschäften zu übertragen.

§ 2. Von dem Wirkungskreise dieser Beamten sind diejenigen Anlagen ausgenommen, welche nach dem Berggesetze vom 20. März 1869 unter der Aufsicht der durch Allerhöchste Verordnung vom 16. Juni 1869 (Regierungsblatt Seite 1049—1055) errichteten Bergbehörden stehen.

Diese Anlagen bleiben fernerhin auch nach den in § 1 bezeichneten Richtungen den Bergbehörden unterstellt.

§ 3. Für jeden Regierungsbezirk wird bis auf Weiteres ein Fabriken- und Gewerbe-Inspektor und zwar bei der Regierung, Kammer des Innern, angestellt. Als Wohnsitz des Fabriken- und Gewerbe-Inspektors für Mittelfranken wird ausnahmsweise wie bisher die Stadt Nürnberg bestimmt.

Für die Fabriken- und Gewerbe-Inspektoren gelten die für die Mitglieder der Regierungen bestehenden allgemeinen Dienstesvorschriften.

Wir behalten Uns vor, nach Maßgabe des Bedürfnisses einzelnen Fabriken- und Gewerbe-Inspektoren Hilfskräfte beizugeben und die hiewegen veranlaßten weiteren Anordnungen zu treffen.

§ 4. Die Fabriken- und Gewerbe-Inspektoren werden von Uns ernannt. Hiefür sind Uns in der Regel nur Bewerber mit wissenschaftlicher Bildung in Vorschlag zu bringen, welche entweder eine höhere technische Lehranstalt absolvirt und demnächst einige Zeit als technische Beamte im öffentlichen oder Privatdienste thätig gewesen sind, oder welche mehrere Jahre eine größere gewerbliche Anlage mit technischem Betriebe selbst geleitet haben.

§ 5. Die Fabriken- und Gewerbe-Inspektoren werden im Rang und Gehalt den Regierungs-Assessoren gleichgestellt. Für ihre Dienstreisen werden ihnen entweder die regulativmäßigen Taggelder und Reisekosten-Vergütungen oder angemessene Pauschsummen gewährt.

Wir behalten Uns vor, einzelnen Fabriken- und Gewerbe-Inspektoren nach längerer erprobter Dienstleistung den Rang und Gehalt von Regierungsräthen zu verleihen.

§ 6. Den Fabriken- und Gewerbe-Inspektoren stehen in dem ihnen zugewiesenen äußeren Wirkungskreise die amtlichen Befugnisse der Ortspolizeibehörden zu; sie haben jedoch polizeiliche, eventuell im Wege administrativen Zwanges durchzuführende Verfügungen nicht zu erlassen. Wegen der zur Abstellung wahrgenommener Gesetzwidrigkeiten und Uebelstände zu ergreifenden Maßregeln, sowie wegen etwa zu stellender Strafanträge haben sie sich an die ordentlichen Polizeibehörden mit dem Ersuchen um Herbeiführung des weiteren gesetzlichen Verfahrens zu wenden.

Die Polizeibehörden sind verpflichtet, den Fabriken- und Gewerbe-Inspektoren bei Ausübung ihrer Amtsthätigkeit die innerhalb ihrer Zuständigkeit liegende Unterstützung zu Theil werden zu lassen, insbesondere auf desfallsiges Ersuchen bei der Revision gewerblicher Anlagen Assistenz zu leisten und ihnen über den Ausgang des auf ihren Antrag eingeleiteten weiteren Verfahrens Kenntniß zu geben.

Die Befugniß und Verpflichtung der ordentlichen Polizeibehörden zur Wahrnehmung der Aufsicht über die gewerblichen Anlagen wird durch gegenwärtige Verordnung nicht berührt.

Das Staatsministerium des Innern wird ermächtigt, im Wege der Anweisung den Dienst der Fabriken- und Gewerbe-Inspektoren und deren Beziehungen zu den betheiligten Behörden und dem gewerbetreibenden Publikum zu regeln.

§ 7. Die Allerhöchsten Verordnungen vom 17. Februar 1879 und vom 8. Juli 1886, die Fabriken-Inspektoren betreffend (Gesetz- und Verordnungs-Blatt Seite 35 bezw. Seite 377), werden aufgehoben.

München, den 31. März 1892.

Luitpold, Prinz von Bayern,
des Königreiches Bayern Verweser.

Frhr. v. Feilitzsch.

Auf Allerhöchsten Befehl:
Der General-Sekretär: Ministerialrath v. Ries.

VIII. Ministerial-Entschließ. v. 31. März 1892.

Vollzug der Gewerbeordnung betr.

mit Anweisung zur Ausführung des Reichsgesetzes betr. Abänderung der Gewerbeordnung vom 1. Juni 1891.

Amtsbl. des k. Staatsministeriums des Innern 1892 S. 91—158.

Mit Rücksicht auf die nicht unerheblichen Veränderungen und Ergänzungen, welche die bisherigen Bestimmungen der Gewerbeordnung durch das Reichsgesetz vom 1. Juni 1891, Abänderung der Gewerbeordnung betreffend (Reichsgesetzblatt S. 261), erfahren haben, wird im Anschlusse an die Allerhöchste Vollzugsverordnung vom 29. März 1892 (Gesetz- und Verordnungsblatt, Seite 61) behufs thunlichst gleichmäßiger Durchführung der neuen Gesetzesbestimmungen nachstehende Anweisung (s. hier Seite 226 ff.) zur allgemeinen Darnachachtung bekannt gegeben.

Im Einzelnen wird hiezu Folgendes bemerkt:

Um die Einrichtung des neuen Arbeitsbuches baldthunlichst überall zur Einführung zu bringen und die betheiligten Arbeiter vollzählig mit dem neuen Formulare zu versehen, haben die Distriktsverwaltungsbehörden mittels allgemeiner Bekanntmachungen die Arbeitgeber und minderjährigen Arbeitnehmer, sowie die Eltern und Vormünder der letzteren wiederholt auf die neuen Vorschriften betreffs der Arbeitsbücher hinzuweisen, hiebei auf die Strafbestimmungen des § 150 Ziffer 1 und 2 der Gewerbeordnung aufmerksam zu machen und die Ausführungen in § 3 Absatz 3 nachstehender Anweisung hervorzuheben. Gleichzeitig ist im Hinblicke auf die bisher bestandenen Zweifel bezüglich der Einträge in das Arbeitsbuch bekannt zu geben, daß nach der neuen Fassung des § 111 der Gewerbeordnung zur Vornahme dieser Einträge auch die hiezu bevollmächtigten Betriebsleiter gesetzlich ermächtigt sind, daß es jedoch, soferne von dieser Ermächtigung Gebrauch gemacht wird, erforderlich erscheint, die betreffenden Unterschriften mit einem das Vollmachtsverhältniß ausdrückenden Zusatze zu versehen.

Bezüglich der Ausstellung von Arbeitsbüchern an gewerbliche Arbeiter, welche bereits das 21. Lebensjahr vollendet haben, verbleibt es bei den bisherigen Bestimmungen (Min.-Entschließung vom 20. Juni 1883, Amtsblatt des Ministeriums des Innern Seite 233); für die Ausstellung dieser Arbeitsbücher ist gemäß Artikel 172 Ziffer 6 des Gebührengesetzes eine Gebühr von 50 Pfennigen zu erheben.

Die Besitzer von Fabriken und diesen gleichstehenden Anlagen, in welchen Arbeiterinnen und jugendliche Personen beschäftigt werden, sind mittels öffentlicher Ausschreiben der Distriktsverwaltungsbehörden auf die Nothwendigkeit der Beschaffung der in § 30 nachstehender Anweisung bezeichneten Verzeichnisse und Auszüge (Formulare D, E und F) ausdrücklich hinzuweisen.

Was die ausnahmsweise Genehmigung der Verlängerung der gesetzlichen Arbeitszeit anbelangt, so haben die hiefür in §§ 32—37 der Anweisung aufgestellten Grundsätze den bestimmten Zweck, eine thunlichst einheitliche und gleichmäßige Handhabung der betreffenden Gesetzesbestimmungen in allen Regierungsbezirken herbeizuführen, weshalb dieselben bei Verbescheidung der einschlägigen Gesuche zur strengen Richtschnur zu dienen haben.

Die mit der Aufsicht und Kontrole über den Vollzug der Gewerbeordnung betrauten Behörden haben für die alsbaldige Durchführung der neuen Vorschriften in den Fabriken und gewerblichen Anlagen ihres Bezirkes Sorge zu tragen, hiebei jedoch darauf Bedacht zu nehmen, daß Störungen des Fabrik- und Gewerbebetriebes im Interesse sowohl der Unternehmer als auch der von diesen beschäftigten Arbeiter thunlichst vermieden werden.

Die k. Bezirksämter werden beauftragt, die ihnen unterstellten Ortspolizeibehörden auf die Befugnisse und Verrichtungen, welche denselben in nachstehender Anweisung zugewiesen sind, insbesondere auf die Führung von Fabrik-Akten und die Beschaffung und Evidenthaltung der Verzeichnisse und Uebersichten A, B, C und J nochmals besonders hinzuweisen und den Vollzug dieser Obliegenheiten geeignet zu überwachen.

Hinsichtlich des Vollzuges der neuen Bestimmungen der Gewerbeordnung in den unter der Aufsicht der k. Bergbehörden stehenden Bergwerken, Aufbereitungsanstalten, und unterirdisch betriebenen Brüchen oder Gruben wird auf die besonderen Vorschriften in § 51 nachstehender Anweisung Bezug genommen und darauf verwiesen, wie dort an die Stelle der Orts- und Distriktspolizeibehörden, sowie der k. Regierungen, Kammern des Innern, die k. Bezirksbergämter bezw. das k. Oberbergamt treten.

Bezüglich der unter Staatsverwaltung stehenden Betriebe wird auf den Vorbehalt in § 51 Abs. 4 der Anweisung aufmerksam gemacht.

Schließlich wird bemerkt, daß Sonderabdrücke nachstehender Anweisung von der Expedition des Ministerialamtsblattes im k. Staatsministerium des Innern oder durch die k. Postanstalten um den Preis von 50 Pfennig pro Stück bezogen werden können.

Anweisung
zur Ausführung des Reichsgesetzes
betreffend
Abänderung der Gewerbe-Ordnung,
vom 1. Juni 1891.

(Nach Minist.-Entschl. v. 31. März 1892, s. hier Seite 223.)

A. Arbeitsbücher und Arbeitszeugnisse.
(§§ 107—114 der Gewerbe-Ordnung.)

§ 1. Eines Arbeitsbuches bedürfen die aus der Volksschule, d. h. der gewöhnlichen Werktagsschule, entlassenen minderjährigen gewerblichen Arbeiter ohne Unterschied des Geschlechts.

Zu den „gewerblichen Arbeitern", welche für den Fall der Minderjährigkeit zur Führung eines Arbeitsbuches verpflichtet sind, gehören, wie aus der dermaligen Fassung der Ueberschrift des Titels VII der Gewerbe-Ordnung erhellt, auch die Betriebs-Beamten, Werkmeister und Techniker.

Ob die Arbeiter ausdrücklich als „Gesellen, Gehülfen, Lehrlinge, Betriebs-Beamte, Werkmeister, Techniker oder Fabrik-Arbeiter" angenommen sind oder nur thatsächlich als solche beschäftigt werden, ob sie von Handwerkern oder von größeren Gewerbe-Unternehmern angenommen sind, ob sie in deren Behausung, ob sie in Werkstuben, Werkstätten, in Fabriken, im Freien, insbesondere auch auf Bauplätzen und bei Bauten arbeiten, ist unerheblich.

Die Arbeiter in Hüttenwerken, auf Zimmerplätzen und anderen Bauhöfen sowie auf Werften gehören zu den gewerblichen Arbeitern und sind demnach zur Führung eines Arbeitsbuches verpflichtet.

§ 2. Von der Verpflichtung zur Führung eines Arbeitsbuches sind ausdrücklich entbunden

Gehülfen und Lehrlinge in Apotheken und Handelsgeschäften.

§ 3. Nach den bisherigen Bestimmungen waren auch die in Fabriken beschäftigten Kinder unter 14 Jahren von der Führung eines Arbeitsbuches entbunden, da diese Personen, ebenso wie die noch zum Besuche der Volksschule verpflichteten, in Fabriken beschäftigten jungen Leute von 14—16 Jahren nach § 137 Absatz 1 a. a. O. eine Arbeitskarte führen mußten.

Nachdem die Verpflichtung zur Führung einer Arbeitskarte durch die neue Fassung des § 137 aufgehoben worden ist, tritt nach § 107 Absatz 1 auch für die nicht mehr zum Besuche der Volksschule verpflichteten Kinder, welche in Fabriken und diesen gleichstehenden Anlagen beschäftigt werden, die Verpflichtung zur Führung eines Arbeitsbuches ein.

Die Bestimmungen des bisherigen § 137 über die Arbeitskarten und die hiezu in Abth. II der Entschließung des k. Staatsministeriums des Innern, Abtheilung für Landwirthschaft, Gewerbe und Handel, vom 13. Dezember 1878 (Min.-Amtsbl. S. 430) ergangenen Vollzugsvorschriften bleiben dagegen für diejenigen Kinder und diejenigen zum Besuche der Volksschule noch verpflichteten jungen Leute von 14—16 Jahren, welche ausweislich der für sie ausgestellten Arbeitskarte bereits vor dem 1. Juni 1891 in Fabriken und diesen gleichstehenden Anlagen beschäftigt waren, solange in Geltung, bis für sie nach Vollendung des 14. Lebensjahres und nach Beendigung der Schulpflicht ein Arbeitsbuch ausgestellt worden ist, keinesfalls aber länger als bis zum 1. April 1894 (Artikel 9 Absatz 4 des Reichs-Gesetzes vom 1. Juni 1891).

§ 4. Zu den gewerblichen Arbeitern im Sinne des Gesetzes sind unter Anderen nicht zu rechnen und zur Führung eines Arbeitsbuches nicht verpflichtet:

1. Kinder, welche bei ihren Angehörigen und für diese, und zwar nicht auf Grund eines Arbeits=Vertrages, mit gewerblichen Arbeiten beschäftigt sind;
2. Personen, welche im Gesinde=Verhältnisse stehen;
3. die mit gewöhnlichen auch außerhalb des Gewerbes vorkommenden Arbeiten beschäftigten Taglöhner und Handarbeiter.

§ 5. Auch solchen Personen, welche zwar vermöge der Art ihrer Beschäftigung eines Arbeitsbuches nicht bedürfen, gleichwohl aber sich mit einem solchen zu versehen wünschen, ist auf ihren Antrag das Arbeitsbuch auszustellen, soferne nicht begründete Bedenken (z. B. bezüglich der Identität des Nachsuchenden oder eines voraussichtlichen Mißbrauches des Arbeitsbuches) bestehen.

§ 6. Die Arbeitsbücher werden von den Ortspolizeibehörden, in München von der Polizeidirektion, ausgestellt. Sie müssen vom 1. April 1892 an nach Format, Papier und Druck dem den k. Regierungen, Kammern des Innern, bereits mit autographirter Ministerialentschließung vom 7. März 1892 Nr. 3768 übermittelten Musterexemplare entsprechen und insbesondere für die Eintragungen der Arbeitgeber mindestens die in der Anlage gewählte Seitenzahl enthalten. Arbeitsbücher mit größerer Seitenzahl sind zuläßig, doch müssen die Angaben der Seitenzahl, sowie die Vordrucke für die Eintragungen und deren Nummerirung bis zur letzten Seite fortlaufen. Die Arbeitsbücher für männliche Arbeiter müssen einen blauen, diejenigen für weibliche einen braunen Umschlag haben.

Formular A. Ueber die ausgestellten Arbeitsbücher ist von der ausstellenden Behörde nach dem Formular A ein Verzeichniß zu führen und für jedes Kalenderjahr abzuschließen.

§ 7. Die Ortspolizeibehörde (Polizeidirektion) hat Arbeitsbücher nur für solche Arbeiter auszustellen, welche im Bezirk entweder ihren letzten dauernden Aufenthalt gehabt oder, falls ein solcher im Gebiet des Deutschen Reichs nicht stattgefunden hat, ihren ersten deutschen

Arbeitsort gewählt haben (§ 108 Gew.-O.). Die Ausstellung eines Arbeitsbuches darf überdies nur erfolgen, wenn glaubhaft gemacht wird,

daß für den Arbeiter bis dahin ein Arbeitsbuch noch nicht ausgestellt,
oder daß das für ihn ausgestellte Arbeitsbuch vollständig ausgefüllt oder nicht mehr brauchbar oder verloren gegangen oder vernichtet ist,
oder daß von dem Arbeitgeber unzulässige Merkmale, Eintragungen oder Vermerke in oder an dem Arbeitsbuche gemacht sind,
oder daß von dem Arbeitgeber ohne rechtmäßigen Grund die Aushändigung des Arbeitsbuches verweigert wird (§§ 108, 109, 112 Gew.-O.).

§ 8. Wird der Antrag auf Ausstellung eines Arbeitsbuches nicht von dem Vater oder Vormunde gestellt, so hat die ausstellende Behörde den Nachweis zu fordern, daß der Vater oder Vormund dem Antrage zustimmt. Kann die Erklärung des Vaters nicht beschafft werden, oder verweigert der Vater ohne genügenden Grund und zum Nachtheil des Arbeiters die Zustimmung, so ist nachzuweisen, daß die Gemeindebehörde die Zustimmung des Vaters ergänzt hat (§ 108 Gew.-O.). Zuständig ist die Gemeindebehörde desjenigen Ortes, wo der Arbeiter seinen letzten dauernden Aufenthalt gehabt oder wo, in Ermangelung eines solchen innerhalb des Deutschen Reiches, der Arbeiter seinen ersten deutschen Arbeitsort gewählt hat.

Daß die Erklärung des Vaters nicht zu beschaffen sei, wird in der Regel nur anzunehmen sein, wenn der letztere körperlich oder geistig unfähig ist, eine Erklärung abzugeben, oder wenn sein Aufenthalt unbekannt oder der Art ist, daß ein mündlicher oder schriftlicher Verkehr mit ihm nicht möglich erscheint. Eine Ergänzung der Zustimmung des Vormundes ist im Gesetze nicht vorgesehen und demnach auch nicht auszusprechen. Die Ergänzung der Zustimmung des Vaters ist, wo sie gesetzlich begründet erscheint, schriftlich auszusprechen und mit Unterschrift und Siegel zu versehen.

Der Nachweis der Zustimmung des Vaters oder Vormundes ist durch Beibringung einer mündlichen oder schriftlichen Erklärung des Vaters oder Vormundes, der Nachweis der Ergänzung der Zustimmung des Vaters ist durch eine schriftliche Bescheinigung der vorbezeichneten Gemeinde-Behörde zu erbringen.

§ 9. Soweit nicht anderweit feststeht, daß der Arbeiter zum Besuch der Volksschule nicht mehr verpflichtet ist, ist darüber eine Bescheinigung des Lokalschulinspektors desjenigen Ortes zu fordern, wo der Arbeiter aus der Volksschule entlassen ist.

§ 10. Sofern Jahr, Tag und Ort der Geburt des Arbeiters nicht anderweit feststehen, ist die Beibringung einer Geburts-Urkunde (Geburts-, Tauf-Scheines) zu fordern.

§ 11. Die Ausstellung des Arbeitsbuches erfolgt durch Ausfüllung der beiden ersten Seiten des Formulars nach dem beigefügten Muster. Die Nummer des Arbeitsbuches muß mit der laufenden Nummer des Verzeichnisses der Arbeitsbücher (§ 6 Abs. 2 gegenwärtiger Anweisung) übereinstimmen.

Die Aushändigung des Arbeitsbuches darf erst erfolgen, wenn sämmtliche Spalten des Verzeichnisses der Arbeitsbücher ausgefüllt sind.

§ 12. Wird die Ausstellung eines neuen Arbeitsbuches an Stelle eines früheren bei der Ortspolizeibehörde (Polizeidirektion) beantragt, so hat diese festzustellen, von welcher Behörde und in welchem Jahre das letztere ausgestellt war, sowie, ob dasselbe vollständig ausgefüllt oder unbrauchbar geworden, oder verloren gegangen, oder vernichtet ist. Das Ergebniß dieser Feststellung ist in das Arbeitsbuch Seite 2 unten und in das Verzeichniß der Arbeitsbücher (§ 6 Absatz 2 gegenwärtiger Anweisung) Spalte 7 einzutragen (§ 109 Absatz 2 Gew.-O.).

Ist das frühere Arbeitsbuch vollständig ausgefüllt oder unbrauchbar geworden, so ist es auf der letzten Seite durch den Vermerk: „Gemäß § 109 der Gewerbeordnung abgeschlossen" sowie durch die Beisetzung des Datums, dann des Siegels und der Fertigung der Behörde zu schließen (§ 109 Absatz 1 Gew.-O.).

Die Ausstellung des neuen Arbeitsbuches ist der Behörde, welche das frühere Arbeitsbuch ausgestellt hat, unter Angabe des Jahres der Ausstellung anzuzeigen und von dieser in ihrem Verzeichnisse der Arbeitsbücher (§ 6 Abs. 2 gegenwärtiger Anweisung) unter der Rubrik „Bemerkungen" zu vermerken. Die Ausstellung eines neuen Arbeitsbuches kann auch dann nicht verweigert werden, wenn das frühere Arbeitsbuch von dem Inhaber absichtlich unbrauchbar gemacht oder vernichtet ist. In diesem Falle ist aber die Bestrafung des Arbeiters nach § 150 Ziffer 3 der Gewerbe-Ordnung herbeizuführen.

Ingleichen ist die Bestrafung des Arbeitgebers oder seines bevollmächtigten Betriebsleiters nach § 146 Ziffer 3 und 150 Ziff. 2 a. a. O. herbeizuführen, sofern unzulässige Eintragungen und Vermerke in das Arbeitsbuch gemacht worden sind oder ohne rechtmäßigen Grund seine Aushändigung verweigert wird.

§ 13. Die Ausstellung der Arbeitsbücher hat kosten- und stempelfrei zu erfolgen. Nur für die Ausstellung eines neuen Arbeitsbuches an Stelle eines unbrauchbar gewordenen, verloren gegangenen oder vernichteten kann eine Gebühr bis zum Betrage von 50 Pfennigen erhoben werden (§ 109 Absatz 2 Gew.-O.). Für München wird diese Gebühr auf 50 Pfennige festgesetzt. Ist die Ausstellung eines neuen Arbeitsbuches durch Verschulden des Arbeitgebers nothwendig geworden, so ist die Gebühr von dem Arbeitgeber einzuziehen (§ 112 Absatz 1 Gew.-O.).

Die Gebühren für Arbeitsbücher fließen, insoweit die Ausstellung der Letzterem den Ortspolizeibehörden zukommt, in die Gemeindekasse.

War bei Ausstellung des Arbeitsbuches eine Gebühr nicht zu erheben, so ist in Spalte 8 des Verzeichnisses der Arbeitsbücher (§ 6 Absatz 2 gegenwärtiger Anweisnng) der Vermerk „gebührenfrei" einzusetzen, andernfalls ist dortselbst der Betrag der erhobenen Gebühr vorzutragen.

§ 14. Während der bisherige § 107 der Gewerbeordnung die Arbeitgeber verpflichtete, das Arbeitsbuch an den Arbeiter selbst auszuhändigen, hat die Aushändigung des Arbeitsbuches nunmehr bei Arbeitern unter 16 Jahren an den Vater oder Vormund zu erfolgen. Bei Arbeitern über 16 Jahren hat dies dann zu geschehen, wenn der

Vater oder der Vormund es ausdrücklich verlangt. Mit Genehmigung der Gemeinde-Behörde des im § 108 der Gewerbeordnung bezeichneten Ortes kann die Aushändigung auch an die Mutter oder einen sonstigen Angehörigen oder unmittelbar an den Arbeiter erfolgen.

Diese Genehmigung ist insbesondere in solchen Fällen zu ertheilen, wo die Aushändigung des Arbeitsbuchs an den Vater oder Vormund wegen dessen Abwesenheit oder Erkrankung schwer zu bewirken ist oder wegen mangelnder geistiger oder sittlicher Qualifikation des Vaters zum Nachtheil des minderjährigen Arbeiters gereichen würde. Zur Aushändigung des Arbeitsbuchs an „sonstige Angehörige" des Arbeiters ist die Genehmigung nur zu ertheilen, wenn der Aushändigung an die Mutter Gründe der vorbezeichneten Art oder andere triftige Gründe entgegenstehen, und endlich an den Arbeiter selbst nur dann, wenn dies auch bezüglich der sonstigen Angehörigen desselben der Fall ist. Unter „Angehörigen" sind solche Verwandte oder Hausgenossen des minderjährigen Arbeiters zu verstehen, welche an Stelle der Eltern oder in Vertretung des Vormundes thatsächlich die Pflege und Fürsorge für denselben ausüben.

§ 15. Ein Zeugniß über die Art und Dauer der Beschäftigung sowie über Führung und Leistungen kann sowohl der minderjährige Arbeiter selbst als auch sein Vater oder Vormund verlangen. Die Aushändigung des Arbeitszeugnisses erfolgt unmittelbar an den Arbeiter und zwar auch dann, wenn derselbe das 16. Lebensjahr noch nicht vollendet hat, soferne nicht der Vater oder Vormund verlangt, daß die Aushändigung an ihn geschehe. Gegen den Willen des Vaters oder Vormundes darf das Arbeitszeugniß an den minderjährigen Arbeiter nur dann ausgehändigt werden, wenn die Gemeindebehörde die Erlaubniß hiezu ertheilt hat. Diese Genehmigung darf sie jedoch nur dann geben, wenn die Aushändigung an den Vater oder Vormund wegen mangelnder geistiger oder sittlicher Qualifikation desselben oder aus anderen Gründen zum offenbaren Nachtheil des Arbeiters gereichen würde.

§ 16. Auf Verlangen eines Arbeiters hat die Ortspolizeibehörde, in München die Polizeidirektion, die Eintragungen im Arbeitsbuche sowie allenfallsige Arbeitszeugnisse kosten- und stempelfrei zu beglaubigen. Die Beglaubigung erstreckt sich nur auf die Unterschrift des Arbeitgebers und darf ausgestellt werden, wenn die Richtigkeit dieser Unterschrift feststeht. Außerdem kann die Beglaubignng nur dann verweigert werden, wenn der Behörde bekannt ist, daß die Einträge zweifellos unrichtig sind.

§ 17. Die Ortspolizeibehörden haben die Arbeitsbücher ausschließlich bei dem Verlage amtlicher Legitimationspapiere (Expeditionsamt, Regieverwaltung) der k. Regierung, Kammer des Innern, gegen Vergütung der Herstellungskosten zu beziehen.

Die Arbeitsbücher sind, bevor sie an die Ortspolizeibehörde hinausgegeben werden, auf der ersten Seite (neben dem Reichswappen) mit dem Siegel der Kreisregierung, Kammer des Innern, in Blaudruck zu versehen.

Den k. Regierungen, Kammern des Innern, bleibt überlassen, den Betrag der von den Ortspolizeibehörden zu erstattenden Vergütung nach Maßgabe der Herstellungskosten festzusetzen. Jedoch darf in keinem Falle ein höherer Betrag als 10 Pfg. für ein Arbeitsbuch berechnet werden.

Die Ortspolizeibehörden haben sich sofort mit einer hinreichenden Anzahl von neuen Formularen zu Arbeitsbüchern zu versehen und solche fortlaufend vorräthig zu halten. Die bisher benutzten Formulare sind als unbrauchbar zu vernichten.

Für den erstmaligen Bedarf an Formularen kommt in Betracht, daß im Hinblick auf die Aenderungen, welche die §§ 107 bis 114 der Gewerbe-Ordnung und die Einrichtung des Arbeitsbuchs mit dem 1. April 1892 erfahren, von diesem Zeitpunkt an sich auch diejenigen minderjährigen Arbeiter mit einem den neuen Bestimmungen entsprechenden Arbeitsbuch versehen müssen, welche bereits vorher in Beschäftigung getreten sind. Die bisherigen Arbeitsbücher sind als nicht mehr brauchbar durch den Vermerk: „Wegen Einführung eines neuen Formulars abgeschlossen" sowie durch Beisetzung des Datums, dann des Siegels und der Fertigung der Ortspolizeibehörde zu schließen. Eine Gebühr darf für die durch den Erlaß des Reichsgesetzes vom 1. Juni 1891 nothwendig gewordene Ersetzung der bisherigen Arbeitsbücher durch neue nicht erhoben werden.

Sollten die Orts-Polizeibehörden sich einen den ersten Anforderungen genügenden Vorrath von Formularen nicht zeitig genug beschaffen können, so sind zunächst diejenigen Arbeiter, welche in eine neue Beschäftigung eintreten und sodann unter den übrigen diejenigen Kinder und jungen Leute, welche in Fabriken und diesen gleichstehenden Anlagen (vergl. § 1 gegenwärtiger Anweisung), beschäftigt sind, mit Arbeitsbüchern zu versehen.

B. Lohnzahlung.

(§ 115a der Gewerbe-Ordnung.)

§ 18. Die Genehmigung zur Vornahme von Lohn- und Abschlagszahlungen in Gast- und Schankwirthschaften oder Verkaufsstellen ist von der Distriktsverwaltungsbehörde, in München von der Polizeidirektion, nur auf Antrag des Gewerbtreibenden und nur in Fällen dringenden Bedürfnisses zu ertheilen. Ein solches ist in der Regel nur anzunehmen für kleinere, nicht ständige Betriebe (Ziegeleien, Steinbrüche ꝛc.) und Bauten, wenn eine zur Vornahme der Lohnzahlungen geeignete Räumlichkeit auf der Betriebsstätte oder in deren Nähe nicht vorhanden, ihre Beschaffung auch ohne unverhältnißmäßige Kosten und Schwierigkeiten nicht zu bewirken ist. Voraussetzung der Genehmigung ist, daß Fürsorge getroffen ist, daß die ausgelöhnten Arbeiter nicht zur Entnahme von Speisen und Getränken oder Waaren verleitet werden.

Bei Ertheilung der Erlaubniß ist stets ausdrücklich der jederzeitige Widerruf vorzubehalten. Für größere Bauten und ständige Betriebe ist die Erlaubniß niemals zu ertheilen. Abschrift der schriftlich zu ertheilenden Erlaubniß ist der k. Regierung, Kammer des Innern, einzureichen.

C. Polizeiliche Verfügungen auf Grund der §§ 120d und 147 Absatz 4.

§ 19. Auf Grund des § 120d der Gewerbeordnung können polizeiliche Verfügungen nur für einzelne gewerbliche Anlagen erlassen werden. Voraussetzung des Erlasses einer solchen Verfügung ist, daß die Maßnahme, welche angeordnet werden soll,

a. zur Durchführung eines der in den §§ 120a bis 120d Gew.-O. enthaltenen Grundsätze erforderlich und

b. nach der Beschaffenheit der einzelnen gewerblichen Anlagen überhaupt ausführbar ist.

Gegenüber gewerblichen Anlagen, die bereits vor dem 1. Juni 1891 bestanden und seitdem eine Erweiterung oder einen Umbau nicht erfahren haben, ist die Zulässigkeit des Erlasses der polizeilichen Verfügung außerdem davon abhängig, daß es sich entweder um die Beseitigung erheblicher, das Leben, die Gesundheit oder die Sittlichkeit der Arbeiter gefährdender Mißstände oder um Maßnahmen handelt, welche ohne unverhältnißmäßige Aufwendungen ausführbar erscheinen.

§ 20. Ist eine dringende, das Leben oder die Gesundheit bedrohende Gefahr zu beseitigen, so hat die zuständige Behörde (§ 44 der Allerh. V.O. vom 29. März 1892) ohne Aufschub die erforderliche Verfügung zu erlassen und zur Ausführung zu bringen. Anderenfalls hat sie vor Erlaß ihrer Verfügung die gutachtliche Aeußerung des zuständigen Gewerbe-Aufsichtsbeamten einzuholen. Dieser hat sich auch über die für die Ausführung der anzuordnenden Maßregel festzusetzende Frist auszusprechen.

§ 21. Ist die auf Grund des § 120d der Gewerbeordnung erlassene Verfügung durch Beschwerde angefochten, so darf sie nur dann vor endgültiger Entscheidung der Beschwerde zur Ausführung gebracht werden, wenn letztere nach dem Ermessen der Behörde ohne Nachtheil für das Gemeinwohl nicht ausgesetzt bleiben kann. Als ein solcher Nachtheil ist eine erhebliche Gefährdung des Lebens, der Gesundheit oder der Sittlichkeit der Arbeiter anzusehen.

Zur Erzwingung der durch rechtskräftig gewordene Verfügung angeordneten Maßnahmen ist in der Regel zunächst das Strafverfahren auf Grund des § 147 Absatz 1 Ziffer 4 der Gewerbeordnung herbeizuführen.

Nur wenn die Nichtausführung der angeordneten Maßnahme eine unmittelbare und erhebliche Gefahr für

Leben, Gesundheit oder Sittlichkeit der Arbeiter zur Folge hat, ist auf Grund des Art. 20 des Polizeistrafgesetzbuches schon vor Erledigung des Strafverfahrens vorzugehen.

Von der Befugniß des § 147 Absatz 4, bis zur Herstellung des der Verfügung entsprechenden Zustandes die Einstellung des Betriebes oder des in Frage stehenden Theiles desselben anzuordnen, ist nur bei rechtskräftig gewordenen Verfügungen Gebrauch zu machen. In Fällen dieser Art hat die zuständige Behörde vor Erlaß ihrer Anordnung die gutachtliche Aeußerung des Gewerbe-Aufsichtsbeamten darüber einzuholen, ob die Fortsetzung des Betriebes erhebliche Nachtheile oder Gefahren herbeizuführen geeignet und in wie weit die Einstellung des Betriebes anzuordnen sein würde. Die Betriebs-Einstellung ist nur soweit anzuordnen, als es zur Beseitigung erheblicher Nachtheile oder Gefahren unbedingt erforderlich ist und auf andere Weise sich durch die Ausführung der getroffenen Anordnungen durch den Betriebsunternehmer nicht herbeiführen läßt.

D. Arbeits-Ordnungen.

(§§ 134 a bis 134 h der Gewerbe-Ordnung.)

§ 22. Die Verpflichtung zum Erlaß einer Arbeits-Ordnung besteht für jede Fabrik und jede durch § 154 Absatz 2 ihr gleichgestellte Anlage, welche während der Zeit ihres Betriebes *in der Regel* mindestens 20 Arbeiter beschäftigt. Bei Ermittelung dieser Zahl kommen nicht in Anrechnung:

a. diejenigen Arbeiter, welche wegen außergewöhnlicher Häufung der Arbeit oder aus anderen Gründen nur vorübergehend angenommen werden,

b. die Betriebs-Beamten, Werkmeister und Techniker.

§ 23. Die Arbeits-Ordnung, sowie jeder Nachtrag zu derselben ist in zwei Ausfertigungen der Distriktspolizeibehörde, in München dem Magistrate, einzureichen.

Eine dieser Ausfertigungen hat die Behörde alsbald dem zuständigen Gewerbe-Aufsichtsbeamten zu übersenden.

§ 24. Die Distriktspolizeibehörde hat nach Eingang der Arbeits-Ordnungen und der dazu erlassenen Nachträge zu prüfen, ob diese vorschriftsmäßig erlassen sind und ob etwa ihr Inhalt den gesetzlichen Bestimmungen zuwiderläuft (§ 134 f Gew.-O.). Diese Prüfung ist, soweit es ohne Beeinträchtigung ihrer Gründlichkeit geschehen kann, thunlichst rasch vorzunehmen. Da bei der großen Anzahl von Arbeits-Ordnungen, die innerhalb der ersten vier Wochen nach dem 1. April 1892 eingehen werden, die sofortige Prüfung aller Arbeits-Ordnungen nicht ausführbar sein wird, so sind zunächst diejenigen zu prüfen, gegen deren Inhalt die Arbeiter nach § 134 d der Gewerbeordnung Bedenken geäußert oder später Beschwerde erhoben haben.

Bei jeder Arbeits-Ordnung und jedem Nachtrag ist insbesondere zu prüfen,

a. ob die Vorschrift des § 134 d über die Anhörung der großjährigen Arbeiter oder eines Arbeiter-Ausschusses, soweit diese Vorschrift Anwendung findet, beachtet ist und, sofern nur die Anhörung eines ständigen Arbeiter-Ausschusses stattgefunden hat, ob dieser den Vorschriften des § 135 h entspricht,

b. ob die Arbeits-Ordnung alle im ersten Absatz des § 134 b unter Ziff. 1 bis 4 erforderten Bestimmungen enthält,

c. ob die allenfalls vorgesehenen Aufkündigungs-Fristen für beide Theile gleich bemessen sind (§ 122),

d. ob die Bestimmungen für großjährige Arbeiter sich auf deren Verhalten im Betriebe beschränken,

e. ob die Strafbestimmungen das Ehrgefühl oder die guten Sitten verletzen, ob die Geldstrafen die gesetzlich zulässige Höhe nicht übersteigen, und in welcher Weise die Strafgelder und die nach § 134 Absatz 2 verwirkten Lohnbeträge zum Besten der Arbeiter verwendet werden.

Für diese Verwendung genügt nicht die allgemeine Zweck-Bestimmung, daß die Strafgelder und Lohnbeträge „zum Besten der Arbeiter der Fabrik" verwendet werden. Es ist vielmehr auch die Art der Verwendung dieser Strafgelder oder Lohnbeträge bestimmt zu bezeichnen.

§ 25. Da die Prüfung nicht an eine bestimmte Frist gebunden ist und die Distriktspolizeibehörde zu jeder Zeit, wenn sie einen Mangel in der Arbeits-Ordnung entdeckt, die Beseitigung desselben anordnen kann, so empfiehlt es sich, namentlich in der ersten Zeit, mit Vorsicht vorzugehen und soweit nicht Beschwerden von Arbeitern vorliegen, zunächst nur wegen zweifelloser Lücken und Gesetzwidrigkeiten die Ersetzung oder Abänderung anzuordnen. In dieser Anordnung kann — namentlich, wenn die Arbeits-Ordnung noch andere rechtlich zweifelhafte Bestimmungen enthält — ausdrücklich darauf hingewiesen werden, daß die Anordnung weiterer Abänderungen vorbehalten bleibe.

§ 26. Auf Arbeits-Ordnungen, welche vor dem 1. Januar 1891 erstmalig erlassen sind, finden die Vorschriften der §§ 134 d und 134 e Absatz 1 der Gewerbeordnung über die Anhörung der Arbeiter keine Anwendung. Dies gilt für die vor dem 1. Januar 1891 erlassenen Arbeits-Ordnungen auch dann, wenn sie nach diesem Zeitpunkt, aber vor dem 1. April 1892 abgeändert oder vollständig revidirt und umgestaltet worden sind. Dagegen finden die §§ 134 d und 134 e Absatz 1 a. a. O. Anwendung auf alle nach dem 1. Januar 1891 erstmalig erlassenen Arbeits-Ordnungen und auf alle Nachträge, durch welche nach dem 1. April 1892 früher erlassene Arbeits-Ordnungen abgeändert werden.

Aus der Vorschrift des § 134 a Absatz 1 der Gewerbeordnung: „der Erlaß erfolgt durch Aushang" ist nicht zu folgern, daß ältere Arbeits-Ordnungen, deren Aushang nicht stattgefunden hat, nicht als erlassen gelten; sie müssen vielmehr von dem Zeitpunkte an als erlassen angesehen werden, wo sie in anderer Form z. B. durch Aushändigung allen Arbeitern zugänglich geworden sind. Dagegen müssen vom 1. April 1892 an nach § 134 c Absatz 2 a. a. O. alle Arbeits-Ordnungen an geeigneter, allen Arbeitern zugändlicher Stelle ausgehängt sein.

E. Anzeige, Uebersichten und Auszüge bei der Beschäftigung von Arbeiterinnen und jugendlichen Arbeitern.

(§ 138 der Gewerbe-Ordnung.)

§ 27. Die Beschäftigung von Arbeiterinnen und jugendlichen Arbeitern in Fabriken und diesen gleichstehenden Anlagen darf nicht stattfinden, bevor der Arbeitgeber der Ortspolizeibehörde, in München der Polizeidirektion, die im § 138 der Gewerbeordnung vorgeschriebene Anzeige gemacht hat.

Die Fabriken, welche jugendliche Arbeiter beschäftigten, unterlagen bereits bisher dieser Anzeigepflicht. Neu hinzugetreten ist diese für Fabriken, welche Arbeiterinnen über 16 Jahre beschäftigen. Sie gilt sowohl für diejenigen Fabriken, welche erst am oder nach dem 1. April 1892 mit solcher Beschäftigung beginnen, als auch für diejenigen Fabriken, welche bereits vorher Arbeiterinnen über 16 Jahre beschäftigt haben. Letzteren Fabriken ist zur Erstattung der Anzeige Frist bis zum 2. Mai 1892 zu gewähren.

Als den Fabriken gleichstehende Anlagen sind anzusehen:

1. Hüttenwerke, Zimmerplätze und andere Bauhöfe, Werfte und solche Ziegeleien, über Tage betriebene Brüche und Gruben, welche nicht blos vorübergehend oder in geringem Umfange betrieben werden (vgl. nachstehend J § 49), Bergwerke, Salinen, Aufbereitungs-Anstalten, unterirdisch betriebene Brüche oder Gruben (§ 154 Absatz 2, § 154a Absatz 1 Gew.-O.),
2. Werkstätten, in deren Betrieb eine regelmäßige Verwendung von Dampfkraft stattfindet und nach Erlaß der im Art. 9 des Reichsgesetzes vom 1. Juni 1891 vorgesehenen Kaiserlichen Verordnung alle Werkstätten, in denen durch elementare Kraft bewegte Triebwerke nicht blos vorübergehend zur Verwendung kommen. (§ 154 Absatz 3 Gew.-O. und Artikel 9 Absatz 1 des Reichsgesetzes vom 1. Juni 1891).

§ 28. Die Anzeige ist schriftlich zu erstatten und muß ersehen lassen, ob in dem Betriebe Kinder unter 14 Jahren, junge Leute zwischen 14 und 16 Jahren und Arbeiterinnen über 16 Jahren, oder welche dieser 3 Arbeiterklassen beschäftigt werden sollen. Jede eingehende Anzeige ist von der Ortspolizeibehörde (Polizeidirektion) darauf zu prüfen, ob sie alle im § 138 Absatz 2 der Gewerbeordnung vorgeschriebenen Angaben enthält, und wenn dies nicht der Fall, zur Vervollständigung zurückzugeben.

Die eingehenden Anzeigen sowie die später etwa einkommenden Veränderungs-Anzeigen sind von der Ortspolizeibehörde (Polizeidirektion) zu dem einschlägigen, für jede Fabrik besonders anzulegenden Akt zu nehmen.

§ 29. Auf Grund der eingehenden Anzeigen und Veränderungsanzeigen ist von der Ortspolizeibehörde (Polizeidirektion) für jede in deren Bezirk gelegene Fabrik, welche Arbeiterinnen über 16 Jahren und jugendliche Personen beschäftigt, nach den beigefügten Formularen B und C je eine Uebersicht zu führen, welche als Einlagebogen dem betreffenden Fabrikakt einzuverleiben und dem zuständigen Gewerbe-Aufsichtsbeamten auf jeweiliges Ersuchen zur vorübergehenden Einsichtnahme zu überlassen ist.

Formular B u. C.

§ 30. Jeder Arbeitgeber, welcher die im § 138 der Gewerbeordnung vorgeschriebene Anzeige gemacht hat, ist von der Ortspolizeibehörde (Polizeidirektion) darauf hinzuweisen, sofern er Arbeiterinnen beschäftigt, daß er in den betreffenden Arbeitsräumen den in § 138 Absatz 2 a. a. O. erwähnten, in einem Exemplar beigefügten Auszug D aus den Bestimmungen über die Beschäftigung von Arbeiterinnen über 16 Jahren, und sofern er jugendliche Arbeiter beschäftigt, daß er in den betreffenden Arbeitsräumen das im § 138 Absatz 2 a. a. O. erwähnte Verzeichniß F, wozu ein Formular hierneben beigefügt ist, und den ebendaselbst erwähnten, in einem Exemplar angeschlossenen Auszug E aus den Bestimmungen über die Beschäftigung jugendlicher Arbeiter an einer in die Augen fallenden Stelle auszuhängen hat.

Formular D

Formular F

Formular E

§ 31. Werden andere als die vorstehend unter § 27 bezeichneten Anlagen den Fabriken gleichgestellt (§ 154 Absatz 4 Gew.-O.), so finden auch diese vorstehenden Bestimmungen unter § 27—30 ohne Weiteres Anwendung.

F. Ausnahmen von den gesetzlichen Bestimmungen für einzelne Betriebe.

(§§ 138a und 139 der Gewerbe-Ordnung.)

§ 32. Für einzelne Fabrik-Betriebe können Ausnahmen von den Bestimmungen der §§ 135 Absatz 2 und 3, 136, 137 Absatz 1 bis 3 der Gewerbeordnung zugelassen werden und zwar:

1. „wegen außergewöhnlicher Häufung der Arbeit" eine Verlängerung der Arbeitszeit von Arbeiterinnen über 16 Jahren an den Wochentagen außer Sonnabend bis zu 13 Stunden (§ 138a Absatz 1 bis 4),
2. „bei den im § 105c Absatz 1 Ziff. 2 und 3 bezeichneten Arbeiten" eine Beschäftigung gewisser Arbeiterinnen über 16 Jahren an Sonnabenden und Vorabenden von Festtagen von $5^1/_2$ Uhr Nachmittags bis $8^1/_2$ Uhr Abends (§ 138a Absatz 5),
3. wegen „Unterbrechung des regelmäßigen Betriebes durch Natur-Ereignisse oder Unglücksfälle" eine Verlängerung der Arbeitszeit, Gestattung der Nachtarbeit und Wegfall der Pausen für die jugendlichen und weiblichen Arbeiter (§ 139 Absatz 1),
4. wegen der „Natur des Betriebes oder Rücksichten auf die Arbeiter" Gestattung der Arbeit zur Nachtzeit und an Vorabenden von Sonn- und Festtagen, sowie Abkürzung und Wegfall der Pausen für jugendliche und weibliche Arbeiter, aber ohne Ueberschreitung der gesetzlichen Arbeitszeit und unter Gewährung einer mindestens einstündigen Pause für jugendliche Arbeiter, wenn ihre Beschäftigung länger als 6 Stunden dauert. (§ 139 Absatz 2).

§ 33. Verlängerung der Arbeitszeit von Arbeiterinnen über 16 Jahren wegen außergewöhnlicher Häufung der Arbeit.

(§ 138a Absatz 1 bis 4).

1. Zuständig für die Zulassung der Ueberarbeit von Arbeiterinnen wegen „außergewöhnlicher

Häufung der Arbeit" ist die Distriktsverwaltungsbehörde, in München die Polizeidirektion (§ 49 der Allerh. V.O. v. 29. März 1892) nur dann, wenn die längere Beschäftignng für höchstens 2 Wochen nachgesucht wird, d. h. für 10 Arbeitstage, da diese 2 Wochen außer den etwaigen Feiertagen stets 2 Sonntage und 2 Sonnabende umfassen. Im Uebrigen ist die k. Regierung, Kammer des Innern, zuständig, also auch dann, wenn vor Ablauf der 2 Wochen eine Fortdauer der längeren Beschäftigung nachgesucht wird. Innerhalb des Kalenderjahres ist die Distriktsverwaltungsbehörde (Polizeidirektion) nur von Neuem zuständig, wenn nach Ablauf der von ihr oder der k. Regierung, Kammer des Innern, zugelassenen längeren Beschäftigung in der Fabrik oder der betreffenden Betriebs-Abtheilung die gesetzliche Beschäftigung wieder eingetreten und ein neuer Antrag wegen Wiederkehr außergewöhnlicher Häufung der Arbeit gestellt ist.

2. Der schriftliche und erschöpfende Antrag ist an die nach Ziff. 1 zur Genehmigung der Ueberarbeit zuständige Behörde zu richten. Ist die Zuständigkeit der k. Regierung, Kammer des Innern, gegeben, so ist das Gesuch zur Weiterbeförderung bei der Distriktsverwaltungsbehörde einzureichen. Diese Behörde hat mangelhafte Anträge sofort zur Vervollständigung zurückzugeben, andernfalls die Richtigkeit der thatsächlichen Angaben festzustellen und den Antrag mit dem Ergebniß dieser Feststellung und ihrer gutachtlichen Aeußerung weiter zu befördern. Die dreitägige Frist für den von der Distriktspolizeibehörde (Polizeidirektion) zu ertheilenden Bescheid beginnt mit dem Zeitpunkt des Eingangs des den gesetzlichen Anforderungen völlig entsprechenden Antrages.

Der Bescheid auf den Antrag ist schriftlich zu ertheilen. Abschrift der ertheilten Genehmigung ist alsbald der Ortspolizeibehörde zukommen zu lassen.

3. Für höchstens 40 Arbeitstage im Kalenderjahre kann die Ueberarbeit genehmigt werden, ohne daß ein Ausgleich in der übrigen Zeit des Jahres einzutreten braucht. Soll aber die Ueberarbeit auch nur für einen Tag über die 40 Arbeitstage hinaus von der k. Regierung, Kammer des Innern, genehmigt werden, so muß auch für die bereits gestatteten 40 Tage ein Ausgleich eintreten.

4. Fabrikbesitzer, welche für mehr als 40 Arbeitstage im Kalenderjahre die Genehmigung zur Ueberarbeit nachsuchen, haben einen Betriebsplan für das Kalenderjahr einzureichen, welcher für die Fabrik oder die treffende Betriebs-Abtheilung die Arbeitszeit der Arbeiterinnen über 16 Jahren an allen Betiebstagen ersehen läßt.

Sonn- und Festtage sind bei der nach § 138 a Absatz 2 der Gewerbeordnung vorzunehmenden Berechnung des Durchschnitts der Betriebstage außer Ansatz zu lassen. Maßgebend ist auch für die sogen. Kampagne-Industrien, welche nur während eines Theils des Jahres im Betriebe sind, der Durchschnitt der Betriebstage.

Die k. Regierung, Kammer des Innern, darf die Genehmigung zur Ueberarbeit für mehr als 40 Arbeitstage im Kalenderjahre nur unter der Bedingung ertheilen, daß in der Fabrik oder in der betreffenden Betriebs-Abtheilung für die nicht auf Vorabende von Sonn- und Festtage fallenden Betriebstage des Kalenderjahres die durchschnittliche Arbeitszeit elf Stunden nicht übersteigt

5. Bei jeder Genehmigung ist, abgesehen von besonderen im einzelnen Falle zu stellenden Bedingungen, stets ausdrücklich der Widerruf für den Fall vorzubehalten, daß die Grenzen und Bedingungen der Ueberarbeit nicht eingehalten werden oder daß Unzuträglichkeiten aus der Ueberarbeit entstehen sollten. Ist die Genehmigung auf Grund eines Betriebsplanes erfolgt, so ist außerdem zu fordern, daß der Betriebs-

plan mit dem Genehmigungs-Vermerk in den Fabrikräumen, in welchen Arbeiterinnen über 16 Jahre beschäftigt werden, ausgehängt werde.

Ist die Nichteinhaltung der Genehmigungsbedingungen durch den Fabrik-Besitzer oder durch eine von ihm zur Leitung des Betriebes oder zur Beaufsichtigung bestellte Person verschuldet, so ist der Regel nach die Genehmignng sofort zu widerrufen und die Bestrafung wegen Zuwiderhandlung gegen § 137 auf Grund § 146 Absatz 1 Ziffer 2 der Gewerbe-Ordnung herbeizuführen.

Die Genehmigung neuer Anträge auf Ueberarbeit ist zu versagen, wenn gerichtliche Bestrafungen wegen Zuwiderhandlung gegen § 137 oder wenn andere Thatsachen vorliegen, welche die Annahme rechtfertigen, daß in dem Betriebe des Antragstellers eine gewissenhafte Beobachtung der gesetzlichen Vorschriften nicht zu erwarten ist.

6. Voraussetzung für die Genehmigung der Ueberarbeit ist in allen Fällen eine „außergewöhnliche Häufung der Arbeit". Diese tritt regelmäßig ein bei den sog. Saison-Industrien, d. h. solchen, welche zwar während des ganzen Jahres betrieben waren, aber zu regelmäßig wiederkehrenden Zeiten im Jahre einen verstärkten Betrieb haben. Zu ihnen gehören zunächst manche auf den Winter- oder Sommer-Bedarf arbeitende Gewerbe, insbesondere verschiedene Zweige der Textil-Industrie, Fabriken für Konfektion und Putzmacherei, Stickereien, Färbereien, Druckereien, Strohhut-Fabriken 2c., sodann die für den Bedarf an gewissen Festen (Weihnachten, Fastnacht, Ostern, Kirchweih- und Schützenfeste) arbeitenden Gewerbe. Einen verstärkten Betrieb können beispielsweise haben: Zuckerwaaren-, Chocolade-, Bisquit-, Kakes-, Luxuspapier-, Kartonnage-, Masken-, Spielwaaren-, Parfümerie- und Bijouterie-Fabriken, Buchdruckereien, Buchbindereien und Fabriken für künstliche Blumen.

Dieser vermehrte Bedarf zu gewissen Jahres- und Festzeiten rechtfertigt aber die Genehmigung der Ueberarbeit nur dann, wenn durch Produktion auf Vorrath oder Lager diesem Bedarf nicht Rechnung getragen werden kann. Dies trifft ohne Weiteres zu für Waaren, welche dem Verderben ausgesetzt sind, wenn sie über eine gewisse Zeit hinaus lagern. Diese Voraussetzung kann ferner zutreffen für Waaren, welche nur auf Bestellung angefertigt werden, wenn letztere nicht frühzeitig genug zu erlangen sind, oder für Waaren, welche von der Mode abhängen, deren Feststellung noch abgewartet werden muß.

Für die Saison-Industrien ist die Ueberarbeit also zu gestatten, wenn und soweit eine verstärkte Nachfrage vorliegt, für deren Befriedigung nicht in der stillen Zeit des Jahres vorausgearbeitet werden konnte. Bei der Behandlung der eingehenden Anträge ist Fürsorge zu treffen, daß die gleichen Betriebe in demselben Absatzgebiete möglichst gleich behandelt werden. Wenn nur einzelne Betriebe die Genehmigung zur Ueberarbeit nachsuchen, während die übrigen unter gleichen Verhältnissen arbeitenden Betriebe desselben Gewerbszweiges der Ueberarbeit nicht bedürfen, so ist ersteren der Regel nach die Genehmigung nicht zu ertheilen, da sie sich ebenso wie ihre Gewerbs-Genossen ohne Ueberarbeit werden einrichten können.

Für Betriebe derjenigen Saison-Industrien, für welche der Bundesrath auf Grund des § 139 a Absatz 1 Ziffer 4 der Gewerbeordnung Ausnahmen zugelassen hat, dürfen auf Grund des § 138 a a. a. O. weitere Ausnahmen nicht zugelassen werden, wenn die außergewöhnliche Arbeitshäufung durch das zu gewissen Zeiten des Jahres *regelmäßig* eintretende vermehrte Arbeits-Bedürfniß hervorgerufen ist.

7. Nicht unter die Saison-Industrie fallen die sogen. *Kampagne-Industrien*, deren Betrieb auf be-

stimmte Jahreszeiten beschränkt ist und während des übrigen Jahres ganz ruht. Zu ihnen zählen beispielsweise die Rübenzucker-, Cichorien-, Kraut- und Fruchtkonserven-Fabriken, Fischräuchereien, Rasenbleichereien, Feldziegeleien, Thongräbereien und Torfstechereien.

In diesen Kampagne-Industrien sowohl, wie in allen übrigen nicht zu den Saison-Industrien gehörigen Fabrikationszweigen kann außergewöhnliche Arbeitshäufung zu unregelmäßig wiederkehrenden Zeiten des Jahres oder in nicht vorherzusehenden Fällen vorkommen. In solchen Fällen kann wegen außergewöhnlicher unregelmäßiger Arbeitshäufung eine Verlängerung der Arbeitszeit gemäß § 138a der Gewerbeordnung auch für diejenigen Betriebe gestattet werden, für welche der Bundesrath auf Grund des § 139a Ziffer 2 a. a. O. Ausnahmen von den Bestimmungen des § 137 zugelassen hat.

8. Für alle diese Fabrikbetriebe, welche nicht zu zu den Saison-Industrien gehören, kann die Ueberarbeit nur dann gestattet werden, wenn die außergewöhnliche Arbeitshäufung nicht vorherzusehen war oder durch wichtige wirthschaftliche Gründe gerechtfertigt wird.

Als solche Gründe sind insbesondere hervorzu heben:

a. die Gefahr eines Verderbens oder einer Verschlechterung der zu verarbeitenden Stoffe, z. B. bei Frucht- und Fleischkonserven-Fabriken, wenn die Zufuhr der zu verarbeitenden Stoffe außergewöhnlich reichlich ist; bei Stärkereien und Brennereien wegen drohender Kartoffelfäule; bei Leimfabriken, wenn in der heißen Jahreszeit der Leim nur während der Abend- und Nachtstunden fertiggestellt werden kann;

b. die Rücksicht auf die Transport-Gelegenheiten, wenn z. B. wegen plötzlich eintretenden Frostes ein frühzeitiger Schluß der Schifffahrt in Aussicht steht und eilige

Verladungen vorgenommen werden müssen oder wenn bei unerwartet früher Eröffnung der Schifffahrt die Ausrüstungs-Gegenstände für die Schiffe schleunigst beschafft werden müssen, oder wenn die Gestellung von Wagen durch die Eisenbahnen unregelmäßig erfolgt;

c. die Rücksicht auf öffentliche Interessen, wenn beispielsweise für die Militär-Verwaltung große Lieferungen von Munition und Montirungs-Gegenständen ausgeführt werden müssen, oder wenn die Eisenbahn-Verwaltung die Druckereien mit schleuniger Herstellung neuer Fahrpläne beauftragt;

d. die Unmöglichkeit der Einhaltung der Lieferungsfristen wegen nicht vorherzusehender Hindernisse;

e. die Befriedigung unaufschiebarer Bestellungen, wenn diese nicht wohl von anderen befriedigt werden können.

Dagegen ist die Uebernahme zu großer Bestellungen, deren Nichtbewältigung innerhalb der vereinbarten Lieferungsfrist von dem Fabrik-Besitzer vorhergesehen werden konnte, nicht als Grund zur Genehmigung von Ueberarbeit anzusehen. Ueberhaupt ist die Genehmigung zur Ueberarbeit der Regel nach dann zu versagen, wenn die außergewöhnliche Häufung der Arbeit von dem Fabrik-Besitzer selbst freiwillig herbeigeführt oder durch ungeschickte Dispositionen verschuldet ist, und wenn nur die eigenen Interessen des Fabrik-Besitzers, nicht auch öffentliche oder andere erhebliche Privat-Interessen in Frage kommen.

9. Die Distriktsverwaltungsbehörde, in München die Polizeidirektion, hat über die Fälle, in denen sie die Erlaubniß zur Ueberarbeit auf Grund

des § 138 a Absatz 1 bis 4 der Gewerbeordnung ertheilt hat, ein Verzeichniß zu führen, welches nach dem beigefügten Formular G anzulegen und nach Kalenderjahren und Fabrik-Betrieben zu führen ist. In dieses Verzeichniß ist auch die Zahl derjenigen Betriebstage aufzunehmen, für welche der Bundesrath, der Reichskanzler oder die k. Regierung, Kammer des Innern, Ueberarbeit gestattet hat.

Formular G.

§ 34. Beschäftigung von Arbeiterinnen über 16 Jahren an den Vorabenden der Sonn- und Festtage bis $8^1/_2$ Uhr Abends.

(§ 138a Absatz 5).

1. Die Genehmigung zur Arbeit an den Vorabenden der Sonn- und Festtage nach $5^1/_2$ Uhr Nachmittags, jedoch nicht über $8^1/_2$ Uhr Abends hinaus, ist außer an den Vorabenden des Weihnachts-, Oster- und Pfingst-Festes der Regel nach zu ertheilen, wenn es feststeht, daß nur Arbeiten der im § 105 c Absatz 1 Ziffer 2 und 3 der Gewerbeordnung bezeichneten Art in Frage kommen, welche nicht vor $5^1/_2$ Uhr Nachmittags erledigt werden können, und daß die Arbeiterinnen über 16 Jahren, welche so beschäftigt werden sollen, kein Hauswesen zu besorgen haben und keine Fortbildungsschule besuchen.

Die Genehmigung zu den Arbeiten des § 105 c Absatz 1 Ziffer 3 a. a. O. kann auch für eine größere Anzahl von genau bezeichneten Vorabenden von Sonn- und Festtagen im Voraus nachgesucht und unter Vorbehalt des Widerrufs für den Fall begangener Uebertretung oder hervortretender Unzuträglichkeiten ertheilt werden.

Die Genehmigung ist zu versagen, wenn durch gerichtliche Bestrafungen auf Grund des § 146 Abs. 1 Ziff. 2 der Gewerbe-Ordnung oder durch andere Thatsachen die Annahme gerechtfertigt wird, daß in dem Betrieb des Antragstellers eine gewissenhafte Beobachtung der gesetzlichen Vorschriften nicht zu erwarten ist.

2. Der schriftliche Bescheid der Distriktsverwaltungsbehörde, in München der Polizeidirektion, muß die einzelnen Arbeiten bezeichnen und die Arbeiterinnen namhaft machen, für welche die von der gesetzlichen Regel abweichende Beschäftigung gestattet wird.

Die Erlaubniß ist in ein Verzeichniß einzutragen, welches nach dem beigefügten Formular H anzulegen und nach Kalenderjahren und Fabrik-Betrieben zu führen ist. In dieses sind auch diejenigen Genehmigungen aufzunehmen, welche von der Distriktsverwaltungsbehörde (der Polizeidirektion) auf Grund des § 139 Absatz 1 der Gewerbeordnung zur Beschäftigung von Arbeiterinnen an den Vorabenden von Sonn- und Festtagen nach $5^1/_2$ Uhr Nachmittags ertheilt werden, sowie die Zahl derjenigen Vorabende von Sonn- und Festtagen, für welche von der k. Regierung, Kammer des Innern, dem Reichskanzler oder dem Bundesrath Ueberarbeit bewilligt worden ist. Formular H.

3. Andere als die im § 105c Absatz 1 Ziffer 2 und 3 a. a. O. bezeichneten Arbeiten können an den Vorabenden von Sonn- und Festtagen nach $5^1/_2$ Uhr Nachmittags nur auf Grund des § 139 gestattet werden. Insbesondere ist es auch unzulässig, eine solche Beschäftigung von Arbeiterinnen unter 16 Jahren auf Grund des § 138a zuzulassen.

§ 35. Ausnahmen wegen Unterbrechung des regelmäßigen Betriebes durch Natur-Ereignisse oder Unglücksfälle.

(§ 139 Absatz 1 und 3.)

1. Ausnahmen dieser Art sind nur für einzelne Fabriken und nur auf besonderen Antrag zulässig. Trifft eine solche Betriebs-Unterbrechung mit einer außergewöhnlichen Häufung der Arbeit

zusammen, so ist auf Antrag § 139 der Gewerbeordnung in Anwendung zn bringen, der weitergehende Ausnahmen als § 138a gestattet. War bereits auf Grund des § 138a die Ueberarbeit für erwachsene Arbeiterinnen über 40 Tage hinaus genehmigt und fällt die Betriebs-Unterbrechung in die Zeit des Ausgleiches mit verminderter Arbeitszeit, so kann auf Grund des § 139 eine längere Arbeitszeit, als in dem bereits genehmigten Betriebsplan vorgesehen war, gestattet werden.

2. Der Antrag ist schriftlich zu stellen und an die zuständige Distriktsverwaltungsbehörde, in München an die Polizeidirektion, zu richten. Er muß den Grund, aus welchem die Erlaubniß beantragt wird, die Zahl der in Betracht kommenden Arbeiterinnen und jugendlichen Arbeiter sowie den Zeitraum angeben, für welchen die Ausnahme stattfinden soll.

3. Die Distriktsverwaltungsbehörde (Polizeidirektion) hat von der Befugniß, Ausnahmen auf die Dauer von höchstens 14 Tagen zu gestatten, nur in dringenden Fällen Gebrauch zu machen. Solche Fälle sind in der Regel nur dann anzunehmen, wenn es sich darum handelt, mit Hülfe der außerordentlichen Verwendung von Arbeiterinnen und jugendlichen Arbeitern eine durch Natur-Ereignisse oder Unglücksfälle herbeigeführte wesentliche Unterbrechung des regelmäßigen Betriebes schleunigst wieder zu beseitigen oder einen zur Verhütung von Unglücksfällen erforderlichen außerordentlichen Betrieb zu ermöglichen. Werden in Fällen dieser Art Ausnahmen für länger als 14 Tage beantragt, so hat die Distriktsverwaltungsbehörde (Polizeidirektion) zwar schleunigst an die k. Regierung, Kammer des Innern, zu berichten, kann aber die ihr erforderlich erscheinenden Ausnahmen vorläufig bis zur Dauer von 14 Tagen gestatten.

4. Werden die Ausnahmen nur beantragt, um den durch die Unterbrechung verursachten Verlust an

Betriebszeit wieder einzubringen, so hat die Distriktsverwaltungs-Behörde (Polizeidirektion) stets die Entscheidung der k. Regierung, Kammer des Innern, einzuholen. Sie hat zu dem Ende die Thatsachen, auf welche sich der Antrag stützt, insbesondere auch den Verlust an Betriebszeit, welcher dem Unternehmer durch die Unterbrechung erwachsen ist, festzustellen, und die darüber aufgenommenen Verhandlungen mit ihrem gutachtlichen Berichte der vorgesetzten Behörde vorzulegen.

Letztere hat, soweit die Ausnahmen für einen 4 Wochen nicht übersteigenden Zeitraum beantragt werden, über den Antrag die Entscheidung zu treffen.

5. Bei Bemessung der zu gestattenden Ausnahmen ist dahin zu sehen, daß diese nicht über das Maaß hinausgehen, welches durch die Dringlichkeit des Bedürfnisses geboten und mit Rücksicht auf die Gesundheit der Arbeiterinnen und der jugendlichen Arbeiter zulässig erscheint, und daß sie nicht für längere Zeit gestattet werden, als zur Beseitigung der Betriebsstörung oder zur Abwendung eines Unglücksfalles oder zur Einbringung der verlorenen Betriebszeit erforderlich ist.

6. Soweit es sich nicht um Ausnahmen in besonders dringenden Nothfällen oder für wenige Tage handelt, sind bei Gestattung der Ausnahmen folgende Grenzen einzuhalten:

   a) Innerhalb 24 Stunden darf die Arbeitszeit der Kinder 9 Stunden, die der jungen Leute 11 Stunden und die der erwachsenen Arbeiterinnen 13 Stunden ausschließlich der Pausen nicht übersteigen.

   b) Zwischen 2 Arbeitsschichten muß eine Ruhezeit liegen, welche für Kinder mindestens 12 Stunden, für Arbeiterinnen und jugendliche Arbeiter mindestens 10 Stunden beträgt.

c) Die Tagschichten und Nachtschichten müssen wöchentlich wechseln. Jede Schicht muß durch eine oder mehrere Pausen in der Gesammtdauer von mindestens einer Stunde unterbrochen sein.

d) An Sonn- und Festtagen darf die Beschäftigung nicht in die Zeit von 6 Uhr Morgens bis 6 Uhr Abends fallen.

7. Die Verfügungen, wodurch Anträge auf Gestattung von Ausnahmen genehmigt werden, sind schriftlich zu erlassen und müssen die gestatteten Ausnahmen, sowie deren Dauer genau angeben. Die Abschrift der ergangenen Verfügungen ist sofort nach dem Erlaß derselben der Ortspolizeibehörde und dem zuständigen Gewerbe-Aufsichtsbeamten einzusenden.

8. Anträge, welche auf Gestattung von Ausnahmen für einen 4 Wochen überschreitenden Zeitraum gerichtet sind, hat die k. Regierung, Kammer des Innern, nach vollständiger Instruktion mit gutachtlichem Bericht zeitig zur weiteren Veranlassung dem k. Staatsministerium des Innern, Abtheilung für Landwirthschaft, Gewerbe und Handel, vorzulegen. In denjenigen Fällen, in welchen sie die Anträge für begründet erachtet, kann sie die erforderlichen Ausnahmen bis zur Dauer von 4 Wochen vorläufig selbst gestatten. Ob dies geschehen, ist in dem zu erstattenden Berichte anzugeben.

9. Die Verhandlungen über die auf Grnnd des § 139 Absatz 1 eingebrachten Anträge sind in allen Instanzen thunlichst zu beschleunigen.

§ 36. Ausnahmen wegen der Natur des Betriebes oder aus Rücksicht auf die Arbeiter.

(§ 139 Absatz 2 und 3.)

1. Die im Gesetze vorgesehene anderweitige Regelung auf Grund des § 139 Absatz 2 der Gewerbeordnung kann nur für einzelne Anlagen und nur auf Antrag gestattet werden. Die

Gestattung solcher Ausnahmen für gewisse Fabrikationszweige des ganzen Reichs oder bestimmter Bezirke ist nach § 139a Abs. 1 Ziffer 3 a. a. O. dem Bundesrathe vorbehalten.

2. Anträge auf Zulassung von Abweichungen sind unter Angabe der Abänderungen, welche gewünscht werden, der Gründe, welche den Antrag veranlassen, und der Zahl der Kinder, jungen Leute und Arbeiterinnen über 16 Jahre, für welche die Abänderungen beantragt werden, an die k. Regierung, Kammer des Innern, zu richten und bei der Distriktsverwaltungsbehörde einzureichen.

3. Die Distriktsverwaltungsbehörde hat nach entsprechender Instruktion des Gesuches die Anträge der k. Regierung, Kammer des Innern, vorzulegen und sich dabei über die in der Begründung angeführten Thatsachen und über die Rathsamkeit der beantragten Abweichungen zu äußern. Soweit die beantragte anderweite Regelung eine Aenderung der Arbeits=Ordnung bedingt, sind die nach § 134d der Gewerbe=Ordnung ergangenen Aeußerungen der großjährigen Arbeiter oder des ständigen Arbeiter-Ausschusses beizufügen.

4. Die k. Regierung, Kammer des Innern, hat nach Einholung einer gutachtlichen Aeußerung des Gewerbe=Aufsichtsbeamten die Anträge einer sorgfältigen Prüfung zu unterziehen, welche namentlich darauf zu erstrecken ist, ob

   a. die gesetzlichen Voraussetzungen der Zulassung von Abweichungen zutreffen,

   b. die beantragte Regelung der Beschäftigung mit den Anforderungen, welche im Interesse der körperlichen und geistigen Entwicklung der jugendlichen Arbeiter sowie der Gesundheit und des Familienlebens der Arbeiterinnen zu stellen sind, verträglich erscheinen.

Dabei ist namentlich zu berücksichtigen, ob die Einrichtung der Arbeitsräume den in sanitärer Beziehung zu stellenden Anforderungen entspricht und ob die Leitung des Betriebes eine wohlwollende Fürsorge für die Arbeiterinnen und die jugendlichen Arbeiter erwarten läßt.

5. In denjenigen Fällen, in welchen es sich um Abweichungen von den Bestimmungen über die Pausen handelt, ist die anderweite Regelung, sofern sie zulässig erscheint, von der k. Regierung, Kammer des Innern, mittelst schriftlicher Verfügung „bis auf Weiteres" zu gestatten. Die letztere muß enthalten:
   a. die genaue Bezeichnung der Anlage oder derjenigen ihrer Theile, für welche die Abänderungen gestattet worden,
   b. die gestattete Regelung der Beschäftigung,
   c. die etwaigen besonderen Bedingungen, von denen die Gestattung der anderweiten Regelung abhängig gemacht wird,
   d. die Vorschrift, daß Beginn und Ende der Arbeitszeit, wie sie durch die Verfügung geregelt sind, soweit es sich um jugendliche Arbeiter handelt, in dem auszuhängenden Verzeichnisse, soweit es sich um Arbeiterinnen über 16 Jahre handelt, auf der in den Fabrikräumen aushängenden Tafel (§ 138 Absatz 2 Gew.-O.) angegeben werden müssen.
   e. die Bemerkung, daß die Verfügung zurückgenommen werden würde, falls die Bedingungen nicht eingehalten werden oder Unzuträglichkeiten daraus entstehen sollten.

   Von der erlassenen Verfügung ist dem zuständigen Gewerbe-Aufsichtsbeamten und der Ortspolizeibehörde, in München der Polizeidirektion eine Abschrift zu ertheilen.

6. Nach der gesetzlichen Vorschrift soll eine anderweite Regelung nur gestattet werden, wenn die Natur des Betriebes oder Rücksichten auf die Arbeiter es wünschenswerth machen.

   Daß Rücksichten auf die Arbeiter die anderweite Regelung wünschenswerth machen, ist nur anzunehmen, wenn es sich darum handelt, den Arbeitern, sei es durch Abkürzung der Arbeitszeit, sei es durch Verlängerung der Mittagspause, sei es in anderer Weise eine Erleichterung oder Annehmlichkeit zu gewähren, welche bei Einhaltung der für die Arbeiterinnen und insbesondere der für die jugendlichen Arbeiter gesetzlich vorgeschriebenen Pausen in dem vorliegenden Falle nicht durchführbar sein würde. Hier kommen auch die Fälle in Betracht, in denen Arbeitern, welche von der Fabrik soweit entfernt wohnen, daß sie nicht zum Mittagessen nach Hause gehen können, durch Abkürzung der Pausen und der täglichen Arbeitszeit die Möglichkeit verschafft werden soll, einen größeren Theil des Tages zu Hause zuzubringen, als es bei regelmäßiger Eintheilung der Arbeitszeit möglich sein würde.

Von diesen Gesichtspunkten aus erscheint es beispielsweise, wenn die Arbeit leicht ist und die Art des Betriebes kürzere Ruhepausen mit sich bringt, unbedenklich, bei einer Beschäftigung von jugendlichen Arbeitern bis höchstens $5^1/_2$ Stunden von der halbstündigen Pause ganz abzusehen oder die Vor- und Nachmittags-Pausen der länger als 6 Stunden beschäftigten jungen Leute ganz fallen zu lassen, wenn ihre tägliche Arbeitszeit auf 9 Stunden beschränkt wird, oder diese Pausen auf je eine Viertelstunde zu verkürzen, wenn die Mittagsstunde um eine halbe Stunde verlängert oder die tägliche Arbeitszeit entsprechend verkürzt wird. Die Nachmittagspause für jugendliche Arbeiterinnen an den Vorabenden von Sonn- und Festtagen kann erlassen werden, wenn der Schluß der Arbeitszeit bereits um 5 oder oder $5^1/_4$ Uhr Nachmittags eintritt.

Auch die einstündige Mittagspause der Arbeiterinnen über 16 Jahren kann bei einer Herabsetzung der täglichen Arbeitszeit auf 9 Stunden um die Hälfte gekürzt werden, wenn nach den örtlichen Verhältnissen eine halbe Stunde zur Einnahme einer Mahlzeit ausreicht. Bei einer täglichen Arbeitszeit von weniger als 6 Stunden kann unter günstigen Umständen auch der gänzliche Wegfall der Mittagspause genehmigt werden. Voraussetzung ist auch hier, daß die Arbeit nicht anstrengend ist und kürzere Ruhezeiten nach der Art des Betriebes von selbst eintreten.

7. Als Fälle, in denen die Natur des Betriebes eine anderweite Regelung der Pausen wünschenswerth macht, können vorbehaltlich einzelner im Voraus nicht zu übersehender Ausnahmen für jugendliche Arbeiter nur solche gelten, in denen ein rationeller Betrieb es nicht gestattet, den erwachsenen Arbeitern neben den durch den Betrieb selbst gebotenen Unterbrechungen noch die für die jugendlichen Arbeiter gesetzlich vorgeschriebenen regelmäßigen Vor- und Nachmittags-Pausen zu gewähren, und in denen zugleich eine Beschäftigung junger Leute — namentlich auch mit Rücksicht auf die Heranbildung tüchtiger Arbeiter — unentbehrlich und nur dann möglich ist, wenn die jugendlichen gemeinsam mit den erwachsenen Arbeitern beschäftigt werden. In der Regel werden diese Voraussetzungen nur bei solchen Betrieben zutreffen, in denen bei der eigentlichen Fabrikation nur oder vorzugsweise gelernte Arbeiter, die jugendlichen Arbeiter aber als Lehrlinge beschäftigt werden. In Fällen dieser Art ist die beantragte anderweite Regelung auf die als Lehrlinge beschäftigten jugendlichen Arbeiter zu beschränken und vorsorglich behufs zuverlässiger Beachtung dieser Beschränkung an die Bedingung zu knüpfen, daß die Lehrverträge schriftlich abgeschlossen und das Datum derselben unter der Rubrik „Beschäftigung" in die Arbeitsbücher eingetragen werden.

Wegen der Natur des Betriebes ist von der einstündigen Mittagspause der Arbeiterinnen über 16 Jahren in der Regel nur dann abzusehen, wenn eine einstündige Unterbrechung des Betriebes an sich oder wegen des Zusammenhangs der Beschäftigung der weiblichen Arbeiterinnen mit der der männlichen Arbeiter nicht thunlich ist, wenn die Arbeiten an sich leicht, für Arbeiterinnen geeignet und nicht mit Gefahr für die Gesundheit verbunden sind, und wenn die Art des Betriebes kürzere Ruhezeiten mit sich bringt. Unter diesen Voraussetzungen kann die Mittagspause auf eine halbe Stunde ermäßigt werden, wenn außerdem zwei Pausen von je einer Viertelstunde gewährt werden.

8. In denjenigen Fällen, in welchen die beantragten Abweichungen nicht auf die Arbeitspausen beschränkt sind, hat die k. Regierung, Kammer des Innern, die Anträge nach den unter 4, 6 und 7 hervorgehobenen Gesichtspunkten vollständig zu instruiren und demnächst sammt dem Gutachten des zuständigen Gewerbe=Aufsichtsbeamten mit gutachtlicher Berichterstattung dem k. Staatsministerium des Innern, Abtheilung für Landwirthschaft, Gewerbe und Handel, vorzulegen.

§ 37. Eine Uebersicht der im abgelaufenen Kalenderjahre auf Grund der §§ 138a und 139 zugelassenen Ausnahmen und anderweiten Regelungen hat der zuständige Gewerbe=Aufsichtsbeamte seinem Jahresberichte beizufügen.

G. Aufsicht über die Ausführung der Bestimmungen über die Arbeitsbücher und die Beschäftigung der Arbeiterinnen und der jugendlichen Arbeiter.

(§ 139 b der Gewerbe-Ordnung.)

§ 38. Die Aufsicht über die Ausführung der die Arbeitsbücher und die Beschäftigung der Arbeiterinnen und jugendlichen Arbeiter betreffenden Bestimmungen der §§ 107 bis 114 und 135 bis 139b der Gewerbe=Ordnung wird von den Ortspolizeibehörden, in München von der Polizeidirektion, und den besonderen auf Grund des § 139b der Gewerbe=Ordnung angestellten Aufsichtsbeamten wahrgenommen. Die Aufsichtsthätigkeit dieser Gewerbe=Aufsichtsbeamten wird durch eine besondere Dienstanweisung geregelt

§ 39. Die Befolgung der die Arbeitsbücher betreffenden Bestimmungen ist von den Ortspolizeibehörden, in München von der Polizeidirektion, bei jeder sich darbietenden Gelegenheit und durch besondere bei den Gewerbe-Unternehmern ihres Bezirks von Zeit zu Zeit vorzunehmende Revisionen sorgfältig zu überwachen.

In jeder gewerblichen Anlage, welche den Bestimmungen der §§ 135 bis 139 b der Gewerbe-Ordnung unterliegt und in der Arbeiterinnen oder jugendliche Arbeiter beschäftigt werden, ist vom Jahre 1893 ab halbjährlich mindestens eine ordentliche Revision von der Ortspolizeibehörde, in München von der Polizeidirektion, vorzunehmen. Außerordentliche Revisionen hat diese nach Bedürfniß und insbesondere dann vorzunehmen, wenn der Verdacht einer gesetzwidrigen Beschäftigung von Arbeiterinnen und jugendlichen Arbeitern vorliegt. Bei jeder ordentlichen Revision hat der revidirende Beamte folgende Punkte festzustellen:

1. Wie groß ist die Zahl der in der revidirten Anlage zur Zeit beschäftigten Arbeiter
   a. unter 14 Jahren,
   b. zwischen 14 und 16 Jahren,
   c. zwischen 16 und 21 Jahren?

   In allen Rubriken a, b und c sind diese Zahlen getrennt nach Geschlechtern festzustellen. Außerdem ist, soweit dies thunlich, die Zahl der Arbeiterinnen über 21 Jahren zu ermitteln.
2. Sind sämmtliche minderjährigen Arbeiter (mit Ausnahme der unter § 3 Abs. 3 gegenwärtiger Anweisung bezeichneten) mit vorschriftsmäßig ausgefüllten Arbeitsbüchern versehen?
3. Ist in den Arbeitsräumen, in denen Arbeiterinnen über 16 Jahren beschäftigt werden, der Auszug aus den gesetzlichen Bestimmungen ausgehängt?
4. Stimmen die regelmäßige tägliche Arbeitszeit, die Arbeitszeit an den Vorabenden der Sonn- und Festtage und die Mittagspause der Arbeiterinnen über 16 Jahren mit den gesetzlichen Vor-

schriften (§ 137 Absatz 1—4 Gew.-O.) und mit der der Ortspolizeibehörde erstatteten Anzeige überein?

5. Wird denjenigen Arbeiterinnen über 16 Jahren, welche ein Hauswesen zu besorgen haben, auf ihren Antrag eine 1½stündige Mittagspause gewährt?

6. Werden nicht Arbeiterinnen entgegen der Vorschrift des § 137 Absatz 5 der Gewerbe-Ordnung während der ersten 4 Wochen nach ihrer Niederkunft beschäftigt oder ist, sofern eine Beschäftigung während der folgenden 2 Wochen stattfindet, das Zeugniß eines approbirten Arztes, welches diese Beschäftigung für zulässig erklärt, beigebracht worden?

7. Sind in den Arbeitsräumen, in denen jugendliche Arbeiter beschäftigt werden, der Auszug aus den gesetzlichen Bestimmungen und das Verzeichniß der jugendlichen Arbeiter ausgehängt?

8. Stimmen die Angaben dieses Verzeichnisses über Arbeitszeit und Pausen mit der der Ortspolizeibehörde gemachten Anzeige überein?

9. Stimmen die in die Verzeichnisse eingetragenen jugendlichen Arbeiter mit dem Befunde und mit den vom Arbeitgeber verwahrten Arbeitsbüchern überein?

10. Stimmen Arbeitszeit und Pausen der jugendlichen Arbeiter mit den gesetzlichen Vorschriften und den auf den Verzeichnissen eingetragenen Angaben überein?

§ 40. Bezüglich derjenigen jugendlichen Arbeiter, welche nach Maßgabe der Bestimmungen unter § 3 Absatz 3 gegenwärtiger Anweisung zur Führung einer Arbeitskarte spätestens bis 1. April 1894 verpflichtet sind, ist von der Ortspolizeibehörde, in München von der Polizeidirektion, festzustellen, ob die Arbeitskarten für diese entsprechend den Bestimmungen des bisherigen § 137 der Gewerbeordnung über die Arbeitskarten und den dazu ergangenen Ausführungs-Vorschriften ausgestellt sind. Die Ortspolizeibehörde (Polizeidirektion) hat bis dahin auch das Jahresverzeichniß der ausgestellten Arbeitskarten nach dem der Ministerial-Entschließung vom 13. Dezember 1878 (Min. A. Bl. S. 426) als Anlage III beigegebenen Formulare fortzuführen.

§ 41. Für diejenigen Anlagen, hinsichtlich deren Ausnahmen nach Maßgabe der §§ 138 a, 139, 139 a Absatz 1 Ziffer 2, 3 und 4 und 154 Absatz 3 der Gewerbeordnung nachgelassen oder Beschränkungen nach Maßgabe des § 139 a Absatz 1 Ziffer 1 a. a. O. vorgeschrieben sind, ist bei der Revision festzustellen, ob die Beschäftigung der Arbeiterinnen und jugendlichen Arbeiter in Uebereinstimmung mit den erlassenen besonderen Bestimmungen stattfindet.

Anlagen, welche auch in der Zeit zwischen $8^1/_2$ Uhr Abends und $5^1/_2$ Uhr Morgens oder an Sonn- und Festtagen betrieben werden, sind von Zeit zu Zeit einer bei Nacht oder Sonntags auszuführenden Revision zu unterziehen. Anlagen, welche Arbeiterinnen über 16 Jahren beschäftigen, sind insbesondere auch an den Vorabenden der Sonn- und Festtage nach $5^1/_2$ Uhr Nachmittags und an den übrigen Wochentagen nach Schluß der angezeigten Arbeitszeit zu revidiren.

§ 42. Nach jeder Revision einer den Bestimmungen der §§ 135 bis 139 b der Gewerbeordnung unterworfenen Anlage hat die Ortspolizeibehörde, in München die Polizeidirektion, das Datum derselben in die nach § 29 gegenwärtiger Anweisung zu führenden Uebersichten der Fabriken ꝛc. einzutragen. Werden jugendliche Arbeiter beschäftigt, so ist außerdem auf den in den Arbeitsräumen aushängenden Verzeichnissen ein Revisions-Vermerk zu machen. Nach Vornahme jeder ordentlichen Revision ist ferner dabei die festgestellte Anzahl der Kinder, der jungen Leute, der Arbeiterinnen zwischen 16 und 21 Jahren und der Arbeiterinnen über 21 Jahren gleichfalls in die nach § 29 zu führenden Uebersichten der Fabriken u. s. w. einzutragen.

§ 43. Die gegen Besitzer von Fabriken u. s. w. oder gegen ihre Betriebsleiter und Aufsichts-Beamten wegen

Zuwiderhandlungen gegen die die Beschäftigung von Arbeiterinnen und jugendlichen Arbeitern betreffenden Bestimmungen rechtskräftig verhängten Strafen sind in die Uebersichten der Fabriken u. s. w. einzutragen.

§ 44. Alljährlich im Monat Dezember haben die Ortspolizeibehörden, in München die Polizeidirektion, für jede in ihrem Bezirk vorhandene Fabrik und jede derselben gleichstehende Anlage, in welcher Arbeiterinnen oder jugendliche Arbeiter beschäftigt werden, eine besondere Anzeige nach dem beigefügten Formulare J der k. Regierung, Kammer des Innern, auf dem Dienstwege zu erstatten. Formular J.

Die Bezirksämter haben nachdrücklich darauf zu halten, daß die ihnen unterstellten Ortspolizeibehörden diese Anzeigen rechtzeitig einreichen. Sämmtliche Anzeigen sind von der k. Regierung, Kammer des Innern, alsbald dem Gewerbe-Aufsichtsbeamten zu überweisen.

§ 45. Im Laufe des Jahres 1892 ist von der Ortspolizeibehörde, in München von der Polizeidirektion, eine allgemeine Revision sämmtlicher gewerblicher Anlagen vorzunehmen. Bei dieser ist hauptsächlich festzustellen, ob die zur Zeit beschäftigten minderjährigen Arbeiter mit vorschriftsmäßig ausgestellten und ausgefüllten, den neuen Vorschriften entsprechenden Arbeitsbüchern versehen sind, ob in den Fabriken und den ihnen gleichgestellten Anlagen die Vorschriften über die Beschäftigung von Arbeiterinnen und jugendlichen Arbeitern befolgt werden und ob die aushängenden Verzeichnisse der jugendlichen Arbeiter und die Auszüge aus den Bestimmungen, betreffend die Beschäftigung von Arbeiterinnen über 16 Jahren und von jugendlichen Arbeitern, den in dieser Anweisung vorgeschriebenen Formularen entsprechen.

Bei dieser ersten ordentlichen Revision sind die Arbeitgeber auf die vorgefundenen Mängel aufmerksam zu machen und zu ihrer ungesäumten Abstellung unter Hinweis auf die betreffenden Strafbestimmungen (§ 146 Ziffer 2 und 3, § 149 Ziffer 7 und § 150 Ziffer 1, 2 und 3 Gew.-O.) aufzufordern.

Bei Vornahme der nächsten Revision im Jahre 1893 ist festzustellen, ob die Arbeitgeber den ihnen auf Grund der ersten Revision zugegangenen Aufforderungen entsprochen haben.

H. Statutarische Bestimmungen.

(§ 142 der Gewerbe-Ordnung.)

§ 46. Von jeder auf Grund der §§ 105 b Absatz 2, 119 a Absatz 2, und 120 der Gewerbeordnung erlassenen statutarischen Bestimmung hat die Gemeindebehörde durch Vermittelung der Distriktsverwaltungsbehörde, bezw. soferne es sich um die statutarische Bestimmung einer Distriktsgemeinde handelt, die Distriktsverwaltungsbehörde alsbald nach dem Erlasse der statutarischen Bestimmung ein Exemplar der k. Regierung, Kammer des Innern, einzusenden, welch' letztere dasselbe dem k. Staatsministerium des Innern, Abtheilung für Landwirthschaft, Gewerbe und Handel, in Vorlage bringen wird.

§ 47. Die Auswahl betheiligter Gewerbtreibender und Arbeiter, welche nach § 142 der Gewerbeordnung vorher anzuhören sind, ist, sofern nicht geeignetere Persönlichkeiten zur Verfügung stehen, aus den Beisitzern der Gewerbegerichte, der Schiedsgerichte der Berufsgenossenschaften, der Arbeiter-Ausschüsse oder aus den Vorstands-Mitgliedern der Orts-, Betriebs-, Bau- und Innungs-Krankenkassen, sowie der Knappschaftskassen zu bewirken.

J. Ausdehnung der Fabrik-Gesetzgebung auf andere Betriebe.

(§ 154 der Gewerbe-Ordnung.)

§ 48. Während nach dem bisherigen Absatz 2 des § 154 der Gewerbeordnung die Bestimmungen der §§ 134 bis 139 b a. a. O. nur auf Werkstätten, in deren Betrieb eine regelmäßige Benutzung von Dampfkraft stattfindet, auf Hüttenwerke, Bauhöfe und Werfte entsprechende Anwendung fanden, gelten sie nach der jetzigen Fassung des § 154 Absatz 2 vom 1. April 1892 ab auch für Zimmerplätze und für solche Ziegeleien, über Tage betriebene Brüche und Gruben, welche nicht blos vorübergehend oder in geringem Umfang betrieben werden. Darüber, ob eine solche Anlage vorübergehend oder in geringerem Umfang betrieben wird, entscheidet die k. Regierung, Kammer des Innern, endgültig.

§ 49. Bei dieser Entscheidung sind bis auf Weiteres folgende Grundsätze zu beachten:

1. Ziegeleien, welche auf dauernder Betriebsstätte mit ständigen Anlagen und Maschinen betrieben werden, sind, wie schon bisher geschehen, ohne Rücksicht auf ihren Umfang als Fabriken im Sinne der §§ 134 bis 139 b anzusehen.
2. Ziegeleien, welche auf dauernder Betriebsstätte mit ständigen Anlagen, aber ohne Maschinen betrieben werden, gelten nur dann als Fabriken, wenn ihr Betrieb ein regelmäßiger und gewerbsmäßiger, d. h. auf den Verkauf der Steine berechneter, ist oder wenn sie eine Jahres=Produktion von 200,000 Stück Ziegelsteinen erreichen.
3. Feldziegeleien, d. h. solche, welche ohne ständige Anlagen nur zur Auszigelung des im Felde vorhandenen Lehmes oder Thones betrieben werden, sind den Fabriken gleichzustellen, wenn sie eine Jahres=Produktion von 200,000 Stück Ziegelsteinen erreichen. Werden mehrere Feldbrände von einem Unternehmer, wenn auch auf verschiedenen Grundstücken in derselben Gemarkung betrieben, so sind sie als ein Betrieb anzusehen und den §§ 134 bis 139 b unterworfen, wenn ihre gesammte Jahres=Produktion 200,000 Stück Ziegelsteine erreicht.
4. Verweigert der Unternehmer einer der unter 2 und 3 bezeichneten Ziegeleien den von ihm erforderten Nachweis über den voraussichtlichen Umfang seiner Jahres=Produktion, und ist dieser Nachweis auch sonst nicht zu beschaffen, so ist der Betrieb als ein solcher von geringem Umfange nur dann anzunehmen, wenn die Zahl der in demselben beschäftigten Personen einschließlich der mitbeschäftigten Frauen und Kinder weniger als 10 beträgt.

5. Brüche, Torfstiche und Gruben, welche von einem Unternehmer gewerbsmäßig, wenn auch auf wechselnden Grundstücken, oder welche für größere Bauten (z. B. von Eisenbahnen, Landstraßen oder Kanälen) in größerem Umfang, wenn auch nur für die Dauer des Baues, betrieben werden, sind als unter die Bestimmungen der §§ 134 bis 139 b fallend anzusehen. Solche Brüche, Torfstiche und Gruben dagegen, welche nur unregelmäßig, insbesondere für den eigenen land- und forstwirthschaftlichen Bedarf des Unternehmens, betrieben werden, unterliegen diesen Bestimmungen nicht.

§ 50. Der Zeitpunkt, mit welchem die Bestimmungen der §§ 135 bis 139 b der Gewerbeordnung auf alle Werkstätten, in welchen durch elementare Kraft bewegte Triebwerke nicht blos vorübergehend zur Verwendung kommen, ausgedehnt werden, wird durch Kaiserliche Verordnung bestimmt werden. Werkstätten, in deren Betriebe eine regelmäßige Benutzung von Dampfkraft stattfindet, unterliegen bis zu diesem Zeitpunkt nach Artikel 9 Absatz 1 des Reichsgesetzes vom 1. Juni 1891 den Bestimmungen der §§ 134 bis 139 b in ihrer bisherigen Fassung.

§ 51. Gegenwärtige Anweisung findet innerhalb der durch § 154 a der Gewerbeordnung gezogenen Grenzen auch auf die Besitzer und Arbeiter von Bergwerken, Aufbereitungsanstalten und unterirdisch betriebenen Brüchen oder Gruben mit der Maßgabe Anwendung, daß die hienach den Orts- und Distriktsverwaltungsbehörden zukommenden Obliegenheiten und Verrichtungen (§§ 27—30, 33—36, 38—45) von den k. Bezirksbergämtern und die den k. Regierungen, Kammern des Innern, zugewiesenen Geschäfte (§§ 33, 35—37) von dem k. Oberbergamte wahrzunehmen sind.

Auf Salinen, sowie auf solche Aufbereitungsanstalten, welche nicht Zugehör eines Bergwerkes sind und nicht die eigenen Produkte des letzteren verarbeiten, finden die Bestimmungen der Gewerbeordnung sowie gegenwärtige Vollzugsanweisung ohne vorstehende Einschränkungen Anwendung.

Des Weiteren wird darauf verwiesen, daß die nach § 1 der Allerhöchsten Verordnung vom 31. März 1892 (G. u. V. Bl. S. 83) den Gewerbe-Aufsichtsbeamten übertragene Aufsicht und Kontrole über die Ausführung der Bestimmungen der Gewerbeordnung, gemäß § 2 a. a. O., insoweit es sich um Anlagen handelt, welche nach dem Berggesetze vom 20. März 1869 der Aufsicht der k. Bergbehörden unterstellt sind, den letzteren zukommt und daß dieselben in Folge dessen insbesondere auch die Einhaltung der Bestimmungen der Gewerbeordnung über die Beschäftigung von Arbeiterinnen und jugendlichen Personen zu überwachen haben.

Vorbehalten bleibt der Erlaß von Bestimmungen über die Ausführung der §§ 41a, 55a, 105a bis 105i und des § 155 Abs. 2 und 3 der Gewerbeordnung in der Fassung des Reichsgesetzes vom 1. Juni 1891, sowie der Erlaß einer Dienstanweisung für die auf Grund des § 139 b daselbst angestellten Gewerbe-Aufsichtsbeamten.

§ 52. Die zum Vollzuge des Gesetzes über die Abänderung der Gewerbeordnung ergangenen Ministerialentschließungen vom 13. Dezember 1878, die Arbeitsbücher und Arbeitskarten betr. (Min. A. Bl. S. 426), ferner vom 26. Dezember 1878, die Beschäftigung jugendlicher Arbeiter betr. (Min. A. Bl. S. 547), dann vom 22. Dezember 1882, die Anwendung der Gewerbeordnung auf den Bergbau betr. (Min. A. Bl. S. 395), treten vorbehaltlich der in § 3 Abs. 3 und § 40 gegenwärtiger Anweisungen getroffenen Anordnungen am 1. April 1892 außer Kraft.

Formulare

zu

vorstehender Anweisung.

Arbeitsbuch

(nach § 11 der Anw.)

für

..............Johann Adam Rosenberger..............

geboren am

....................30. Oktober 1876....................

zu

Rimpar, k. Bezirksamts Würzburg.

Name des Vaters oder Vormundes*)

Peter Joseph Rosenberger

wohnhaft zu

Retzbach, k. Bezirksamts Karlstadt.

*) Das Unzutreffende ist zu durchstreichen.

Unterschrift des Inhabers.

..............Joh. Adam Rosenberger...............

Eingetragen

in das Verzeichniß des Jahres 1892 unter Nr. 376

Retzbach, den 15. April 1892.

..............Der Bürgermeister..............

..............................(Unterschrift)..............................

Trocken-Siegel der Gemeinde-behörde.

Bemerkung: Von der ausstellenden Behörde ist hierunter ein Vermerk zu machen, wenn das Arbeitsbuch an Stelle eines nicht mehr brauchbaren, verloren gegangenen oder vernichteten Arbeitsbuches ausgestellt wird (Gewerbe-Ordnung § 109).

An Stelle des früheren, nicht mehr brauchbaren (verlorengegangenen, vernichteten) Arbeitsbuches ausgestellt.

Bestimmungen der Gewerbeordnung

über

Arbeitsbücher und Arbeitszeugnisse.

(Gesetz, betreffend Abänderung der Gewerbe-Ordnung, vom 1. Juni 1891, Reichs-Gesetzblatt Seite 261.)

Hier (Seite 3, 4 und 5 des Arbeitsbuches) sind die §§ 107, 108, 109, 110, 111, 112, 113, 114, 146 Z. 3, 150 der Gewerbe-Ordnung abgedruckt.

Eintragungen

bei dem **Eintritt** in das Arbeitsverhältniß.

Die Eintragungen sind mit Tinte zu bewirken.

1. Eintritt am *23. April 1892*

Beschäftigung*) *als Arbeiter in der Giesserei*

Des Arbeitgebers
- Unterschrift *Franz Wohlgemuth*
- Gewerbe *Maschinenfabrikant*
- Wohnort *Langendorf*

2. Eintritt am *2. Januar 1893*

Beschäftigung*) *als Lehrling*

Des Arbeitgebers
- Unterschrift *O. Ehrlich*
- Gewerbe *Schmiedmeister*
- Wohnort *Bamberg*

*) Angugeben, ob der Inhaber zur Zeit Geselle, Gehülfe, Lehrling,
Art seiner Beschäftigung, falls diese aus

†) Im Falle des § 131 Abs. 1 der Gewerbe-Ordnung hinzuzufügen:

(Seite 8—23 sind wie Seite 6 u. 7 bedruckt, enthalten jedoch in

der Arbeitgeber

bei dem **Austritt** aus dem Arbeitsverhältniß.

†) Austritt am *20. September 1892* Letzte Beschäftigung*) *als Arbeiter in der Schlosser-Werkstätte* Des Arbeitgebers: Unterschrift *Franz Wohlgemuth* Gewerbe *Maschinenfabrikant* Wohnort *Langendorf* Beglaubigt, *Langendorf, den 3. Oktober 1892.* Der Bürgermeister: (Unterschrift.)	**1.**
†) Austritt am *20. Juli 1893 weg. Wechsels d. Gewerbes* Letzte Beschäftigung*) *als Lehrling* Des Arbeitgebers: Unterschrift *M. Rascher, O. Ehrlichs Nachfolger* Gewerbe *Schmiedmeister* Wohnort *Bamberg* Beglaubigt, *Bamberg, den 21. Juli 1893.* Der Stadtmagistrat: (Unterschrift.)	**2.**

Andere als die vorgesehenen Eintragungen oder Vermerke sind unzulässig.

Betriebsbeamter, Werkmeister, Techniker oder Fabrikarbeiter ist, sowie die erstерer Angabe nicht von selbst hervorgeht.

„wegen Wechsels des Gewerbes“ (oder „des Berufes“).

der ersten u. letzten Spalte die fortlaufenden Nummern 3—18).

Amtlicher Vermerk

über die Schließung des Arbeitsbuches, wenn dasselbe ausgefüllt oder nicht mehr brauchbar ist (Gew.-Ordg. § 109).

....

....

A.

Verzeichniß

der von .... zu ....

im Jahre 189.......

ausgestellten Arbeitsbücher.

---

1. In **Spalte 4** sind Name und Wohnort des Vaters oder des Vormundes des Inhabers oder der Inhaberin einzutragen.
2. In **Spalte 5** ist je nach Lage der Sache einzutragen:
   „auf mündlichen (schriftlichen) Antrag des Vaters vom (Datum)"
   „auf mündlichen (schriftlichen) Antrag des Vormundes vom (Datum)"
   „nach schriftlicher Ergänzung der Zustimmung des Vaters durch die Gemeinde-Behörde zu . . . . . vom (Datum)"
3. In **Spalte 6** ist kurz zu vermerken, wodurch die Beendigung der Schulpflicht festgestellt ist.
4. Zu **Spalte 7** vergl. die Anweisung § 12 Abs. 1.
5. Zu **Spalte 8** vergl. § 13 Abs. 3.
6. Zu **Spalte 9** vergl. die Anweisung § 12 Abs. 3.

Formular A. Einlage-Bogen.

Linke Seite des Bogens.

1.	2.	3.					4.
		Des Inhabers oder der Inhaberin					**Des Vaters**
		a.	b.	c.	d.	e.	
Laufende Nr.	Datum der Ausstellung	Vor- und Zuname	Geburts- Tag	Jahr	Ort	**Letzter dauernder Aufenthaltsort, ev. erster Arbeitsort im Deutschen Reich**	Name

Rechte Seite des Bogens.

4.	5.	6.	7.	8.	9.
oder Vormundes Wohnort	**Angabe,** ob das Arbeitsbuch **auf Antrag** oder **mit Zustimmung** des Vaters oder Vormundes, oder **nach Ergänzung** der Zustimmung des Vaters durch die Gemeinde-Behörde ausgestellt ist.	**Angabe** über **die Beendigung der Schulpflicht.**	**Angabe,** a. der Ortspolizeibehörde, von welcher b. des Jahres, in welchem das **bisherige Arbeitsbuch** ausgestellt war und c. ob dasselbe ausgefüllt, nicht mehr brauchbar, vernichtet oder verloren gegangen war.	Vermerk über Einhebung der Gebühr.	Bemerkungen

B. (Einlage-Bogen für den Fabrik-Akt.)

Uebersicht

über

Zahl und Arbeitszeit der Arbeiterinnen über 16 Jahre, welche beschäftigt werden in

Bezeichnung der Fabrik ....

Lage der Fabrik ....

Art des Betriebes der Fabrik ....

Name des Besitzers oder Leiters derselben ....

Erläuterungen.

1. Den Fabriken stehen gleich: Werkstätten, in deren Betrieb eine regelmäßige Benutzung von Dampfkraft stattfindet, Hüttenwerke, Zimmerplätze und andere Bauhöfe, Werfte und solche Ziegeleien, über Tage betriebene Brüche und Gruben, welche nicht blos vorübergehend oder in geringem Umfange betrieben werden, ferner Bergwerke, Aufbereitungs-Anstalten, Salinen und unterirdisch betriebene Brüche und Gruben.*)
2. Nach dem Vordrucke „Name des Besitzers oder Leiters“ ist, wenn der Unternehmer eine Aktien-Gesellschaft, Korporation, Genossenschaft oder dergleichen ist, auch der Name des Leiters (Direktors 2c.) des Betriebes

*) Für den Fall, daß durch Kaiserliche Verordnung oder Bundesrathsbeschluß noch andere Anlagen den Fabriken gleichgestellt werden (§ 154 Abs. 3 und 4 Gew.-O.), ist die Nr. 1 der Erläuterungen dem entsprechend zu ergänzen.

anzugeben. Ist der Besitzer oder Leiter nicht am Sitze der Fabrik rc. wohnhaft, so ist auch dessen Wohnort in Klammer anzugeben.

3. In Spalte 1 ist jedesmal die bei der letzten ordentlichen Revision vorgefundene Zahl der Arbeiterinnen über 16 Jahre einzutragen.

4. Die Einträge in Spalte 2 sind für die ersten 5 Wochentage zu machen. Auch sind sie wie jene in Spalte 3 nach den eingehenden Veränderungsanzeigen zu berichtigen.

5. In Spalte 9 sind die wegen Zuwiderhandlungen gegen die Bestimmungen über die Beschäftigung von Arbeiterinnen über 16 Jahre rechtskräftig festgestellten Strafen einzutragen, dabei sind die Namen des Gewerbetreibenden, des Betriebsleiters oder der Aufsichtsperson, gegen welche Strafen verhängt worden sind (§ 151), anzugeben.

6. In Spalte 10 ist namentlich zu vermerken, ob für die betreffende Fabrik rc. Ausnahmen auf Grund des § 139 a zugelassen sind.

Linke Seite des Bogens.

1.		2.				3.		4.	
Anzahl der beschäftigten Arbeiterinnen		Tägliche regelmäßige Arbeitszeit der				Arbeitszeit der über 16 Jahre alten Arbeiterinnen an den Vorabenden der Sonn- und Festtage		Mittagspause	
		16–21 jährigen Arbeiterinnen		über 21 Jahre alten Arbeiterinnen					
a. zwischen 16 u. 21 Jahren	b. über 21 Jahren	Anfang	Ende	Anfang	Ende	Anfang	Ende	Anfang	Ende

Rechte Seite des Bogens.

5.	6				7.	8.	9.	10.
Datum und Aktennummer der Anzeigen und Veränderungsanzeigen	Zahl der Arbeiterinnen, welchen Ueberarbeit bewilligt ist.				a. Angabe d. Behörde, welche die Ueberarbeit bewilligt hat, und b. Datum und Akten-Nr. d. Bewilligung	Datum der vorgenommenen Revisionen a. ordentliche. b. außerordentliche.	Vorgekommene Bestrafungen	Bemerkungen.
	a. nach § 138a Abs. 1–4	b. nach § 138a Abs. 5	c. nach § 139 Abs 1	d. nach § 139 Abs. 2				

C. (Einlagebogen für den Fabrik-Akt.)

Uebersicht

über

die Zahl u. Arbeitszeit der jugendlichen Arbeiter (einschließlich der Kinder), welche beschäftigt werden in

Bezeichnung der Fabrik ....

Lage der Fabrik ....

Art des Betriebes der Fabrik ....

Name des Besitzers oder Leiters derselben ....

Erläuterungen.

1. Den Fabriken stehen gleich: Werkstätten, in deren Betrieb eine regelmäßige Benutzung von Dampfkraft stattfindet, Hüttenwerke, Zimmerplätze und andere Bauhöfe, Werfte und solche Ziegeleien, über Tage betriebene Brüche und Gruben, welche nicht blos vorübergehend oder in geringem Umfange betrieben werden, ferner Bergwerke, Aufbereitungs-Anstalten, Salinen und unterirdisch betriebene Brüche und Gruben.*)
2. Nach dem Vordrucke „Name des Besitzers oder Leiters" ist, wenn der Unternehmer eine Aktien-Gesellschaft, Korporation, Genossenschaft oder dergleichen ist, auch der Name des Leiters (Direktors 2c.) des Betriebes

*) Für den Fall, daß durch Kaiserliche Verordnung oder Bundesraths-Beschluß noch andere Anlagen den Fabriken gleichgestellt werden (§ 154 Abs. 3 und 4 d. G.-O.), ist die Nr. 1 der Erläuterungen dem entsprechend zu ergänzen.

anzugeben. Ist der Besitzer oder Leiter nicht am Sitze der Fabrik ꝛc. wohnhaft, so ist auch dessen Wohnort in Klammer anzugeben.

3. In Spalte 1 ist jedesmal die bei der letzten ordentlichen Revision vorgefundene Zahl der jugendlichen Arbeiter (einschließlich der Kinder) einzutragen.

4. Die Einträge in den Spalten 2—7 sind nach den etwa eingehenden Veränderungsanzeigen zu berichtigen.

5. In Spalte 8 sind die Daten der nach § 138 Abs. 1 u. 2 zu erstattenden Anzeigen und Veränderungsanzeigen, sowie deren Aktennummer einzutragen.

6. In Spalte 12 sind die wegen Zuwiderhandlungen gegen die Bestimmungen über die Arbeitsbücher und die Beschäftigung jugendlicher Arbeiter rechtskräftig erkannten resp. festgestellten Strafen einzutragen. Dabei sind die Namen des Gewerbetreibenden, des Betriebsleiters oder der Aufsichtsperson, gegen welche Strafen verhängt worden sind (§ 151), anzugeben.

7. In Spalte 13 ist namentlich zu vermerken, ob für die betreffende Fabrik ꝛc. Ausnahmen auf Grund des § 139a Nr. 1 bis 4 zugelassen sind.

Linke Seite des Bogens.

1.				2.				3		4.		5.	
Anzahl der beschäftigten				Tägliche regelmäßige Arbeitszeit				Arbeitszeit der 14–16 jährigen Arbeiterinnen an den Vorabenden d. Sonn- und Festtage		Vormittagspause jugendl. Arbeiter		Mittagspause jugendl. Arbeiter	
Kinder unter 14 Jahren		jungen Leute v. 14-16 Jahr.		von Kindern unter 14 Jahren		14–16jähr. Arbeiter u. Arbeiterinnen							
männl.	weibl.	männl.	weibl.	Anfang	Ende	Anfang	Ende	Anfang	Ende.	Anfang	Ende	Anfang	Ende

Rechte Seite des Bogens.

6.		7.		8.	9.			10.	11.	12.	13.
Tägl. regelmäßige Nachmittagspause jugendlicher Personen		Nachmittagspause 14–16jähriger Arbeiterinnen an den Vorabenden der Sonn- u. Festtage		Datum der Aktennumm. d. Anzeigen und Veränderungsanzeigen	Zahl der jugendlichen Arbeiter denen Ueberarbeit, Nachtarbeit oder anderweite Regelung der Pausen gestattet ist, nach			a. Angabe d. Behörde, welche Abweichungen vom Gesetz bewilligt hat. b. Datum und Akten-Vermerk der Bewilligung	Datum d. vorgenommenen Revisionen a. ordentliche b. außerordentliche	Vorgekomm. Bestrafungen	Bemerkungen.
Anfang	Ende	Anfang	Ende		§ 139 Abs. 1	§ 139 Abs. 2	§ 139a				

D.

Auszug

aus den Bestimmungen der Gewerbe=Ordnung

über die Beschäftigung von Arbeiterinnen über 16 Jahren.

(Vergl. §§ 137 und 138 der Gewerbe=Ordnung in der Fassung des Gesetzes vom 1. Juni 1891.)

I. Wer Arbeiterinnen **über 16 Jahre** in einer Fabrik beschäftigen will, muß hiervon der Ortspolizeibehörde vorher schriftliche **Anzeige** machen. (§ 138 Abs. 1.)

In der Anzeige sind anzugeben: die Fabrik, die Wochentage, an welchen die Beschäftigung stattfinden soll, Beginn und Ende der Arbeitszeit und der Pausen, Art der Beschäftigung. — Soll hierin eine **Aenderung** eintreten, so muß davon vorher der Behörde **weitere Anzeige** gemacht werden. (§ 138 Abs. 2.)

II. Arbeiterinnen über 16 Jahre dürfen nicht länger als **11 Stunden täglich**, an **Vorabenden der Sonn= und Festtage** nicht länger als **10 Stunden täglich** beschäftigt werden. (§ 137 Abs. 2.)

Die **Arbeitsstunden** dürfen nicht in die Nachtzeit zwischen $8\frac{1}{2}$ Uhr Abends und $5\frac{1}{2}$ Morgens fallen. **Am Sonnabend sowie an Vorabenden der Festtage** ist die Beschäftigung nach $5\frac{1}{2}$ Uhr Nachmittags verboten. (§ 137 Abs. 1.)

III. Zwischen den Arbeitsstunden muß den Arbeiterinnen eine mindestens **einstündige Mittagspause** gewährt werden.

Arbeiterinnen über 16 Jahre, welche ein Hauswesen zu besorgen haben, sind auf ihren Antrag **eine halbe Stunde vor der Mittagspause** zu entlassen, sofern diese nicht mindestens ein und eine halbe Stunde beträgt. (§ 137 Abs. 4.)

IV. **Wöchnerinnen** dürfen während vier Wochen nach ihrer Niederkunft überhaupt nicht und während der folgenden zwei Wochen nur beschäftigt werden, wenn das Zeugniß eines approbirten Arztes dies für zulässig erklärt. (§ 137 Abs. 5.)

In jedem Arbeitsraum, wo Arbeiterinnen über 16 Jahre beschäftigt werden, ist eine Tafel, welche diesen Auszug in deutlicher Schrift enthält, auszuhängen. (§ 138 Abs. 2.)

E. Aus-

aus den Bestimmungen der Gewerbe-Ordnung

(Vergl. § 138 Abs. 2 der Gewerbe-Ordnung in

I. **Kinder unter 13 Jahren** dürfen in Fabriken nicht beschäftigt werden. (G.-O. § 135 Abs. 1.)

II. **Kinder über 13 Jahre** dürfen in Fabriken nur beschäftigt werden, wenn sie nicht mehr zum Besuch der Volksschule verpflichtet sind. (G.-O. § 135 Abs. 1.)

III. **Minderjährige** dürfen nur beschäftigt werden, wenn sie mit einem durch die Polizei-Behörde ihres letzten dauernden Aufenthalts-Ortes oder ihres ersten deutschen Arbeits-Ortes ausgestellten **Arbeitsbuche** versehen sind, welches von dem Arbeitgeber einzufordern, zu verwahren und auf amtliches Verlangen jeder Zeit vorzulegen ist. (G.-O. §§ 107 und 108.) (Vergl. auch die in jedem Arbeitsbuche abgedruckten §§ 111 und 112 der Gewerbe-Ordnung.)

IV. **Wer Kinder unter 14 Jahren** oder **junge Leute zwischen 14 und 16 Jahren** in einer Fabrik beschäftigen will, muß hiervon der Ortspolizeibehörde vorher schriftliche **Anzeige** machen. (G.-O. § 138 Abs. 1.)

In der Anzeige sind anzugeben: die Fabrik, die Wochentage, an welchen die Beschäftigung stattfinden soll, Beginn und Ende der Arbeitszeit und der Pausen, Art der Beschäftigung. — Soll hierin eine **Aenderung** eintreten, so muß davon vorher der Behörde **weitere Anzeige** gemacht werden. (G.-O. § 138 Abs. 2.)

V. In jedem Arbeitsraume, in welchem jugendliche Arbeiter unter 16 Jahren beschäftigt werden, muß an einer in die Augen fallenden Stelle ein **Verzeichniß** der darin beschäftigten jugendlichen Arbeiter unter Angabe der **Arbeitstage, des Beginns und Endes der Arbeitszeit**, des Beginns und Endes der **Pausen** ausgehängt sein. (G.-O. § 138 Abs. 2.)

In jedem Arbeitsraume, wo Arbeiter unter 16 Jahren deutlicher Schrift enthält, aus-

zug
über die **Beschäftigung jugendlicher Arbeiter.**
der Fassung des Gesetzes vom 1. Juni 1891.)

VI. **Kinder unter 14 Jahren** dürfen nicht länger als **6 Stunden, junge Leute zwischen 14 und 16 Jahren** dürfen nicht länger als **10 Stunden täglich** beschäftigt werden. (G.-O. § 135 Abs. 2 und 3.)

Die **Arbeitsstunden** aller Arbeiter unter 16 Jahren dürfen nicht vor $5\frac{1}{2}$ Uhr Morgens beginnen und nicht über $8\frac{1}{2}$ Uhr Abends dauern. (G.-O. § 139 Abs. 1.) Die Arbeiterinnen unter 16 Jahren dürfen überdies am Sonnabend sowie an Vorabenden der Festtage nicht nach $5\frac{1}{2}$ Uhr Nachmittags beschäftigt werden. (G.-O. § 137 Abs. 1.)

VII. Zwischen den Arbeitsstunden müssen allen Arbeitern unter 16 Jahren regelmäßige **Pausen** gewährt werden. Für solche, welche nur 6 Stunden täglich beschäftigt werden, muß die Pause mindestens eine **halbe Stunde** betragen. Den übrigen muß mindestens Mittags eine **einstündige** sowie Vor- und Nachmittags je eine **halbstündige** Pause gewährt werden. (G.-O. § 136 Abs. 1.)

VIII. Während der **Pausen** darf den **Arbeitern unter 16 Jahren** eine Beschäftigung im Fabrik-Betriebe überhaupt nicht und der Aufenthalt in den Arbeitsräumen nur dann gestattet werden, wenn in denselben diejenigen Theile des Betriebes, in welchen jugendliche Arbeiter beschäftigt sind, für die Zeit der Pausen völlig eingestellt werden, oder wenn der Aufenthalt im Freien nicht thunlich und andere geeignete Aufenthaltsräume ohne unverhältnißmäßige Schwierigkeiten nicht beschafft werden können. (§ 136 Abs. 2.)

IX. An **Sonn-** und **Festtagen**, sowie während der vom ordentlichen Seelsorger für den **Katechumenen-** und **Konfirmanden-, Beicht-** und **Kommunion-Unterricht** bestimmten Stunden dürfen Arbeiter unter 16 Jahren nicht beschäftigt werden. (§ 136 Abs. 3.)

beschäftigt werden, ist eine Tafel, welche diesen Auszug in zuhängen. (§ 138 Abs. 2.)

F. **Ver**

(§ 138 Abs. 2 der Gewerbe-Ordnung.)

der in der .... Fabrik .... zu

I. Junge Burschen von 14—16 Jahren.

	Beginn:	Ende:
der Arbeitszeit .	Uhr	Uhr
der Vormittagspause	Uhr	Uhr
der Mittagspause	Uhr	Uhr
der Nachmittagspause	Uhr	Uhr

II. Junge Mädchen von 14—16 Jahren.

	Beginn:	Ende:
1. der Arbeitszeit	Uhr	Uhr
a) an den Wochentagen außer Sonnabend .	Uhr	Uhr
b) an den Vorabenden der Sonn- u. Festtage	Uhr	Uhr
2. der Vormittagspause	Uhr	Uhr
3. der Mittagspause . . .	Uhr	Uhr
4. der Nachmittagspause	Uhr	Uhr
a) an den Wochentagen außer Sonnabend .	Uhr	Uhr
b) an den Vorabenden der Sonn- u. Festtage . . .	Uhr	Uhr

Lfd. Nr.	Vor- und Zuname	Geburts- Tag	Geburts- Jahr	Wohnort	Lfd. Nr.	Vor- und Zuname	Geburts- Tag	Geburts- Jahr	Wohnort

zeichniß

.................................beschäftigten jugendlichen Arbeiter.

III. Kinder unter 14 Jahren.

A. **Vormittags** beschäftigte.

Beginn: Ende:
der Arbeitszeit Uhr Uhr,
der Pause . . Uhr Uhr.

Lfd. Nr.	Vor- und Zuname	Geburts- Tag	Geburts- Jahr	Wohnort

B. **Nachmittags** beschäftigte.

Beginn: Ende:
der Arbeitszeit Uhr, Uhr,
der Pause . . Uhr, Uhr.

Revisions-Vermerke.

G.

Verzeichniß

der Bewilligungen von Ueberarbeit erwachsener Arbeiterinnen an den Wochentagen außer Sonnabend.

1. Das Verzeichniß ist nach Kalenderjahren und innerhalb eines jeden Kalenderjahres nach Fabrik-Betrieben thunlichst so zu führen, daß jeder Fabrik-Betrieb nur einmal aufgeführt wird und soviel Raum enthält, daß alle während des Jahres auf Grund des § 138a und des § 139 Abs. 1 erfolgenden Bewilligungen von Ueberarbeit unter einander eingetragen werden können.
2. In **Spalte 1** sind die laufende Nummer der Fabrik-Betriebe mit römischen Ziffern und unter jedem Fabrik-Betrieb die laufende Nummer der für denselben erfolgten Bewilligungen mit arabischen Ziffern einzutragen.
3. In **Spalte 3** ist unter **b** die Betriebs-Abtheilung dann zu bezeichnen, wenn die Ueberarbeit nur für Arbeiterinnen einer Betriebs-Abtheilung genehmigt ist.
4. In **Spalte 8** ist die Zahl der Stunden anzugeben, für welche täglich Ueber-Arbeit bewilligt ist.
5. In **Spalte 10** ist der kurz aber erschöpfend anzugebende Grund der außerordentlichen Arbeitshäufung nach Art seiner Beschaffenheit mit **a**, **b** oder **c** einzutragen. Die Spalte 10 ist nicht auszufüllen, wenn die Ueberarbeit auf Grund des § 139 Abs. 1 bewilligt ist.
6. In **Spalte 12** sind insbesondere zu vermerken etwaige besondere bei der Bewilligung der Ueberarbeit gestellte Bedingungen, etwaige festgestellte Ueberschreitungen der gesetzlichen oder der bewilligten Beschäftigung, etwaige auf Grund des § 146 Absatz 1 Ziffer 2 wegen gesetzwidriger Beschäftigung von Arbeiterinnen über 16 Jahre erfolgte Bestrafungen und kurze Begründungen der nach § 139 Abs. 1 erfolgten Bewilligungen.

Formular G. Einlage-Bogen.

Linke Seite des Bogens.

1.	2	3	4.	5.	6.	7.
Laufende Nummer der Fabrik-Betriebe und der Bewilligungen	a. Bezeichnung der Fabrik 2c b. Name des Besitzers oder Leiters derselben. c. Art des Betriebes.	a. Lage der Fabrik b. Bezeichnung der Betriebs-Abtheilung	Name der Ortspolizeibehörde, zu deren Bezirk die Fabrik gehört.	Datum der Bewilligung und Akten-Vermerk.	Zahl der Arbeiterinnen, für welche Ueberarbeit bewilligt ist.	Art der Beschäftigung, für welche Ueberarbeit bewilligt ist.

Rechte Seite des Bogens.

8.	9.	10.	11.	12.
Dauer der täglichen Ueberarbeit.	Zahl der Betriebstage, für welche Ueberarbeit bewilligt ist.	Grund der außerordentlichen Arbeitshäufung und Angabe, ob letztere a. regelmäßig zu gewissen Zeiten des Jahres wiederkehrt, oder b. zwar unregelmäßig aber doch vorherzusehen, oder c. nicht vorherzusehen war.	Zahl der Betriebstage, für welche a. der Bundesrath nach § 139a. b. der Reichskanzler nach § 139, c. die höhere Verwaltungs-Behörde nach § 139, d. die untere Verwaltungs-Behörde nach § 139 Abs. 1 Ueberarbeit bewilligt hat.	Bemerkungen

H.

Verzeichniß

der

Bewilligungen von Ueberarbeit erwachsener Abeiterinnen an den Vorabenden der Sonn- und Festtage.

1. Das Verzeichniß ist nach Kalenderjahren und innerhalb eines jeden Kalenderjahres nach Fabrik-Betrieben thunlichst so einzurichten, daß jeder Fabrik-Betrieb nur einmal aufgeführt wird und soviel Raum erhält, daß die während des Jahres auf Grund des § 138a Absatz 5 und des § 139 Absatz 1 erfolgenden Bewilligungen von Ueberarbeit unter einander eingetragen werden können.
2. In **Spalte 1** sind die laufende Nummer der Fabrik-Betriebe mit römischen Ziffern und unter jedem Fabrik-Betrieb die laufende Nummer der für denselben erfolgten Bewilligungen mit arabischen Ziffern einzutragen.
3. In **Spalte 3** ist unter **b** die Betriebs-Abtheilung dann zu bezeichnen, wenn die Ueberarbeit auf Arbeiterinnen einer Betriebs-Abtheilung beschränkt ist.
4. In **Spalte 8** ist die Zahl der Stunden anzugeben, für welche Ueberarbeit nach 5½ Nachmittags bewilligt ist.
5. In **Spalte 10** ist als Grund nur entweder „§ 138a Abs. 5" oder „§ 139 Absatz 1" einzutragen.
6. In **Spalte 12** sind insbesondere zu vermerken etwaige besondere bei der Bewilligung der Ueberarbeit gestellte Bedingungen, etwaige festgestellte Ueberschreitungen der bewilligten Beschäftigung und etwaige auf Grund des § 149 Absatz 1 Ziffer 7 erfolgte Bestrafungen.

Formular H. Einlage-Bogen.

Linke Seite des Bogens.

1.	2.	3.	4.	5.	6.	7.
Laufende Nummer der Fabrik-Betriebe und der Bewillig-ungen.	a. Bezeichnung der Fabrik 2c. b. Name des Besitzers oder Leiters derselben. c. Art des Betriebes.	a. Lage der Fabrik. b. Bezeichnung der Betriebs-Abtheilung.	Name der Ortspolizei-behörde, zu deren Bezirk die Fabrik gehört.	Datum der Bewilligung und Akten-Vermerk.	Zahl der Arbeiter-innen, für welche Ueber-arbeit be-willigt ist.	Art der Beschäftigung, für welche Ueber-arbeit bewilligt ist

Rechte Seite des Bogens.

8.	9.	10.	11.	12.
Dauer der Ueberarbeit	a. Zahl und b. Angabe der Kalendertage, für welche Ueberarbeit bewilligt ist.	Grund der Bewilligung (§ 138a Abs. 5, oder § 139 Abs. 1).	Zahl der Vorabende, für welche a. der Bundesrath, b. der Reichskanzler, c. die höhere Verwaltungs-Behörde Ueberarbeit be-willigt hat.	Bemerkungen.

J.

Anzeige

über die Beschäftigung von Arbeiterinnen und jugendlichen Arbeitern im Jahre 189..

a. Bezeichnung und Lage der Fabrik. b. Name des Besitzers oder Leiters derselben. c. Art des Betriebes.	Anzahl der Arbeiterinnen über 16 Jahre			Anzahl der jungen Leute von 14—16 Jahren			Anzahl der Kinder unter 14 Jahren			Anzahl sämmtlicher jugendlicher Arbeiter (Spalten 5—10.)		
	a. 16–21 Jahre	b. über 21 Jahre	zu-samm.	männ-lich	weib-lich	zu-samm.	männ-lich	weib-lich	zu-samm.	männ-lich	weib-lich	zu-samm.
1.	2.	3.	4.	5.	6.	7.	8.	9.	10.	11.	12.	13.

Die Spalten 2—13 sind nach Maßgabe der letzten Anzeige bezw. Veränderungsanzeige des Unternehmers, und sofern nach Einreichung dieser Anzeige eine Revision vorgenommen wurde, nach Maßgabe der bei dieser Revision festgestellten Zahl der Arbeiterinnen und jugendlichen Arbeiter auszufüllen.

Bekanntmachung

des

k. Staatsministeriums des Innern v. 9. April 1892,

Arbeitsordnungen betr.

(Amtsbl. des k. Staatsm. des Innern 1892 S. 177.)

Nachstehend wird der Entwurf einer Arbeitsordnung bekannt gegeben, in welche lediglich die unerläßlichen Bestimmungen aufgenommen sind. Anlage I.

Je nach den thatsächlichen Verhältnissen und Bedürfnissen der einzelnen Industriezweige und Etablissements wird sich eine Erweiterung bezw. Ergänzung der Arbeitsordnung nach verschiedenen Richtungen als nothwendig oder wünschenswerth erweisen. Von industriellen Interessenvertretungen sind daher schon vielfach Arbeitsordnungen für ihre Industriezweige entworfen worden, welche den Angehörigen anderer Industriezweige Anhaltspunkte für die Fassung von Arbeitsordnungen gewähren. So hat beispielsweise der Verein Süddeutscher Baumwoll-Industrieller den in Anlage II ebenfalls abgedruckten Entwurf einer Arbeitsordnung aufgestellt. Anlage II.

Die Distriktsverwaltungs- und Gemeindebehörden werden im Bedarfsfalle den Industriellen die Möglichkeit gewähren, von den beiden nachstehend abgedruckten Entwürfen Einsicht zu nehmen.

München, den 9. April 1892.

Frhr. v. Feilitzsch.

Der Generalsekretär: v. Ries, Ministerialrath.

Anlage I.

I. Arbeitsordnung.

für die .... Fabrik

von ....

in ....

§ 1.

Die Arbeitsordnung gilt als Arbeitsvertrag im Sinne des § 105 der Reichsgewerbeordnung.

§ 2.

Jeder Arbeiter hat beim Eintritt in die Arbeit seine Ausweispapiere, sowie die Quittungskarte der Invaliditäts- und Altersversicherung vorzulegen.

§ 3.

Jedem aufgenommenen Arbeiter wird beim Eintritt in die Beschäftigung ein Exemplar der Arbeitsordnung ausgehändigt.

§ 4.

Die regelmäßige tägliche Arbeitszeit beginnt für die männlichen erwachsenen Arbeiter um . . . Uhr, und endet um . . . Uhr, für die weiblichen erwachsenen Arbeiter um . . . Uhr, und endet um . . . Uhr.

An Tagen vor den Sonn- und Festtagen endet die Arbeitszeit für die Arbeiterinnen um . . . Uhr.

Pausen treten ein für die männlichen erwachsenen Arbeiter von . . . Uhr bis . . . Uhr,

für die weiblichen erwachsenen Arbeiter von . . . Uhr bis . . . Uhr.

Arbeiterinnen, welche ein Hauswesen zu besorgen haben, werden auf ihren Antrag eine halbe Stunde vor der Mittagspause entlassen.

§ 5.

Der beim Eintritt in die Beschäftigung vereinbarte Lohn wird (wöchentlich, täglich 2c.) berechnet und am .... baar in Reichswährung ausbezahlt.

Gegenwärtige Arbeitsordnung tritt 14 Tage nach der Verkündigung in Wirksamkeit.

.........................., den .... 18.......

Unterschrift:

Anlage II.

II. Arbeitsordnung.

(Entwurf des Vereins Süddeutscher Baumwoll-Industrieller.)

§ 1.

Jeder Arbeiter der Fabrik empfängt einen Abdruck dieser Arbeitsordnung und hat im Arbeiter-Verzeichniß durch Unterschrift zu bestätigen, daß er von den Bestimmungen derselben Kenntniß genommen hat und sie als Arbeitsvertrag im Sinne des § 105 der Gewerbeordnung anerkennt.

§ 2.

Wer in der Fabrik Arbeit zu erhalten wünscht, hat sich unter Vorlage der Quittungskarte der Alters- und Invaliditäts-Versicherung und des Ausweises über bisherige Beschäftigung (bei dem betreffenden Obermeister) zu melden. Die Aufnahme erfolgt zunächst auf Probe für 14 Tage, während welcher Zeit das Arbeitsverhältniß jederzeit ohne Kündigung gelöst werden kann. Die endgiltige Aufnahme kann erst nach Beibringung eines Zeugnisses des Kassenarztes über den Gesundheitszustand des Aufzunehmenden erfolgen. Jeder Arbeiter muß der Fabrik-Krankenkasse beitreten. Für Lehrlinge hat der Vater oder Vormund einen Lehrvertrag zu unterzeichnen.

§ 3.

Die regelmäßige Arbeitszeit dauert von . . . Uhr Morgens bis . . . Uhr Mittags und von . . . bis . . . Uhr Abends, für Arbeiterinnen an Samstagen und Vorabenden gesetzlicher Festtage bis . . . Uhr Abends.

Arbeiterinnen über 16 Jahre, welche ein Hauswesen zu besorgen haben, dürfen auf ihren Antrag um 11½ Uhr Vormittags die Arbeit verlassen.

Die Pausen für jugendliche Arbeiter werden nach Maßgabe des § 136 der Gewerbeordnung festgesetzt und durch Anschlag in den Arbeitslokalen bekannt gemacht.

Anfang und Ende der Arbeitszeit werden durch .... angegeben.

§ 4.

An Sonntagen und gesetzlichen Festtagen ruht die Arbeit, insoweit dieß durch die Gewerbeordnung vorgeschrieben ist. Die erwachsenen Arbeiter sind verpflichtet, auf ergangene Aufforderung, Arbeiten, welche durch die Gewerbeordnung gestattet sind, auch an Sonntagen und gesetzlichen Festtagen vorzunehmen.

§ 5.

Es ist verboten, die Fabrik auf anderen als den vorgeschriebenen Wegen zu betreten oder zu verlassen. Die Eingänge werden . . . Minuten vor Beginn der Arbeitszeit geöffnet. Verspätungen werden bestraft, ebenso zu frühes Verlassen der Arbeit oder Vorbereitungen dazu vor Stillstand der Getriebe.

§ 6.

Den Vorgesetzten und Meistern ist unbedingt Gehorsam zu leisten; lärmendes Benehmen in den Arbeitsräumen ist verboten, ebenso jede Thätlichkeit gegen Mitarbeiter oder Untergebene.

Wer betrunken zur Arbeit kommt oder in diesem Zustande betroffen wird, verliert den Anspruch auf Beschäftigung und Lohnzahlung an dem betreffenden Tage und kann im Wiederholungsfalle ohne Kündigung entlassen werden.

Kein Arbeiter darf ohne Erlaubniß einen Arbeitsraum betreten, in welchem er nicht beschäftigt ist. Während der Mittagspause und nach Schluß der Arbeit darf sich Niemand ohne speziellen Auftrag unter irgend einem Vorwand in den Arbeitssälen aufhalten.

Die Arbeitsmaschinen sind stets in gutem Zustande zu erhalten. Abänderungen und Reparaturen dürfen nur durch den betreffenden Meister oder auf dessen Anordnung vorgenommen werden.

§ 7.

Die in allen Arbeitslokalen angeschlagenen Unfallverhütungs-Vorschriften sind schon im eigenen Interesse der Arbeiter strengstens zu befolgen, namentlich das Reinigen von im Gange befindlichen Transmissionen und der in Bewegung befindlichen Theile von Maschinen ist untersagt. Jeder Arbeiter hat in einem Verzeichniß zu bescheinigen, daß er von den Unfallverhütungs-Vorschriften Kenntniß genommen hat.

§ 8.

Das Mitnehmen von irgend welchen selbst anscheinend werthlosen Gegenständen, als Abfällen und dergleichen ist untersagt und haben sich die Arbeiter einer deßfallsigen Kontrole zu unterziehen. Uebertretungen werden als Diebstahl behandelt. Das Wegwerfen von Materialien und Abfällen in die Abtritte oder auf die Straße gilt als vorsätzliche Sachbeschädigung im Sinne des § 123 Ziffer 6 der Gewerbeordnung.

§ 9.

Die Aborte und Vorräume derselben sind stets sauber zu halten. Kleider dürfen nur an den hiezu bestimmten Plätzen aufbewahrt werden.

Das Rauchen in der Fabrik und den Hofräumen ist streng verboten, ebenso das Mitbringen von Zündhölzern. Tabaks-Pfeifen, Laternen und Feuerzeuge müssen beim Eintritt (dem Portier) zur Aufbewahrung übergeben werden.

Es wird Allen zur ernstlichen Pflicht gemacht, jede Feuersgefahr zu vermeiden und namentlich die angeschlagenen Bestimmungen über Beleuchtung genau zu befolgen. Uebertretungen der Vorschriften zur Verhütung von Feuersgefahr berechtigen zu sofortiger Entlassung des Arbeiters ohne jede Kündigung.

§ 10.

Speisen und Getränke mit Ausnahme von Branntwein dürfen nur in den dafür festgesetzten Zeiten in die

Fabrik gebracht werden. Der Genuß von Branntwein während der Arbeitszeit ist überhaupt verboten.

§ 11.

Für etwaige Wohlfahrts-Einrichtungen bestimmt.

§ 12.

Die (Stück- und) Akkordlöhne werden durch Tarife bestimmt, welche in den betreffenden Arbeitslokalen angeschlagen sind. Die Taglöhne richten sich nach jeweiliger Uebereinkunft. (Weblohn wird nur für ganze Stücke bezahlt, doch kann eine Abschlagzahlung nach Ermessen des Obermeisters erfolgen.) Auf fehlerhafte oder verdorbene Waare erfolgt als Schadenersatz ein entsprechender Abzug am Lohn.

§ 13.

Alle (vierzehn Tage) wird der verdiente Lohn mit Schluß der Woche festgestellt und am darauffolgenden (Samstag) nach Abrechnung der gesetzlich zulässigen Abzüge baar ausbezahlt.

Einweisungen fremder Personen in den Lohn der Arbeiter werden nicht berücksichtigt.

§ 14.

Bei Betriebsstörungen ist die Fabrik zur Zahlung einer Entschädigung an die Arbeiter nicht verpflichtet. Soweit als thunlich und insofern die gesetzlichen Vorschriften dieser Bestimmung nicht entgegen stehen, soll jedoch der Ausfall am Lohn durch Nacharbeit wieder eingeholt werden.

§ 15.

Die Kündigungsfrist für das Arbeits-Verhältniß ist für beide Theile auf (14) Tage festgesetzt, doch kann die Kündigung nur auf dem Fabrik-Comptoir am Schlußtage Nachmittags zwischen (vier und fünf) Uhr rechtsverbindlich erfolgen. Verlassen der Arbeit ohne Kündigung und unentschuldigtes Ausbleiben wird als Bruch des Arbeitsvertrages angesehen und zieht die entsprechenden Folgen nach sich; nach § 134 Abs. 2 der Gewerbeordnung kann in diesem Falle der rückständige Lohn bis zum Betrage eines durchschnittlichen Wochenlohns als verwirkt erklärt werden.

Zu einer sofortigen Lösung des Arbeits-Verhältnisses berechtigt außer den in §§ 123 und 124 der Gewerbeordnung vorgesehenen Fällen jedes Zuwiderhandeln gegen die Unfallverhütungs-Vorschriften.

§ 16.

Zuwiderhandlungen gegen diese Arbeitsordnung und die nach Maßgabe derselben und der Gewerbeordnung erlassenen Anordnungen können mit Geldstrafen gebüßt werden. Die einzelnen Geldstrafen dürfen die Hälfte des durchschnittlichen Tagesarbeits-Verdienstes nicht übersteigen; jedoch können Thätlichkeiten gegen Mitarbeiter, erhebliche Verstöße gegen die guten Sitten, sowie gegen die zur Aufrechthaltung der Ordnung des Betriebes, zur Sicherung eines gefahrlosen Betriebes oder zur Durchführung der Bestimmungen der Gewerbeordnung erlassenen Vorschriften mit Geldstrafen bis zum vollen Betrage des durchschnittlichen Tagesarbeits-Verdienstes belegt werden.

In der Regel tritt in leichteren Fällen zunächst eine Verwarnung ein, bei Wiederholungen und in schwereren Fällen werden die Strafen je nach den Umständen vom zehnten Theil des Tagesverdienstes bis zu der oben bezeichneten zulässigen Höhe festgesetzt.

Eine Verpflichtung zur Zahlung einer Geldstrafe wird durch etwaige Entlassung nicht aufgehoben. Die Geldstrafen werden durch Lohnabzug eingezogen und fließen in die Fabrik-Krankenkasse.

§ 17.

Schadenersätze und Lohnabzüge für schlechte oder verdorbene Arbeit fallen an .... ebenso verwirkte rückständige Löhne, insofern nicht andere civilrechtliche Ansprüche zu berücksichtigen sind, worüber die Fabrikleitung entscheidet.

§ 18.

Alle Geldstrafen, Schadensersätze und Lohnabzüge werden durch (den betreffenden Obermeister) festgesetzt, jedoch steht den Arbeitern Berufung an die Fabrikleitung zu, welche darüber endgiltig entscheidet.

§ 19.

Diese Arbeitsordnung, welche der vorgesetzten Behörde vorgelegt wurde, tritt an Stelle der bisherigen geltenden Fabrikordnung mit dem ....
in Kraft.

XI. Reichsgesetz vom 29. Juli 1890, betr. die Gewerbegerichte.

(R. G. Bl. S. 141.)

Wir Wilhelm, von Gottes Gnaden Deutscher Kaiser, König von Preußen ꝛc.

verordnen im Namen des Reichs, nach erfolgter Zustimmung des Bundesraths und des Reichstags, was folgt:

Erster Abschnitt.

Errichtung und Zusammensetzung der Gewerbegerichte.

§ 1.

Für die Entscheidung von gewerblichen Streitigkeiten zwischen Arbeitern einerseits und ihren Arbeitgebern andererseits, sowie zwischen Arbeitern desselben Arbeitgebers können Gewerbegerichte errichtet werden.

Die Errichtung erfolgt für den Bezirk einer Gemeinde durch Ortsstatut nach Maßgabe des § 142 der Gewerbeordnung. Die Entscheidung der höheren Verwaltungsbehörde über die Genehmigung des Statuts ist binnen sechs Monaten zu ertheilen.

Die Entscheidung, durch welche die Genehmigung versagt wird, muß mit Gründen versehen sein.

Mehrere Gemeinden können sich durch übereinstimmende Ortsstatuten zur Errichtung eines gemeinsamen Gewerbegerichts für ihre Bezirke vereinigen. Für die Genehmigung der übereinstimmenden Ortsstatute ist die höhere Verwaltungsbehörde zuständig, in deren Bezirk das Gewerbegericht seinen Sitz haben soll.

Imgleichen kann ein Gewerbegericht für den Bezirk eines weiteren Kommunalverbandes errichtet werden. Die Errichtung erfolgt in diesem Falle nach Maßgabe der Vorschriften, nach welchen Angelegenheiten des Verbandes statutarisch geregelt werden. Die Zuständigkeit eines solchen Gerichts ist ausgeschlossen, soweit die Zuständigkeit eines für eine oder mehrere Gemeinden des Bezirks bestehenden oder später errichteten Gewerbegerichts begründet ist.

Die Errichtung kann auf Antrag betheiligter Arbeitgeber oder Arbeiter durch Anordnung der Landes-Zentralbehörde erfolgen, wenn ungeachtet einer von ihr an die betheiligten Gemeinden oder den weiteren Kommunalverband ergangenen Aufforderung innerhalb der gesetzten Frist die Errichtung auf dem im Absatz 2 bis 4 vorgesehenen Wege nicht erfolgt ist. Alle Bestimmungen, welche dieses Gesetz dem Statute vorbehält, erfolgen in diesem Falle durch die Anordnung der Landes-Zentralbehörde.

Vor der Errichtung sind sowohl Arbeitgeber als Arbeiter der hauptsächlichen Gewerbezweige und Fabrikbetriebe in entsprechender Anzahl zu hören.

§ 2.

Als Arbeiter im Sinne dieses Gesetzes gelten diejenigen Gesellen, Gehülfen, Fabrikarbeiter und Lehrlinge, auf welche der siebente Titel der Gewerbeordnung Anwendung findet.

Imgleichen gelten als Arbeiter im Sinne dieses Gesetzes Betriebsbeamte, Werkmeister und mit höheren technischen Dienstleistungen betraute Angestellte, deren Jahresarbeitsverdienst an Lohn oder Gehalt zweitausend Mark nicht übersteigt.

§ 3.

Die Gewerbegerichte sind ohne Rücksicht auf den Werth des Streitgegenstandes zuständig für Streitigkeiten:

1. über den Antritt, die Fortsetzung oder die Auflösung des Arbeitsverhältnisses, sowie über die Aushändigung oder den Inhalt des Arbeitsbuches oder Zeugnisses,
2. über die Leistungen und Entschädigungsansprüche aus dem Arbeitsverhältnisse, sowie über eine in Beziehung auf dasselbe bedungene Konventionalstrafe.
3. über die Berechnung und Anrechnung der von den Arbeitern zu leistenden Krankenversicherungsbeiträge (§§ 53, 65, 72, 73 des Gesetzes, betreffend die Krankenversicherung der Arbeiter, vom 15. Juni 1883, Reichs=Gesetzbl. S. 73),
4. über die Ansprüche, welche auf Grund der Uebernahme einer gemeinsamen Arbeit von Arbeitern desselben Arbeitgebers gegen einander erhoben werden.

Streitigkeiten über eine Konventionalstrafe, welche für den Fall bedungen ist, daß der Arbeiter nach Beendigung des Arbeitsverhältnisses ein solches bei anderen Arbeitgebern eingeht oder ein eigenes Geschäft errichtet, gehören nicht zur Zuständigkeit der Gewerbegerichte.

§ 4.

Zur Zuständigkeit der Gewerbegerichte gehören ferner Streitigkeiten der im § 3 Nr. 1 bis 3 bezeichneten Art zwischen Personen, welche für bestimmte Gewerbetreibende außerhalb der Arbeitsstätte der letzteren mit Anfertigung gewerblicher Erzeugnisse beschäftigt sind (Heimarbeiter, Hausgewerbetreibende), und ihren Arbeitgebern, sofern die Beschäftigung auf die Bearbeitung oder Verarbeitung der den ersteren von den Arbeitgebern gelieferten Rohstoffe oder Halbfabrikate beschränkt ist. Das Gleiche gilt von Streitigkeiten der im § 3 Nr. 4 bezeichneten Art zwischen solchen Hausgewerbetreibenden unter einander.

Streitigkeiten derjenigen Hausgewerbetreibenden welche die Rohstoffe oder Halbfabrikate selbst beschaffen, unterliegen der Zuständigkeit der Gewerbegerichte, soweit dies durch das Statut bestimmt ist.

§ 5.

Durch die Zuständigkeit eines Gewerbegerichts wird die Zuständigkeit der ordentlichen Gerichte ausgeschlossen.

§ 6.

Die sachliche Zuständigkeit der Gewerbegerichte kann auf bestimmte Arten von Gewerbe- oder Fabrik-betrieben, die örtliche auf bestimmte Theile des Gemeindebezirks beschränkt werden.

Die Landes=Zentralbehörde kann die örtliche Zuständigkeit eines von ihr errichteten Gewerbegerichts ausdehnen. Die betheiligten Ortsbehörden sind zuvor zu hören.

§ 7.

Die Grenze der Zuständigkeit (§ 6), sowie die Zusammensetzung des Gerichts nach Maßgabe der Bestimmungen dieses Gesetzes ist durch das Statut zu regeln.

§ 8.

Die Kosten der Einrichtung und der Unterhaltung des Gerichts sind, soweit sie in dessen Einnahmen ihre Deckung nicht finden, von der Gemeinde oder von dem weiteren Kommunalverbande zu tragen. Soll das Gericht nicht ausschließlich für eine Gemeinde oder einen weiteren Kommunalverband zuständig sein, so ist bei Festsetzung der Zuständigkeit zugleich zu bestimmen, zu welchen Antheilen die einzelnen Bezirke an der Deckung der Kosten theilnehmen.

Gebühren, Kosten und Strafen, welche in Gemäßheit dieses Gesetzes zur Hebung gelangen, bilden Einnahmen des Gerichts.

§ 9.

Für jedes Gewerbegericht sind ein Vorsitzender und mindestens ein Stellvertreter desselben, sowie die erforderliche Zahl von Beisitzern zu berufen; die Zahl der letzteren soll mindestens vier betragen.

Bei Gewerbegerichten, welche aus mehreren Abtheilungen (Kammern) bestehen, können mehrere Vorsitzende bestellt werden.

§ 10.

Zum Mitgliede eines Gewerbegerichts soll nur berufen werden, wer das dreißigste Lebensjahr vollendet, in dem der Wahl vorangegangenen Jahre für sich oder seine Familie Armenunterstützung aus öffentlichen Mitteln nicht empfangen oder die empfangene Armenunterstützung erstattet hat und in dem Bezirke des Gerichts seit mindestens zwei Jahren wohnt oder beschäftigt ist.

Personen, welche zum Amt eines Schöffen unfähig sind (Gerichtsverfassungsgesetz §§ 31, 32), können nicht berufen werden.

§ 11.

Der Vorsitzende sowie dessen Stellvertreter dürfen weder Arbeitgeber noch Arbeiter sein.

Sie werden durch den Magistrat, und wo ein solcher nicht vorhanden ist oder das Statut dies bestimmt, durch die Gemeindevertretung, in weiteren Kommunalverbänden durch die Vertretung des Verbandes auf mindestens ein Jahr gewählt.

§ 12.

Die Beisitzer müssen zur Hälfte aus den Arbeitgebern, zur Hälfte aus den Arbeitern entnommen werden.

Die ersteren werden mittelst Wahl der Arbeitgeber, die letzteren mittelst Wahl der Arbeiter bestellt. Die Wahl ist unmittelbar und geheim.

Die Wahl erfolgt auf mindestens ein Jahr und auf höchstens sechs Jahre. Eine Wiederwahl ist zulässig.

§ 13.

Zur Theilnahme an den Wahlen (§ 12) ist nur berechtigt, wer das fünfundzwanzigste Lebensjahr vollendet und seit mindestens einem Jahre in dem Bezirke des Gewerbegerichts Wohnung oder Beschäftigung hat. Die im § 10 Absatz 2 bezeichneten Personen sind nicht wahlberechtigt.

Ist die Zuständigkeit des Gewerbegerichts auf bestimmte Arten von Gewerbe- oder Fabrikbetrieben beschränkt (§ 6 Absatz 1), so sind nur die Arbeitgeber und Arbeiter dieser Betriebe wählbar und wahlberechtigt.

Mitglieder einer Innung, für welche ein Schiedsgericht in Gemäßheit der §§ 97a, 100d der Gewerbeordnung errichtet ist, sowie deren Arbeiter sind weder wählbar noch wahlberechtigt.

Die näheren Bestimmungen über die Wahl und das Verfahren bei derselben werden durch das Statut getroffen. Es kann insbesondere festgesetzt werden, daß bestimmte gewerbliche Gruppen je einen oder mehrere Beisitzer zu wählen haben.

§ 14.

Den Arbeitgebern stehen im Sinne der §§ 11 bis 13 die mit der Leitung eines Gewerbebetriebes oder eines bestimmten Zweiges desselben betrauten Stellvertreter der selbständigen Gewerbetreibenden gleich, sofern sie nicht nach § 2 Absatz 2 als Arbeiter gelten.

Inwieweit die nach § 4 der Zuständigkeit der Gewerbegerichte unterstellten Hausgewerbetreibenden als Arbeitgeber oder als Arbeiter wahlberechtigt und wählbar sind, wird durch das Statut bestimmt.

§ 15.

Beschwerden gegen die Rechtsgültigkeit der Wahlen sind nur binnen eines Monats nach der Wahl zulässig. Sie werden durch die höhere Verwaltungsbehörde entschieden. Dieselbe hat auf erhobene Beschwerde Wahlen, welche gegen das Gesetz oder die auf Grund des Gesetzes erlassenen Wahlvorschriften verstoßen, für ungiltig zu erklären.

Die Wahl der Vorsitzenden und der Stellvertreter bedarf der Bestätigung der höheren Verwaltungsbehörde, in deren Bezirk das Gewerbegericht seinen Sitz hat. Diese Bestimmung findet auf Staats= oder Gemeindebeamte, welche ihr Amt kraft staatlicher Ernennung oder Bestätigung verwalten, keine Anwendung, solange sie dieses Amt bekleiden.

§ 16.

Sind Wahlen nicht zu Stande gekommen, oder wiederholt für ungültig erklärt, so ist die höhere Verwaltungsbehörde befugt,

a) die Wahlen, soweit sie durch Arbeitgeber oder Arbeiter vorzunehmen waren, durch den Magistrat und, wo ein solcher nicht vorhanden ist oder wo das Statut dies bestimmt, durch die Gemeindevertretung, in weiteren Kommunalverbänden durch die Vertretung des Verbandes vornehmen zu lassen;

b) soweit die Wahlen vom Magistrat oder der Gemeindevertretung oder der Vertretung eines weiteren Kommunalverbandes vorzunehmen waren, die Mitglieder selbst zu ernennen.

§ 17.

Namen und Wohnort der Mitglieder des Gewerbegerichts werden nach näherer Bestimmung des Statuts öffentlich bekannt gemacht.

§ 18.

Das Amt der Beisitzer ist ein Ehrenamt. Die Uebernahme kann nur aus den Gründen verweigert werden, welche zur Ablehnung eines unbesoldeten Gemeindeamts berechtigen. Wo landesgesetzliche Bestimmungen über die zur Ablehnung von Gemeindeämtern berechtigenden Gründe nicht bestehen, darf die Uebernahme nur aus denselben Gründen verweigert werden, aus welchen das Amt eines Vormundes abgelehnt werden kann. Wer das Amt eines Beisitzers sechs Jahre versehen hat, kann während der nächsten sechs Jahre die Uebernahme des Amtes ablehnen. Ablehnungsgründe gewählter Beisitzer sind nur zu berücksichtigen, wenn dieselben, nachdem der betheiligte Beisitzer von seiner Wahl in Kenntniß gesetzt ist, schriftlich geltend gemacht werden. Ueber den Ablehnungsantrag entscheidet die im § 11 Absatz 2 bezeichnete Stelle.

Die Beisitzer erhalten für jede Sitzung, der sie beigewohnt haben, Vergütung etwaiger Reisekosten und eine Entschädigung für Zeitversäumniß. Die Höhe der letzteren ist durch das Statut festzusetzen; eine Zurückweisung derselben ist unstatthaft.

§ 19.

Ein Mitglied des Gewerbegerichts, hinsichtlich dessen Umstände eintreten oder bekannt werden, welche die Wählbarkeit zu dem von ihm bekleideten Amt nach Maßgabe dieses Gesetzes ausschließen, ist des Amts zu entheben. Die Enthebung erfolgt durch die höhere Verwaltungsbehörde nach Anhörung des Betheiligten.

Ein Mitglied des Gewerbegerichts, welches sich einer groben Verletzung seiner Amtspflicht schuldig macht, kann seines Amts entsetzt werden. Die Entsetzung erfolgt durch das Landgericht, in dessen Bezirk das Gewerbegericht seinen Sitz hat. Hinsichtlich des Verfahrens und der Rechtsmittel finden die Vorschriften entsprechende Anwendung, welche für die zur Zuständigkeit der Landgerichte gehörigen Strafsachen gelten. Die Klage wird von der Staatsanwaltschaft auf Antrag der höheren Verwaltungsbehörde erhoben.

§ 20.

Der Vorsitzende des Gewerbegerichts und dessen Stellvertreter sind vor ihrem Amtsantritt durch den von der höheren Verwaltungsbehörde beauftragten Beamten, die Beisitzer vor der ersten Dienstleistung durch den Vorsitzenden auf die Erfüllung der Obliegenheiten des ihnen übertragenen Amts eidlich zu verpflichten.

§ 21.

Beisitzer, welche ohne genügende Entschuldigung zu den Sitzungen nicht rechtzeitig sich einfinden oder ihren Obliegenheiten in anderer Weise sich entziehen, sind zu einer Ordnungsstrafe bis zu dreihundert Mark, sowie in die verursachten Kosten zu verurtheilen. Die Verurtheilung wird durch den Vorsitzenden ausgesprochen. Erfolgt nachträglich genügende Entschuldigung, so kann die Verurtheilung ganz oder theilweise zurückgenommen werden.

Gegen die Entscheidungen findet Beschwerde an das Landgericht statt, in dessen Bezirk das Gewerbegericht seinen Sitz hat. Das Verfahren richtet sich nach den Vorschriften der Strafprozeßordnung.

§ 22.

Das Gewerbegericht verhandelt und entscheidet, soweit nicht in diesem Gesetze ein Anderes bestimmt ist, in der Besetzung von drei Mitgliedern mit Einschluß des Vorsitzenden.

Durch das Ortsstatut kann bestimmt werden, daß allgemein oder für gewisse Streitigkeiten eine größere Zahl von Beisitzern zuzuziehen ist.

In gleicher Weise ist zu bestimmen, nach welchen Grundsätzen der Vorsitzende die einzelnen Beisitzer zuzuziehen hat.

Arbeitgeber und Arbeiter müssen stets in gleicher Zahl zugezogen werden.

§ 23.

Bei jedem Gewerbegerichte wird eine Gerichtsschreiberei eingerichtet.

Für die Bewirkung der Zustellungen in dem Verfahren vor den Gewerbegerichten können an Stelle der Gerichtsvollzieher Gemeindebeamte verwendet werden.

Zweiter Abschnitt.

Verfahren.

§ 24.

Auf das Verfahren vor den Gewerbegerichten finden, soweit im Nachstehenden nicht besondere Bestimmungen getroffen sind, die für das amtsgerichtliche Verfahren geltenden Vorschriften der Civilprozeßordnung entsprechende Anwendung.

§ 25.

Zuständig ist dasjenige Gewerbegericht, in dessen Bezirk die streitige Verpflichtung zu erfüllen ist.

§ 26.

Die Vorschrift im § 11 der Civilprozeßordnung über die bindende Wirkung der rechtskräftigen Entscheidung, durch welche ein Gericht sich für sachlich unzuständig erklärt hat, findet in dem Verhältniß der Gewerbegerichte und der ordentlichen Gerichte Anwendung. Eine solche Entscheidung des ordentlichen Gerichts ist auch insoweit, als sie auf der Annahme der örtlichen Zuständigkeit eines bestimmten Gewerbegerichts beruht, für das letztere bindend.

§ 27.

Ueber Gesuche wegen Ablehnung von Gerichtspersonen entscheidet das Gewerbegericht.

§ 28.

Nichtprozeßfähigen Parteien, welche ohne gesetzliche Vertreter sind, kann auf Antrag bis zum Eintritt des gesetzlichen Vertreters von dem Vorsitzenden ein besonderer Vertreter bestellt werden.

Das Gleiche gilt im Falle erheblicher Entfernung des Aufenthaltsortes des gesetzlichen Vertreters.

Die nichtprozeßfähige Partei ist auf ihr Verlangen selbst zu hören.

§ 29.

Rechtsanwälte und Personen, welche das Verhandeln vor Gericht geschäftsmäßig betreiben, werden als Prozeßbevollmächtigte oder Beistände vor dem Gewerbegerichte nicht zugelassen.

§ 30.

Die Zustellungen in dem Verfahren vor den Gewerbegerichten erfolgen von Amtswegen.

Urtheile und Beschlüsse, gegen welche ein Rechtsmittel stattfindet, sind den Parteien zuzustellen, soweit diese nicht auf die Zustellung verzichten. Sonstige Urtheile und Beschlüsse sind einer Partei nur zuzustellen, wenn sie nicht in Anwesenheit derselben verkündet sind. Auf Verlangen einer Partei ist derselben auch Ausfertigung eines in ihrer Anwesenheit verkündeten Urtheils oder Beschlusses zu ertheilen.

Anträge und Erklärungen einer Partei, welche zugestellt werden sollen, sind bei dem Gerichte einzureichen oder mündlich zum Protokolle des Gerichtsschreibers anzubringen.

Sofern durch die Zustellung eine Frist gewahrt oder die Verjährung unterbrochen werden soll, tritt diese Wirkung, wenn die Zustellung demnächst erfolgt, bereits mit der Einreichung oder Anbringung des Antrags oder der Erklärung ein.

§ 31.

Der Gerichtsschreiber hat für die Bewirkung der Zustellung Sorge zu tragen und die bei derselben zu übergebenden Abschriften zu beglaubigen.

Er hat das zu übergebende Schriftstück in einem verschlossenen, mit der Adresse der Person, an welche zugestellt werden soll, sowie mit einer Geschäftsnummer versehenen Briefumschlage dem Zustellungsbeamten und im Falle der Zustellung durch die Post dieser zur Zustellung zu übergeben. Auf den Briefumschlag ist der Vermerk zu setzen: Vereinfachte Zustellung.

Die auf dem Briefumschlage angegebene Geschäftsnummer ist in den Akten zu vermerken.

Erfolgt die Zustellung durch die Post, so ist eine Bescheinigung der Uebergabe an die Post (Civilprozeßordnung §§ 177, 179) nicht erforderlich.

§ 32.

Die von dem Zustellungsbeamten oder dem Postboten aufzunehmende Zustellungsurkunde muß die Art und Weise, in welcher der seiner Adresse und seiner Geschäftsnummer nach bezeichnete Briefumschlag übergeben ist, insbesondere den Ort und die Zeit der Uebergabe, sowie die Person, welcher zugestellt ist, bezeichnen und, wenn die Zustellung nicht an den Adressaten persönlich erfolgt ist, den

Grund hiervon angeben. Die Urkunde ist von dem die Zustellung vollziehenden Beamten zu unterschreiben.

Bei der Zustellung wird eine Abschrift der Zustellungsurkunde nicht übergeben. Der Tag der Zustellung ist von dem zustellenden Beamten auf dem Briefumschlage zu vermerken.

§ 33.

Die zur Erledigung des Rechtsstreits erforderlichen Verhandlungstermine werden von dem Vorsitzenden von Amtswegen angesetzt. Nach Ansetzung des Termins ist die Ladung der Parteien durch den Gerichtsschreiber zu veranlassen. Ladungen durch die Parteien finden nicht statt.

Die Zustellung der Ladung muß spätestens am Tage vor dem Termine erfolgen.

Die Zustellung der Ladung an eine Partei ist nicht erforderlich, wenn der Termin in Anwesenheit derselben verkündet oder ihr bei Einreichung oder Anbringung der Klage oder des Antrags, auf Grund dessen die Terminsbestimmung stattfindet, mitgetheilt worden ist. Die erfolgte Mittheilung ist zu den Akten zu vermerken.

§ 34.

Nachdem die Klage eingereicht oder zum Protokolle des Gerichtsschreibers angebracht ist, hat der Vorsitzende einen möglichst nahen Termin zur Verhandlung anzusetzen.

Die Klage gilt, unbeschadet der Bestimmung im § 30 Absatz 4, erst mit der Zustellung an den Beklagten als erhoben.

§ 35.

An ordentlichen Gerichtstagen können die Parteien zur Verhandlung des Rechtsstreits ohne Terminsbestimmung und Ladung vor dem Gerichte erscheinen.

Die Erhebung der Klage erfolgt in diesem Falle durch den mündlichen Vortrag derselben. Die Klage ist zu Protokoll zu nehmen, falls die Sache streitig bleibt.

§ 36.

Die Verhandlung vor dem erkennenden Gerichte einschließlich der Verkündung der Urtheile und Beschlüsse desselben erfolgt öffentlich.

Durch das Gericht kann die Oeffentlichkeit für die Verhandlung oder für einen Theil derselben nach Maßgabe der Vorschriften in den §§ 173 bis 175 des Gerichtsverfassungsgesetzes ausgeschlossen werden.

Die Vorschriften der §§ 176 bis 193 des Gerichtsverfassungsgesetzes über die Aufrechterhaltung der Ordnung in den Sitzungen und über die Gerichtssprache finden Anwendung.

§ 37.

Erscheint der Kläger im Verhandlungstermine nicht, so ist auf Antrag des Beklagten das Versäumnißurtheil dahin zu erlassen, daß der Kläger mit der Klage abzuweisen sei.

Erscheint der Beklagte nicht und beantragt der Kläger das Versäumnißurtheil, so werden die in der Klage behaupteten Thatsachen als zugestanden angenommen. Soweit dieselben den Klageantrag rechtfertigen, ist nach dem Antrage zu erkennen; soweit dies nicht der Fall, ist die Klage abzuweisen.

Bleiben beide Parteien aus, so ruht das Verfahren, bis die Ansetzung eines neuen Verhandlungstermins beantragt wird.

§ 38.

Die Partei, gegen welche ein Versäumnißurtheil erlassen ist, kann binnen der Nothfrist von drei Tagen seit der an sie bewirkten Zustellung des Urtheils die Erklärung abgeben, daß sie Einspruch einlege. Die Einlegung gilt mit der Einreichung der Erklärung oder mit der Abgabe derselben zum Protokolle des Gerichtsschreibers als bewirkt.

In dem Versäumnißurtheil ist der Partei zu eröffnen, in welcher Form und Frist ihr der Einspruch zusteht.

Nach Einlegung des Einspruchs hat der Vorsitzende einen neuen Verhandlungstermin anzusetzen.

Erscheint die Partei, welche den Einspruch eingelegt hat, auch in dem neuen Termine nicht, so gilt der Einspruch als zurückgenommen. Andernfalls wird, sofern der Einspruch zulässig ist, der Prozeß in die Lage zurückversetzt, in welcher er sich vor Eintritt der Versäumniß befand.

§ 39.

Erscheinen die Parteien in dem Termine, so hat das Gewerbegericht thunlichst auf eine gütliche Erledigung des Rechtsstreits hinzuwirken. Es kann den Sühneversuch in jeder Lage des Verfahrens erneuern und hat denselben bei Anwesenheit der Parteien am Schlusse der Verhandlung zu wiederholen.

Der Inhalt eines vor dem Gerichte abgeschlossenen Vergleichs ist durch Aufnahme in das Protokoll festzustellen. Die Feststellung ist den Parteien vorzulesen. In dem Protokolle ist zu bemerken, daß die Vorlesung stattgefunden hat und daß die Genehmigung erfolgt ist, oder welche Einwendungen erhoben sind.

§ 40.

Kommt ein Vergleich nicht zu Stande, so ist über den Rechtsstreit zu verhandeln. Die Leitung der Verhandlung liegt dem Vorsitzenden ob. Derselbe hat dahin zu wirken, daß die Parteien über alle erheblichen Thatsachen sich vollständig erklären, die Beweismittel für ihre Behauptungen bezeichnen und die sachdienlichen Anträge stellen. Derselbe kann jederzeit das persönliche Erscheinen der Parteien anordnen und für den Fall des Nichterscheinens eine Geldstrafe bis zu einhundert Mark androhen. Gegen die Festsetzung der Strafe findet Beschwerde nach den Bestimmungen der Civilprozeßordnung statt.

Wird die Fortsetzung der Verhandlung in einem weiteren Termine nothwendig, insbesondere weil eine erforderliche Beweisaufnahme nicht sofort bewirkt werden kann, so ist der weitere Termin alsbald zu verkünden. Der zur Beweisaufnahme vor dem Gerichte anberaumte Termin ist zugleich zur Fortsetzung der Verhandlung bestimmt.

§ 41.

Erscheinen in einem zur Fortsetzung der Verhandlung bestimmten Termine die Parteien oder eine derselben nicht, so ist das Urtheil unter Berücksichtigung der bisherigen Verhandlungen, insbesondere einer etwaigen Beweisaufnahme, zu erlassen.

Das Gericht kann jedoch, sofern wegen eines neuen Vorbringens der erschienenen Partei oder aus einem anderen Grunde eine weitere Verhandlung angezeigt erscheint, zunächst die Anberaumung eines neuen Termins, sowie eine etwa erforderliche Beweisaufnahme beschließen.

Erscheinen beide Parteien nicht, so kann das Gericht die Sache für ruhend erklären.

Erscheint in dem neuen Termine eine Partei nicht, so entscheidet das Gericht nach freiem Ermessen, inwieweit eine beantragte Beweisaufnahme zu bewirken oder ein neues thatsächliches Vorbringen der erschienenen Partei für zugestanden zu erachten und inwieweit eine von der Gegenpartei abzugebende Erklärung als verweigert oder ein früheres Vorbringen derselben als zurückgenommen anzusehen ist.

§ 42.

Gegen ein auf Grund des § 41 ergangenes Urtheil steht der nicht erschienenen Partei der Einspruch (§ 38) zu, sofern sie durch Naturereignisse oder andere unabwendbare Zufälle am Erscheinen verhindert war. Dies ist der Partei in dem Urtheil zu eröffnen. Die Ansetzung des neuen Verhandlungstermins erfolgt nur, wenn ein Verhinderungsgrund der bezeichneten Art binnen der Einspruchsfrist glaubhaft gemacht ist.

Im Uebrigen gilt ein auf Grund des § 41 ergangenes Urtheil nicht als Versäumnißurtheil.

§ 43.

Die Beweisaufnahme erfolgt in der Regel vor dem Gewerbegerichte. Sie kann nur in den Fällen der §§ 337, 340, 347, 399, 441 der Civilprozeßordnung dem Vorsitzenden des Gerichts oder mittelst Ersuchens einem Amtsgerichte übertragen werden.

Die Beweisaufnahme ist auch dann zu bewirken, wenn die Parteien oder eine derselben in dem für die Beweisaufnahme bestimmten Termine nicht erscheinen.

§ 44.

Beschließt das Gericht die Vernehmung von Zeugen oder Sachverständigen, so sind dieselben, falls sie nicht von den Parteien zur Stelle gebracht sind, zu laden. Von der Ladung der Sachverständigen kann abgesehen werden, wenn schriftliche Begutachtung angeordnet wird.

Die Beeidigung der Zeugen und Sachverständigen erfolgt nur, wenn das Gericht die Beeidigung zur Herbeiführung einer wahrheitsgemäßen Aussage für nothwendig erachtet oder wenn eine Partei dieselbe beantragt. Die Bestimmungen, nach welchen die Beeidigung in gewissen Fällen unzulässig ist (Civilprozeßordnung § 358), bleiben unberührt.

§ 45.

Ob die Leistung eines zugeschobenen oder zurückgeschobenen Eides durch bedingtes Urtheil oder durch Beweisbeschluß anzuordnen sei, bestimmt das Gericht nach freiem Ermessen.

§ 46.

Erscheint der Schwurpflichtige in dem zur Leistung eines Eides bestimmten Termine nicht, so ist der Eid ohne Weiteres als verweigert anzusehen. Dem Verfahren ist Fortgang zu geben.

Der Schwurpflichtige kann binnen einer Nothfrist von drei Tagen nach dem Termine sich zur nachträglichen Leistung des Eides erbieten. Auf ein inzwischen ergangenes Urtheil finden die Bestimmungen des § 647 der Civilprozeßordnung entsprechende Anwendung. Ein solches Urtheil ist, wenn der Eid nachträglich geleistet wird, insoweit aufzuheben, als es auf der Annahme der Eidesverweigerung beruht.

Erscheint der Schwurpflichtige auch in dem zur nachträglichen Eidesleistung bestimmten Termine nicht, so findet ein nochmaliges Erbieten zur Eidesleistung nicht statt.

§ 47.

Ueber die Verhandlung vor dem Gewerbegerichte ist ein Protokoll aufzunehmen. Dasselbe ist von dem Vorsitzenden und dem Gerichtsschreiber zu unterzeichnen.

§ 48.

Das Urtheil ist in dem Termine, in welchem die Verhandlung geschlossen wird, zu verkünden. Ist dies nicht ausführbar, so erfolgt die Verkündung in einem sofort anzuberaumenden Termine, welcher nicht über drei Tage hinaus anberaumt werden soll.

Die Wirksamkeit der Verkündung des Urtheils ist von der Anwesenheit der Parteien und der Beisitzer nicht abhängig.

§ 49.

Aus dem Urtheile müssen ersichtlich sein:

1. die Mitglieder des Gerichts, welche bei der Entscheidung mitgewirkt haben,
2. die Parteien,
3. das Sach- und Streitverhältniß in gedrängter Darstellung nebst den wesentlichen Entscheidungsgründen,
4. der Spruch des Gerichts in der Hauptsache und in Betreff der Kosten. Der Betrag der letzteren soll, soweit er sofort zu ermitteln ist, im Urtheil festgesetzt werden.

Das Urtheil ist von dem Vorsitzenden zu unterzeichnen.

§ 50.

Ein über den Grund des Anspruches vorab entscheidendes Zwischenurtheil ist in Betreff der Rechtsmittel nicht als Endurtheil anzusehen.

§ 51.

Erfolgt die Verurtheilung auf Vornahme einer Handlung, so ist der Beklagte zugleich auf Antrag des Klägers für den Fall, daß die Handlung nicht binnen einer zu bestimmenden Frist vorgenommen ist, zur Zahlung einer nach dem Ermessen des Gerichts festzusetzenden Entschädigung zu verurtheilen.

In diesem Falle ist die Zwangsvollstreckung in Gemäßheit der §§ 773, 774 der Civilprozeßordnung ausgeschlossen.

§ 52.

Die Verpflichtung der unterliegenden Partei, die Kosten des Rechtsstreits zu tragen, erstreckt sich auf die Erstattung der dem Gegner durch die Zuziehung eines Prozeßbevollmächtigten oder Beistandes entstandenen Auslagen nur unter der Voraussetzung, daß die Zuziehung durch besondere Umstände gerechtfertigt war, und nur in Ansehung des Betrages, welchen das Gericht für angemessen erachtet.

Auf Antrag kann der obsiegenden Partei für die ihr durch das Erscheinen bei dem Gerichte entstandenen Versäumnisse in dem Urtheil eine Entschädigung zugebilligt werden.

§ 53.

Die nicht auf Grund einer mündlichen Verhandlung ergehenden Beschlüsse und Verfügungen werden, soweit nicht ein Anderes bestimmt ist, von dem Vorsitzenden allein erlassen.

Im Uebrigen sind für die Befugnisse des Vorsitzenden und der Beisitzer die Vorschriften über das landgerichtliche Verfahren maßgebend.

In Bezug auf die Berathung und Abstimmung finden die Vorschriften der §§ 194 bis 200 des Gerichtsverfassungsgesetzes entsprechende Anwendung.

§ 54.

In dem ersten, auf die Klage angesetzten Termine kann die Zuziehung der Beisitzer unterbleiben.

Erscheint in dem Termine nur eine der Parteien, so erläßt auf Antrag derselben der Vorsitzende das Versäumnißurtheil.

Erscheinen beide Parteien, so hat der Vorsitzende einen Sühneversuch vorzunehmen. Kommt ein Vergleich zu Stande, so ist derselbe in Gemäßheit des § 39 Absatz 2 im Protokolle festzustellen. Das Gleiche gilt, wenn die Klage zurückgenommen oder wenn auf den Klageanspruch verzichtet oder wenn derselbe anerkannt wird; in diesen Fällen hat, sofern beantragt wird, die Rechtsfolgen durch Urtheil auszusprechen, der Vorsitzende das Urtheil zu erlassen.

Bleibt die Sache in dem Termine streitig, so hat der Vorsitzende die Entscheidung zu erlassen, wenn dieselbe sofort erfolgen kann und beide Parteien sie beantragen. Anderenfalls ist ein neuer Verhandlungstermin, zu welchem die Beisitzer zuzuziehen sind, anzusetzen und sofort zu verkünden. Zeugen und Sachverständige, deren Vernehmung der Vorsitzende für erforderlich erachtet, sind zu diesem Termine zu laden.

§ 55.

In den vor die Gewerbegerichte gehörigen Rechtsstreitigkeiten finden die Rechtsmittel statt, welche in den zur Zuständigkeit der Amtsgerichte gehörigen bürgerlichen Rechtsstreitigkeiten zulässig sind. Die Berufung ist jedoch nur zulässig, wenn der Werth des Streitgegenstandes den Betrag von einhundert Mark übersteigt. Entscheidungen über die Festsetzung der Kosten einschließlich der gemäß § 52 ergangenen sind nicht anfechtbar.

Als Berufungs- und Beschwerdegericht ist das Landgericht, in dessen Bezirk das Gewerbegericht seinen Sitz hat, zuständig.

Ist für das Rechtsmittel gegen eine Entscheidung des Gewerbegerichts eine Nothfrist bestimmt, so beginnt diese für jede Partei mit der an sie bewirkten Zustellung und, sofern auf die Zustellung verzichtet war (§ 30 Absatz 2), mit der Verkündung der Entscheidung. Im Uebrigen richtet sich die Einlegung des Rechtmittels und das Verfahren in der Rechtsmittelinstanz nach den Vorschriften der Civilprozeßordnung. Die Bestimmung im § 532 Absatz 2 der Civilprozeßordnung über die Einlegung der Beschwerde in den bei einem Amtsgerichte anhängigen oder anhängig gewesenen Sachen findet entsprechende Anwendung.

§ 56.

Aus den Endurtheilen der Gewerbegerichte, welche rechtskräftig oder für vorläufig vollstreckbar erklärt sind, sowie aus den Vergleichen, welche nach Erhebung der Klage vor dem Gewerbegerichte geschlossen sind, findet die Zwangsvollstreckung statt.

Die der Berufung oder dem Einspruch unterliegenden Urtheile sind von Amtswegen für vorläufig vollstreckbar zu erklären, wenn sie die in Nr. 1 des § 3 bezeichneten Streitigkeiten betreffen oder der Gegenstand der Verurtheilung an Geld oder Geldeswerth die Summe von dreihundert Mark nicht übersteigt.

Die vorläufige Vollstreckbarkeit ist nicht auszusprechen, wenn glaubhaft gemacht wird, daß die Vollstreckung dem Schuldner einen nicht zu ersetzenden Nachtheil bringen würde; auch kann sie von einer vorgängigen Sicherheitsleistung abhängig gemacht werden.

Im Uebrigen finden auf die Zwangsvollstreckung sowie auf den Arrest und die einstweiligen Verfügungen die Vorschriften im achten Buche der Civilprozeßordnung Anwendung. Die für den Beginn der Zwangsvollstreckung erforderlichen Zustellungen (§§ 671, 672 der Civilprozeßordnung) sind, soweit sie nicht bereits vorher erfolgt sind, auf Antrag des Gläubigers durch das Gewerbegericht zu bewirken.

§ 57.

Für die Verhandlung des Rechtsstreits vor den Gewerbegerichten wird eine einmalige Gebühr nach dem Werthe des Streitgegenstandes erhoben.

Dieselbe beträgt bei einem Gegenstande im Werthe

bis 20 Mark einschließlich .	1,— Mark,
von mehr als 20 Mark bis 50 Mark einschließlich . .	1,50 „
von mehr als 50 Mark bis 100 Mark einschließlich .	3,— Mark.

Die ferneren Werthsklassen steigen um je einhundert Mark, die Gebühren um je drei Mark. Die höchste Gebühr beträgt dreißig Mark.

Wird der Rechtsstreit durch Versäumnißurtheil oder durch eine auf Grund eines Anerkenntnisses oder einer Zurücknahme der Klage erlassene Entscheidung erledigt, ohne daß eine kontradiktorische Verhandlung vorhergegangen war, so wird eine Gebühr in Höhe der Hälfte der oben bezeichneten Sätze erhoben.

Wird ein zur Beilegung des Rechtsstreits abgeschlossener Vergleich aufgenommen, so wird eine Gebühr nicht erhoben, auch wenn eine kontradiktorische Verhandlung vorausgegangen war.

Schreibgebühren kommen nicht in Ansatz. Für Zustellungen werden baare Auslagen nicht erhoben. Im Uebrigen findet die Erhebung der Auslagen nach Maßgabe des § 79 des Gerichtskostengesetzes statt. Der § 2 desselben findet Anwendung.

Durch das Statut (§ 1 Absatz 2 bis 4) kann vorgeschrieben werden, daß Gebühren und Auslagen in geringerem Betrage oder gar nicht erhoben werden.

§ 58.

Schuldner der entstandenen Gebühren und Auslagen ist derjenige, welchem durch die gerichtliche Entscheidung die Kosten auferlegt sind, oder welcher dieselben durch eine vor dem Gewerbegerichte abgegebene oder diesem mitgetheilte Erklärung übernommen hat, und in Ermangelung einer solchen Entscheidung oder Uebernahme derjenige, welcher das Verfahren beantragt hat.

Die Einziehung der Gerichtskosten erfolgt nach den für die Einziehung der Gemeindeabgaben geltenden Vorschriften.

§ 59.

Die Kosten der Rechtsmittel und der Zwangsvollstreckung bestimmen sich nach den für die ordentlichen Gerichte maßgebenden Vorschriften. Das Gesuch um Festsetzung der Kosten zweiter Instanz ist bei dem Landgerichte anzubringen.

Die Gebührenordnung für Zeugen und Sachverständige findet in dem Verfahren vor den Gewerbegerichten Anwendung.

§ 60.

Die ordentlichen Gerichte haben den Gewerbegerichten nach Maßgabe der Bestimmungen des Gerichtsverfassungsgesetzes Rechtshülfe zu leisten.

Dritter Abschnitt.

Thätigkeit des Gewerbegerichts als Einigungsamt.

§ 61.

Das Gewerbegericht kann in Fällen von Streitigkeiten, welche zwischen Arbeitgebern und Arbeitern über die Bedingungen der Fortsetzung oder Wiederaufnahme des Arbeitsverhältnisses entstehen, als Einigungsamt angerufen werden.

§ 62.

Der Anrufung ist Folge zu geben, wenn sie von beiden Theilen erfolgt und die betheiligten Arbeiter und Arbeitgeber — letztere sofern ihre Zahl mehr als drei beträgt — Vertreter bestellen, welche mit der Verhandlung vor dem Einigungsamt beauftragt werden.

Als Vertreter können nur Betheiligte bestellt werden, welche das fünfundzwanzigste Lebensjahr vollendet haben, sich im Besitze der bürgerlichen Ehrenrechte befinden und nicht durch gerichtliche Anordnung in der Verfügung über ihr Vermögen beschränkt sind.

Soweit Arbeiter in diesem Alter nicht, oder nicht in genügender Anzahl vorhanden sind, können jüngere Vertreter zugelassen werden.

Die Zahl der Vertreter jedes Theiles soll in der Regel nicht mehr als drei betragen. Das Einigungsamt kann eine größere Zahl von Vertretern zulassen.

Ob die Vertreter für genügend legitimirt zu erachten sind, entscheidet das Einigungsamt nach freiem Ermessen.

§ 63.

Das Gewerbegericht, welches als Einigungsamt thätig wird, soll neben dem Vorsitzenden mit vier Beisitzern, Arbeitgeber und Arbeiter in gleicher Zahl, besetzt sein. Die Zuziehung der Beisitzer erfolgt, sofern durch das Statut nicht anders bestimmt ist, durch den Vorsitzenden.

Das Einigungsamt kann sich durch Zuziehung von Vertrauensmännern der Arbeitgeber und Arbeiter in gleicher Zahl ergänzen. Dies muß geschehen, wenn es von den Vertretern beider Theile unter Bezeichnung der zuzuziehenden Vertrauensmänner beantragt wird.

Die Beisitzer und Vertrauensmänner dürfen nicht zu den Betheiligten gehören. Befinden sich unter den Beisitzern unbetheiligte Arbeitgeber und Arbeiter nicht in genügender Zahl, so werden die fehlenden durch Vertrauensmänner ersetzt, welche von den Vertretern der Arbeitgeber beziehungsweise der Arbeiter zu wählen sind.

§ 64.

Das Einigungsamt hat durch Vernehmung der Vertreter beider Theile die Streitpunkte und die für die Beurtheilung derselben in Betracht kommenden Verhältnisse festzustellen. Es ist befugt, zur Aufklärung der letzteren Auskunftspersonen vorzuladen und zu vernehmen.

Jedem Beisitzer und Vertrauensmann steht das Recht zu, durch den Vorsitzenden Fragen an die Vertreter und Auskunftspersonen zu richten.

§ 65.

Nach erfolgter Klarstellung der Verhältnisse ist in gemeinsamer Verhandlung jedem Theile Gelegenheit zu geben, sich über das Vorbringen des anderen Theiles, sowie über die vorliegenden Aussagen der Auskunftspersonen zu äußern. Demnächst findet ein Einigungsversuch zwischen den streitenden Theilen statt.

§ 66.

Kommt eine Vereinbarung zu Stande, so ist der Inhalt derselben durch eine von sämmtlichen Mitgliedern des Einigungsamtes und von den Vertretern beider Theile zu unterzeichnende Bekanntmachung zu veröffentlichen.

§ 67.

Kommt eine Vereinbarung nicht zu Stande, so hat das Einigungsamt einen Schiedsspruch abzugeben, welcher sich auf alle zwischen den Parteien streitigen Fragen zu erstrecken hat.

Die Beschlußfassung über den Schiedsspruch erfolgt mit einfacher Stimmenmehrheit. Stehen bei der Beschlußfassung über den Schiedsspruch die Stimmen sämmtlicher für die Arbeitgeber zugezogenen Beisitzer und Vertrauensmänner denjenigen sämmtlicher für die Arbeiter zugezogenen gegenüber, so kann der Vorsitzende sich seiner Stimme enthalten und feststellen, daß ein Schiedsspruch nicht zu Stande gekommen ist.

§ 68.

Ist ein Schiedsspruch zu Stande gekommen, so ist derselbe den Vertretern beider Theile mit der Aufforderung zu eröffnen, sich binnen einer zu bestimmenden Frist darüber zu erklären, ob sie sich dem Schiedsspruche unterwerfen. Die Nichtabgabe der Erklärung binnen der bestimmten Frist gilt als Ablehnung der Unterwerfung.

Nach Ablauf der Frist hat das Einigungsamt eine von sämmtlichen Mitgliedern desselben unterzeichnete öffentliche Bekanntmachung zu erlassen, welche den abgegebenen Schiedsspruch und die darauf abgegebenen Erklärungen der Parteien enthält.

§ 69.

Ist weder eine Vereinbarung (§ 66) noch ein Schiedsspruch zu Stande gekommen, so ist dies von dem Vorsitzenden des Einigungsamtes öffentlich bekannt zu machen.

Vierter Abschnitt.

Gutachten und Anträge der Gewerbegerichte.

§ 70.

Das Gewerbegericht ist verpflichtet, auf Ansuchen von Staatsbehörden oder des Vorstandes des Kommunalverbandes, für welchen dasselbe errichtet ist, Gutachten über gewerbliche Fragen abzugeben. Zur Vorbereitung oder Abgabe derartiger Gutachten können Ausschüsse aus der Mitte des Gewerbegerichts gebildet werden.

Diese Ausschüsse müssen, sofern es sich um Fragen handelt, welche die Interessen beider Theile berühren, zu gleichen Theilen aus Arbeitgebern und Arbeitern zusammengesetzt sein.

In gleicher Weise ist das Gewerbegericht berechtigt, in gewerblichen Fragen, welche die seiner Gerichtsbarkeit unterstehenden Betriebe berühren, Anträge an Behörden und an Vertretungen von Kommunalverbänden zu richten.

Das Nähere bestimmt das Statut.

Fünfter Abschnitt.

Verfahren vor dem Gemeindevorsteher.

§ 71.

Ist ein zuständiges Gewerbegericht nicht vorhanden, so kann bei Streitigkeiten der in Nr. 1

und 3 des § 3 bezeichneten Art jede Partei die vorläufige Entscheidung durch den Vorsteher der Gemeinde (Bürgermeister, Schultheiß, Ortsvorsteher u. s. w.) nachsuchen. Zuständig ist der Vorsteher der Gemeinde, in deren Bezirk die streitige Verpflichtung aus dem Arbeitsverhältnisse zu erfüllen ist.

Den Parteien ist Gelegenheit zu geben, ihre Ausführungen und Beweismittel in einem Termine vorzubringen. Eine Beweisaufnahme durch Ersuchen anderer Behörden findet nicht statt; Vereidigungen sind nicht zulässig.

Kommt ein Vergleich zu Stande, so ist ein Protokoll darüber aufzunehmen und von den Parteien und dem Gemeindevorsteher zu unterschreiben.

§ 72.

Die Entscheidung des Gemeindevorstehers ist schriftlich abzufassen; sie geht in Rechtskraft über, wenn nicht binnen einer Nothfrist von zehn Tagen von einer der Parteien Klage bei dem ordentlichen Gerichte erhoben wird. Die Frist beginnt mit der Verkündung, gegen eine bei der Verkündung nicht anwesende Partei mit der Behändigung der Entscheidung.

Die Entscheidungen des Gemeindevorstehers sind von Amtswegen für vorläufig vollstreckbar zu erklären.

Die vorläufige Vollstreckbarkeit ist nicht auszusprechen, wenn glaubhaft gemacht wird, daß die Vollstreckung dem Schuldner einen nicht zu ersetzenden Nachtheil bringen würde; auch kann sie von einer vorgängigen Sicherheitsleistung abhängig gemacht werden.

Ist rechtzeitig Klage erhoben, so findet der § 647 der Civilprozeßordnung entsprechende Anwendung.

§ 73.

Die vor dem Gemeindevorsteher geschlossenen Vergleiche, sowie die rechtskräftigen oder vollstreckbaren Entscheidungen desselben sind, sofern die Partei es beantragt, auf Ersuchen des Gemeindevorstehers durch die Ortspolizeibehörde nach den Vorschriften über das Verwaltungszwangsverfahren zu vollstrecken. Ein unmittelbarer Zwang zur Vornahme einer Handlung ist nur im Falle des § 130 der Gewerbeordnung zulässig. Wo ein Verwaltungszwangsverfahren nicht besteht, finden die Bestimmungen über die Zwangsvollstreckung in bürgerlichen Rechtsstreitigkeiten Anwendung.

§ 74.

Der Gemeindevorsteher kann die Wahrnehmung der ihm nach den §§ 71 bis 73 obliegenden Geschäfte mit Genehmigung der höheren Verwaltungsbehörde einem Stellvertreter übertragen. Derselbe muß aus der Mitte der Gemeindeverwaltung oder Gemeindevertretung auf mindestens ein Jahr berufen werden. Die Berufung ist öffentlich bekannt zu machen.

§ 75.

Durch Anordnung der Landes-Zentralbehörde kann an Stelle des Gemeindevorstehers ein zur Vornahme von Sühneverhandlungen über streitige

Rechtsangelegenheiten staatlich bestelltes Organ mit Wahrnehmung der in den §§ 71 bis 73 aufgeführten Geschäfte beauftragt werden. Die Anordnung ist öffentlich bekannt zu machen.

Sechster Abschnitt.

Schlußbestimmungen.

§ 76.

Die Bestimmungen dieses Gesetzes finden keine Anwendung auf Gehülfen und Lehrlinge in Apotheken und Handelsgeschäften, sowie auf Arbeiter, welche in den unter der Militär- oder Marineverwaltung stehenden Betriebsanlagen beschäftigt sind.

§ 77.

Auf Streitigkeiten der in Bergwerken, Salinen, Aufbereitungsanstalten und unterirdisch betriebenen Brüchen und Gruben beschäftigten Arbeiter mit ihren Arbeitgebern finden die Bestimmungen dieses Gesetzes mit der Maßgabe Anwendung, daß die Errichtung von Gewerbegerichten, deren Zuständigkeit auf die vorbezeichneten Betriebe beschränkt wird, unabhängig von den Voraussetzungen des § 1 Absatz 5 durch Anordnung der Landes-Zentralbehörde erfolgen kann.

Für die auf Grund der letzteren Bestimmung errichteten Gewerbegerichte gelten nachstehende besondere Vorschriften:

1. Die Bestimmung des letzten Satzes im Absatz 2 des § 6 findet keine Anwendung.

2. Durch die Zuständigkeit eines solchen Gerichts wird die Zuständigkeit anderer innerhalb seines Bezirks bestehender oder später errichteter Gewerbegerichte ausgeschlossen.
3. Die Kosten der Gewerbegerichte werden, soweit sie in deren Einnahmen nicht Deckung finden, vom Staate getragen.
4. Der Vorsitzende und dessen Stellvertreter werden von der Landes-Zentralbehörde ernannt. Zur Bewirkung der Zustellungen können an Stelle der Gerichtsvollzieher oder Gemeindebeamten (§ 23 Absatz 2) andere Beamte verwendet werden.
5. Inwieweit den Arbeitgebern im Sinne der §§ 11 bis 13 die mit der Leitung eines Betriebes oder eines bestimmten Zweiges desselben betrauten Stellvertreter der selbständigen Gewerbetreibenden gleichstehen, wird durch Anordnung der Landes-Zentralbehörde bestimmt.
6. Die Bestimmung des § 63 Absatz 3 findet, soweit sie sich auf Beisitzer bezieht, keine Anwendung.

§ 78.

Der § 120a der Gewerbeordnung wird aufgehoben.

Soweit auf denselben zur Bezeichnung der im Absatz 1 daselbst erwähnten Streitigkeiten in anderen Gesetzesstellen Bezug genommen wird, tritt der § 3 Absatz 1 dieses Gesetzes an seine Stelle.

Soweit nach den gesetzlichen Vorschriften über die Krankenversicherung der Arbeiter die Entscheidung von Streitigkeiten über die Berechnung und Anrechnung von Versicherungsbeiträgen in Gemäßheit der Bestimmungen des § 120a der Gewerbeordnung zu erfolgen hatte, finden die Vorschriften des gegenwärtigen Gesetzes über das Verfahren vor dem Gemeindevorsteher auch dann Anwendung, wenn es sich um Versicherungsbeiträge anderer als der im § 2 bezeichneten Arbeiter handelt. Die Zuständigkeit des Gemeindevorstehers wird in diesem Falle nicht dadurch ausgeschlossen, daß ein Gewerbegericht für die Gemeinde errichtet ist.

§ 79.

Die Zuständigkeit der Innungen zur Entscheidung von Streitigkeiten zwischen Arbeitgebern und ihren Lehrlingen (Gewerbeordnung § 97 Nr. 4, § 100e Nr. 1), sowie die Zuständigkeit der Innungs=Schiedsgerichte (Gewerbeordnung § 97a Nr. 6, § 100i Absatz 2) erleiden durch dieses Gesetz keine Einschränkung.

Durch die Zuständigkeit einer Innung oder eines Innungsschiedsgerichts wird die Zuständigkeit eines für den Bezirk der Innung bestehenden oder später errichteten Gewerbegerichts ausgeschlossen.

Gegen die Entscheidungen der Innungen und der Innungs=Schiedsgerichte steht binnen zehn Tagen die Berufung auf den Rechtsweg durch Erhebung der Klage bei dem ordentlichen Gerichte offen.

§ 80.

Die nach § 14 Nr. 4 des Gerichtsverfassungsgesetzes zugelassenen, auf Grund der Landesgesetze zur Entscheidnng gewerblicher Streitigkeiten berufenen Gewerbegerichte werden mit dem 1. April 1892 aufgehoben, sofern nicht bis zu diesem Zeitpunkte ihre Zusammensetzung den Bestimmungen des § 12 Absatz 1 und 2 entspricht. Auf die Vertretung der Parteien vor den bezeichneten Gerichten finden die Bestimmungen des § 29 Anwendung.

Sofern diese Gerichte den vorbezeichneten Erfordernissen entsprechen, erleidet ihre Zuständigkeit durch dieses Gesetz keine Einschränkung.

§ 81.

Die auf Grund des § 120a Absatz 3 der Gewerbeordnung errichteten Schiedsgerichte gelten als Gewerbegerichte im Sinne dieses Gesetzes.

Die mit Rücksicht auf die Vorschriften desselben über die Zusammensetzung der Gewerbegerichte und das Verfahren erforderlichen Aenderungen der geltenden Ortsstatuten sind ohne Verzug vorzunehmen. Ist eine erforderliche Aenderung binnen zwei Monaten nach dem Inkrafttreten dieses Gesetzes nicht erfolgt, so ist sie durch die Landes-Zentralbehörde zu verfügen.

Nachdem die erforderlichen Aenderungen getroffen sind, finden die Vorschriften dieses Gesetzes auch auf die vorher anhängig gewordenen Streitigkeiten Anwendung.

§ 82.

Streitigkeiten, welche, bevor ein für dieselben zuständiges Gewerbegericht bestand, anhängig geworden sind, werden von den bis dahin zuständig gewesenen Behörden erledigt.

§ 83.

Die Zentralbehörden der Bundesstaaten bestimmen, welche Verbände als weitere Kommunalverbände im Sinne dieses Gesetzes anzusehen, von welchen Organen der Gemeinden und weiteren Kommunalverbände die Statuten über Errichtung von Gewerbegerichten zu beschließen, und von welchen Staats- oder Gemeindeorganen die übrigen in diesem Gesetze den Staats- oder Gemeindebehörden, sowie den Vertretungen der Gemeinden und weiteren Kommunalverbände zugewiesenen Verrichtungen wahrzunehmen sind.

Mit den von der höheren Verwaltungsbehörde wahrzunehmenden Geschäften können jedoch nur diejenigen höheren Verwaltungsbehörden betraut werden, welche nach Landesrecht die Aufsicht oder Oberaufsicht in Gemeindeangelegenheiten wahrzunehmen haben; auf die in Gemäßheit des § 77 errichteten Gewerbegerichte findet diese Bestimmung keine Anwendung.

§ 84.

Diejenigen Vorschriften dieses Gesetzes, welche sich auf die Herstellung der zur Durchführung desselben erforderlichen Einrichtungen beziehen, treten mit dem Tage der Verkündigung dieses Gesetzes, die übrigen Bestimmungen desselben am 1. April 1891 in Kraft.

Urkundlich unter Unserer Höchsteigenhändigen Unterschrift und beigedrucktem Kaiserlichen Insiegel.

Gegeben Wilhelmshaven, den 29. Juli 1890.

(L. S.) **Wilhelm.**

von Caprivi.

XII. Kgl. Verordnung vom 16. August 1890,
den

Vollzug des Reichsgesetzes über die Gewerbegerichte betr.

(Ges. u. V. Bl. S. 571.)

Wir finden Uns bewogen, zum Vollzuge des Reichsgesetzes vom 29. Juli 1890, die Gewerbegerichte betreffend (R. G. Bl. S. 141 ff.), zu verordnen was folgt:

§ 1. Die den Landescentralbehörden gemäß § 1 Abs. 5, § 6 Abs. 2, § 77 Abs. 1 u. 2 Z. 4 u. 5, § 81 Abs. 2 des Reichsgesetzes überlassenen Befugnisse werden von dem Staatsministerium des Innern ausgeübt.

§ 2. Die den höheren Verwaltungsbehörden zugewiesenen Geschäfte (§ 1 Abs. 2 und 3, § 15, § 16, § 19, § 20, § 74 des Reichsgesetzes) sind von den Regierungen, Kammern des Innern, wahrzunehmen.

Im Falle der Errichtung von Gewerbegerichten nach § 77 des Reichsgesetzes können für den Bereich dieser Gerichte die Befugnisse der höheren Verwaltungsbehörden vom Staatsministerium des Innern dem Oberbergamte übertragen werden.

§ 3. Als weitere Kommunalverbände im Sinne des Reichsgesetzes (§ 1 Abs. 4 u. 5, § 8 Abs. 1, § 11 Abs. 2, § 16, § 18 Abs. 1) sind die Distriktsgemeinden anzusehen.

Die Vertretung des weiteren Kommunalverbandes gehört zum Wirkungskreise des Distriktsraths.

§ 4. Die Befugnisse der Gemeindevertretungen und Ortsbehörden (§ 1 Abs. 2 und 3, § 6 Abs. 2, § 11, § 16, § 18 Abs. 1, § 74 des Reichsgesetzes) werden in den Gemeinden mit städtischer Verfassung von den Magistraten, in den Gemeinden mit Landgemeindeverfassung von den Gemeindeausschüssen, in der Pfalz von den Gemeinderäthen wahrgenommen.

In den Landestheilen rechts des Rheins ist zum Erlaß der in § 1 Abs. 2 u. 3 u. § 81 Abs. 2 des Reichsgesetzes vorgesehenen Ortsstatuten die Zustimmung der Gemeindebevollmächtigten bezw. der Gemeindeversammlung erforderlich.

§ 5. In München werden die den Ortspolizeibehörden nach § 73 des Reichsgesetzes zukommenden Obliegenheiten vom Magistrate ausgeübt.

Jagdhaus Kenzen, den 16. August 1890.

Luitpold.

Frhr. v. Feilitzsch.

XIII. Reichsgesetz, betr. Ergänzung der Bestimmungen über den Wucher, vom 19. Juni 1893.

(R. G. Bl. S. 197, ausgegeben 24. Juni 1893.)

Artikel III.

Der Absatz 3 Satz 1 des § 35 der Gewerbeordnung erhält folgende veränderte Fassung:

Dasselbe gilt von der gewerbsmäßigen Besorgung fremder Rechtsangelegenheiten und bei Behörden wahrzunehmender Geschäfte, insbesondere der Abfassung der darauf bezüglichen schriftlichen Aufsätze, von dem gewerbsmäßigen Betriebe der Viehverstellung (Viehpacht), des Viehhandels und des Handels mit ländlichen Grundstücken, von dem Geschäfte der gewerbsmäßigen Vermittelungsagenten für Immobiliarverträge, Darlehen und Heirathen, von dem Geschäfte eines Gesindevermiethers und eines Stellenvermittlers, sowie vom Geschäfte eines Auktionators.

XIV. Bekanntmachung des k. Staatsministeriums des Innern,

Abtheilung für Landwirthschaft, Gewerbe und Handel,

den gewerbsmäßigen Betrieb des Handels mit ländlichen Grundstücken betr., vom 1. Januar 1894.

(Ges. u. V. Bl. 1894 S. 12.)

Auf Grund des § 35 der Gewerbeordnung in der Fassung des Reichsgesetzes vom 19. Juni v. J. (Reichsgesetzblatt Nr. 24) und des § 38 der Gewerbeordnung in der Fassung des Reichsgesetzes vom 23. Juli 1879 (Reichsgesetzblatt Nr. 29) werden bezüglich des gewerbsmäßigen Betriebes des Handels mit ländlichen Grundstücken folgende Vorschriften über Führung der Bücher und über die polizeiliche Kontrole des Umfanges und der Art des Geschäftsbetriebes erlassen:

1. Wer den Handel mit ländlichen Grundstücken gewerbsmäßig betreibt, ist zur ordnungsmäßigen Führung eines Geschäftsbuches verpflichtet.

Das Geschäftsbuch muß dauerhaft gebunden, im Rücken mit einem starken Faden durchzogen und mit fortlaufenden Seitenzahlen versehen sein. Dasselbe muß, bevor es in Gebrauch kommt, der Distriktsverwaltungsbehörde vorgelegt werden. Findet diese den Einband und die Seitenzahl in Ordnung, so genehmigt sie die Verwendung des Geschäftsbuches, indem sie zugleich auf der ersten Seite desselben die Anzahl der Seiten bemerkt, und die beiden Enden des Fadens mittelst amtlichen Siegels bestätigt.

Die Einträge in das Geschäftsbuch müssen gut leserlich, in deutscher Sprache und mit Tinte geschrieben sein.

Ohne Erlaubniß der Distriktsverwaltungsbehörde dürfen die Geschäftsbücher weder ganz noch theilweise vernichtet werden.

2. Jedes den Handel mit ländlichen Grundstücken betreffende Geschäft muß in das Geschäftsbuch deutlich, vollständig und wahrheitsgetreu eingetragen werden.

Einzutragen ist jedes Güterhandelgeschäft, gleichviel ob dasselbe im Bezirke des Wohnsitzes des Händlers oder in einem anderen Bezirke stattgefunden hat.

3. Der Eintrag muß in tabellarischer Form enthalten:

a) die fortlaufende Nummer für jedes Geschäft;
b) die Zeit des Auftrages und Abschlusses;
c) Name, Stand und Wohnort des Besitzers, von welchem Grundstücke erworben werden;
d) die genaue Bezeichnung der Grundstücke, welche den Gegenstand des Handelsgeschäftes bilden, nach ihrer Benützung (Wiese, Acker, Wald u. s. w.) und nach der katastermäßigen Plannummer sowie nach ihrer Fläche.

4. Bei jedem Grundstücke ist der Erwerbspreis beizufügen, zu welchem es von dem Güterhändler erworben wurde.

5. Ferner ist in dem Geschäftsbuche anzugeben, wann und an wen jedes eingetragene Grundstück veräußert wurde und zu welchem Preise.

6. Der Güterhändler ist verpflichtet, wenn er eine Gutszertrümmerung durchzuführen beabsichtigt, noch vor der Einleitung des Geschäftes der Distriktsverwaltungsbehörde Anzeige zu erstatten und derselben, sowie ihren Organen behufs der Kontrole der Geschäftsführung Zutritt in seine Geschäftsräume zu gestatten, die Geschäftsbücher vorzuzeigen und jede auf den Geschäftsbetrieb bezügliche Auskunft zu ertheilen.

7. Die vorstehenden Bestimmungen finden auch dann Anwendung, wenn die Grundstücke zwar im Namen des bisherigen Besitzers, aber auf Rechnung des vom Besitzer zum Verkauf bevollmächtigten Händlers veräußert werden.

In diesem Falle ist im Geschäftsbuche statt des Erwerbspreises (Ziff. 4) anzugeben, wieviel von dem bei der Weiterveräußerung der Grundstücke erzielten Preise, sei es in einer im voraus bestimmten, sei es in einer nach der Höhe des Verkaufspreises sich richtenden Summe, nach den zwischen dem bisherigen Besitzer und dem Händler getroffenen Vereinbarungen von dem letzteren an den ersteren zu entichten ist.

Bezüglich der gewerbsmäßigen Vermittlungsagenten von Verträgen über ländliche Grundstücke verbleibt es bei den Beſtimmungen der Bekanntmachung vom 18. Dezember 1883, die in § 35 Abſ. III der Gewerbeordnung aufgeführten Betriebe betreffend (Geſ.- u. V.-Bl. S. 495).

8. Gegenwärtige Vorſchriften treten am 1. März 1894 in Kraft.

München, den 1. Januar 1894.

Frhr. v. Feilitzſch.

Der Generalſekretär:
Miniſterialrath v. Nies.

XV. Kaiſerliche Verordnung vom 4. Februar 1895,

betr. das völlige Inkrafttreten der auf die Sonntagsruhe bezüglichen Beſtimmungen der Gewerbeordnungsnovelle vom 1. Juni 1891, (ſiehe hier S. 177).

(R. G. Bl. S. 11.)

Wir **Wilhelm**, von Gottes Gnaden Deutſcher Kaiſer, König von Preußen ꝛc.

verordnen auf Grund des Artikels 9 Abſatz 1 des Geſetzes, betreffend die Abänderung der Gewerbeordnung, vom 1. Juni 1891 (Reichs-Geſetzbl. S. 261) im Namen des Reichs, nach erfolgter Zuſtimmung des Bundesraths, was folgt:

Die Beſtimmungen der §§ 105a bis 105f, 105h und 105i des Geſetzes, betreffend die Abänderung der Gewerbeordnung, vom 1. Juni 1891 (Reichs-Geſetzbl. S. 261) treten, ſoweit ſie nicht bereits nach der Verordnung, betreffend das Inkrafttreten der auf die Sonntagsruhe im Handelsgewerbe bezüglichen Bestimmungen, vom 28. März 1892 (Reichs-Gesetzbl. S. 339) in Geltung sind, mit dem 1. April 1895 in Kraft.

Urkundlich unter Unserer Höchsteigenhändigen Unterschrift und beigedrucktem Kaiserlichen Insiegel.

Gegeben Berlin im Schloß, den 4. Februar 1895.

(L. S.) **Wilhelm.**

von Boetticher.

XVI. Bekanntmachung des Bundesraths vom 5. Februar 1895,

betr. die Ausnahmen von dem Verbote der Sonntagsarbeit im Gewerbebetriebe.

(R. G. Bl. S. 12.)

Auf Grund des § 105 d des Gesetzes, betreffend die Abänderung der Gewerbeordnung, vom 1. Juni 1891 (Reichs-Gesetzbl. S. 261) hat der Bundesrath nachstehende Bestimmungen, betreffend Ausnahmen von dem Verbote der Sonntagsarbeit im Gewerbebetriebe, beschlossen:

I.

Die Beschäftigung von Arbeitern an Sonn- und Festtagen wird — unbeschadet der Bestimmungen des § 105 c der Gewerbeordnung — für die in der nachfolgenden Tabelle bezeichneten Gewerbe und Arbeiten unter den daselbst angegebenen Bedingungen gestattet.

Arbeitern, welche mit den zur Vornahme dieser Arbeiten erforderlichen Hülfsverrichtungen beschäftigt werden (Betrieb der Kraftmaschinen, Beleuchtungsanlagen u. s. w.), sind mindestens Ruhezeiten gemäß § 105 c Absatz 3 oder, mit Genehmigung der unteren Verwaltungsbehörde, gemäß § 105 c Absatz 4 der Gewerbeordnung zu gewähren.

II.

Die in Spalte 3 der nachfolgenden Tabelle für einzelne oder für zwei aufeinander folgende Sonn- und Festtage vorgeschriebenen Ruhezeiten der Arbeiter müssen ohne Unterbrechung und ganz oder zum größeren Theil innerhalb der Zeit von 6 Uhr Abends des vorhergehenden Werktages bis 6 Uhr Morgens des nachfolgenden Werktages gewährt werden.

III.

In Betrieben, in welchen auf Grund der vorstehenden Bestimmungen Arbeiter an Sonn- oder Festtagen beschäftigt werden, hat der Arbeitgeber innerhalb der Betriebsstätte an geeigneter, den Arbeitern zugänglicher Stelle eine Tafel auszuhängen, welche in deutlicher Schrift den Inhalt der Bestimmungen zu I und II und aus der nachfolgenden Tabelle die auf seinen Betrieb bezüglichen Vorschriften enthält.

IV.

Vorstehende Bestimmungen treten mit dem **1.** April 1895 in Kraft.

Berlin, den 5. Februar 1895.

Der Stellvertreter des Reichskanzlers.

von Boetticher.

Bemerkung.

Im Anschluß an diese Bekanntmachung sind im Reichsgesetzblatt 1895 S. 13—59 für nachbezeichnete Gewerbe und Arbeiten Ausnahmen unter den dort angegebenen Bedingungen gestattet:

A. Bergbau-, Hütten- und Salinenwesen.

1. Bergwerke und Gruben. 2. Erzröstwerke und mit Hüttenwerken verbundene Röstofenbetriebe: a) ohne Säuregewinnung, b) mit Säuregewinnung. 3. Verkokungs- und Steinkohlendestillationsanstalten. 4. Salinen. 5. Metallhüttenwerke, ausschließlich der unter Ziffer 6 und 7 fallenden Anlagen (Gewinnung von Gold, Silber, Blei,

Kupfer, Zink, Nickel, Kobalt, Antimon, Wismuth, Arsen, Zinn u. s. w.). 6. Eisen-Hochofenwerke. 7. Bessemer- und Thomasstahlwerke, Martin- und Tiegelgußstahlwerke, Puddelwerke und zugehörige Walz- und Hammerwerke, sowie Hochofengießereien.

B. Industrie der Steine und Erden.

1. Glashütten. 2. Kalk- und Gipsbrennereien. 3. Herstellung von Cement. 4. Herstellung von Porzellanknöpfen.

C. Metallverarbeitung; Maschinen, Apparate.

1. Emaillirwerke. 2. Entzinnung von Weißblech auf elektrolytischem Wege. 3. Herstellung elektrischer Maschinen und Apparate.

D. Chemische Industrie.

1. Gewinnung von Schwefelsäure. 2. Gewinnung von Schwefelsäuremonohydrat. 3. Gewinnung von Schwefelsäureanhydrid. 4. Gewinnung von Sulfat und von Salzsäure. 5. Herstellung von kalzinirtem Glaubersalz. 6. Gewinnung von Soda und Pottasche: a) nach dem Leblanc-Verfahren, b) nach dem Ammoniaksodaverfahren sowie nach dem Magnesia- und Ammoniak-Magnesiaverfahren, c) Gewinnung von Pottasche aus Rübenmelasse, d) Gewinnung von Pottasche aus Wollschweiß. 7. Herstellung von Aetzalkali. 8. Kalifabriken. 9. Gewinnung von Chlorkalk, Chloraten und flüssigem Chlor. 10. Gewinnung von Blutlaugensalz. 11. Gewinnung von Rhodansalzen. 12. Gewinnung von a) Ammoniak, b) Ammoniaksalzen. 13. Gewinnung doppelt kohlensaurer Salze. 14. Herstellung von Wasserglas. 15. Gewinnung von Chromaten. 16. Herstellung von übermangansaurem Kali. 17. Gewinnung von Schwefelnatrium, Chlorbaryum, Chlorcalcium und Antichlor. 18. Darstellung von Alaun und Thonerdepräparaten. 19. Ultramarinfabriken. 20. Herstellung gebrannter Magnesia. 21. Strontianitfabriken. 22. Gewinnung von Flußsäure. 23. Herstellung flüssiger Kohlensäure. 24. Herstellung von komprimirtem Sauerstoff und Wasserstoff. 25. Herstellung von künstlichem Dünger. 26. Herstellung

von Barytpräparaten einschließlich Lithopon und Englisch-Roth. 27. Herstellung von Bleiweiß, Kremserweiß, Mennige und bleisauren Salzen. 28. Gewinnung von Zinkweiß. 29. Schmaltefabriken. 30. Gewinnung von Antimonoxyd. 31. Gewinnung von Zinnoxyd. 32. Pulver- und Sprengstofffabriken. 33. Gewinnung von Oxalsäure. 34. Pikrinsäurefabriken. 35. Saccharinfabriken. 36. Glycerinfabriken. 37. Holz- und Torfdestillation. 38. Destillation von Theer und Theerölen. 39. Herstellung organischer Farbstoffe und ihrer Zwischenprodukte.

E. Forstwirthschaftliche Nebenprodukte, Leuchtstoffe, Fette, Oele und Firnisse.

1. Stearinfabriken. 2. Braunkohlentheer- und Torftheer-Destillation (Paraffin-, Solaröl-, Mineralölfabriken u. s. w.) 3. Palmkernölfabriken. 4. Petroleumraffinerien. 5. Anlagen zur Entfettung von Knochen. 6. Ceresingewinnung. 7. Leimgewinnung. 8. Samenklenganstalten. 9. Wachsbleichereien.

F. Papier und Leder.

1. Zellstofffabriken. 2. Herstellung von Papier und Pappe. 3. Herstellung von Lackleder und Sämischleder.

G. Nahrungs- und Genußmittel.

1. Rohzuckerfabriken. 2. Zuckerraffinerien. 3. Melasseentzuckerungsanstalten: a) nach dem Osmoseverfahren, b) nach dem Steffens'schen Ausscheideverfahren, c) nach dem Elutionsverfahren, d) nach den Strontian- und dem Barytverfahren. 4. Cichoriendarren. 5. Spiritusraffinerien. 6. Brauereien.

H. Gewerbe, welche in gewissen Zeiten des Jahres zu einer außergewöhnlich verstärkten Thätigkeit genöthigt sind.

1. Herstellung von Chokoladen- und Zuckerwaaren, Honigkuchen und Bisquit. 2. Anfertigung von Spielwaaren. 3. Schneiderei im handwerksmäßigen Betriebe. 4. Schuhmacherei im handwerksmäßigen Betriebe. 5. Putzmacherei. 6. Kürschnerei. 7. Herstellung von Strohhüten.

XVII. Bekanntmachung des k. Staatsministeriums des Innern, vom 14. März 1895, die Sonntagsruhe im industriellen, Handwerks- und Bergbaubetriebe betr.

(Amtsbl. des k. St.-M. des Innern, S. 107 ff.)

Zur Ausführung der Bestimmungen in § 105b Abs. 1 und den §§ 105c bis 105i der Gewerbeordnung über die Sonntagsruhe im Gewerbebetriebe wird nachstehende Anweisung ertheilt:

A. Allgemeines.

(§§ 105a, 105b Abs. 1, 105g, 105h Abs. 1 u. 105i d. G.-O.)

§ 1.

Das im § 105b Abs. 1 der Gewerbeordnung ausgesprochene Verbot der Sonntagsarbeit im Gewerbebetriebe gilt nur für den Betrieb von Bergwerken, Salinen, Aufbereitungsanstalten, Brüchen und Gruben, von Hüttenwerken, Fabriken und Werkstätten, von Zimmerplätzen und anderen Bauhöfen, von Werften und Ziegeleien, sowie von Bauten aller Art. Es gilt nicht für die Land- und Forstwirthschaft, den Gartenbau, den Weinbau, die Viehzucht, den Geschäftsbetrieb der Apotheker, die Ausübung der Heilkunde und der schönen Künste und die im § 6 Abs. 1, Satz 1 der Gewerbeordnung bezeichneten Gewerbe.

Ferner sind kraft besonderer Vorschrift von dem Verbot der Sonntagsarbeit ausgenommen: Gast- und Schankwirthschaftsgewerbe, Musikaufführungen, Schaustellungen, theatralische Vorstellungen und sonstige Lustbarkeiten sowie die Verkehrsgewerbe. (§ 105i.)

§ 2.

In denjenigen Handelsgewerben, in welchen beim Ladenverkauf an den Waaren Aenderungs- oder Zurichtungsarbeiten vorgenommen werden (Gewerbe der Hutmacher, Blumenhändler, Uhrmacher, Metzger u. dgl.), ist die Beschäftigung mit diesen Arbeiten als Beschäftigung im Handelsgewerbe zu betrachten und deshalb an Sonn- und Festtagen während der für das betreffende Handelsgewerbe freigegebenen Zeit gestattet.

§ 3.

Verboten ist an Sonn- und Festtagen jede Art der Beschäftigung von Arbeitern „im Betriebe" der unter § 105 b Abs. 1 fallenden Gewerbe.

Durch die Worte „im Betriebe" ist zum Ausdruck gebracht, daß das Verbot nicht nur räumlich für die Betriebsstätte, in welcher sich der betreffende Gewerbebetrieb regelmäßig abzuwickeln pflegt, sondern für jede zu dem Gewerbebetriebe gehörige Thätigkeit gelten soll. So dürfen z. B. Monteure, Schlosser-, Glaser-, Maler-, Tapezier-, Barbier-Gehilfen während der Sonntagsruhe auch außerhalb der Betriebsstätte nicht beschäftigt werden, soweit nicht etwa die betreffenden Arbeiten gemäß den Vorschriften der §§ 105 c bis f und 105 h statthaft sind.

§ 4.

Das Verbot der Sonntagsarbeit gilt auch für „Bauten aller Art", d. h. für Hoch-, Tief-, Wege-, Eisenbahn- und Wasserbauten, sowie für Erdarbeiten, sofern diese nicht Ausfluß eines land- oder forstwirthschaftlichen Betriebes, des Garten- und Weinbaues sind, ferner nicht nur für Neubauten, sondern auch für Ausbesserungs- und Instandhaltungsarbeiten, z. B. auch für das Schornsteinfegergewerbe.

§ 5.

Das Verbot der Sonntagsarbeit gilt für gewerbliche Arbeiter im weitesten Sinne, also nicht nur für Gesellen, Gehilfen, Lehrlinge, Fabrikarbeiter und andere im Betriebe beschäftigte Handarbeiter, sondern auch für Betriebsbeamte, Werkmeister und Techniker (§ 133 a d. G.-O.).

§ 6.

Die den Arbeitern zu gewährende Ruhe soll mindestens dauern:

für einzelne Sonn- und Festtage 24 Stunden,

für zwei aufeinanderfolgende Sonn- und Festtage 36 Stunden, für das Weihnachts-, Oster- und Pfingstfest 48 Stunden.

Diese Ruhezeiten müssen auch in solchen Betrieben, die an Werktagen ununterbrochen mit regelmäßiger Tag- und Nachtschicht arbeiten, gewährt werden, soweit nicht etwa für diese Betriebe gemäß § 105c bis h Ausnahmen von dem Verbot der Sonntagsarbeit Platz greifen. Während aber in Betrieben, die nur bei Tage oder in unregelmäßigen Schichten zu arbeiten pflegen, die Ruhezeit stets von 12 Uhr Nachts an gerechnet werden soll, kann in Betrieben mit regelmäßiger Tag- und Nachtschicht die Ruhezeit schon frühestens um 6 Uhr Abends des vorhergehenden Werktags und spätestens erst um 6 Uhr Morgens des Sonn- oder Festtages beginnen, wenn für die auf den Beginn der Ruhezeit folgenden 24 Stunden der Betrieb ruht.

Für alle Fälle gilt die Vorschrift, daß die Ruhezeit an zwei auf einanderfolgenden Sonn- und Festtagen stets bis 6 Uhr Abends des zweiten Tages dauern muß. Demnach beträgt die Ruhezeit in Betrieben, die keine regelmäßigen Tag- und Nachtschichten haben, nicht 36 Stunden, sondern mindestens 42 Stunden (von der Mitternachtsstunde vor dem ersten Tage bis 6 Uhr Abends des zweiten Tages).

§ 7.

Jugendliche Arbeiter dürfen in Fabriken und den in §§ 154 Abs. 2 und 154a bezeichneten gewerblichen Anlagen an Sonn- und Festtagen überhaupt nicht beschäftigt werden. (§ 136 Abs. 3 d. G.-O., vgl. auch unten zu B § 11.)

§ 8.

Während im Handelsgewerbe, soweit es in offenen Verkaufsstellen betrieben wird, auch die Sonntagsarbeit der Arbeitgeber Beschränkungen unterliegt (§ 41a), ist in den hier in Rede stehenden Gewerben den Arbeitgebern und selbständigen Gewerbetreibenden die Sonntagsarbeit durch die Vorschriften der Gewerbeordnung nicht verwehrt.

Unberührt bleiben die verordnungsmäßigen Bestimmungen über die Feier der Sonn- und Festtage.

B. Ausnahmen von den gesetzlichen Bestimmungen.

(§§ 105 c — 105 f und 105 h Abs. 2 der G.-O.)

§ 9.

Ausnahmen von dem Verbot der Sonntagsarbeit treten ein:

a) kraft gesetzlicher Vorschrift (§ 105 c),
b) kraft der vom Bundesrath auf Grund des § 105d erlassenen Vorschriften,
c) kraft der von der höheren Verwaltungsbehörde (Kreisregierung, Kammer des Innern, bezüglich der der Aufsicht der Bergbehörden unterstellten Betriebe das Oberbergamt) auf Grund des § 105 e getroffenen Bestimmungen,
d) kraft der von der unteren Verwaltungsbehörde (Distriktsverwaltungsbehörde, in München die Polizeidirektion, bezüglich der der Aufsicht der Bergbehörden unterstellten Betriebe das Bezirksbergamt) auf Grund des § 105 f ertheilten besonderen Erlaubniß,
e) kraft der von der Landes-Centralbehörde (Staatsministerium des Innern) auf Grund des § 105 h Abs. 2 d. G.-O. ertheilten Bewilligungen.

§ 10.

Soweit gemäß den nachstehenden Bestimmungen in §§ 12—52 in Fabriken und den in §§ 154 Abs. 2 und 154 a der G.-O. bezeichneten gewerblichen Anlagen Ausnahmen von dem Verbot der Sonntagsarbeit Platz greifen sind in diesen Betrieben bei der Beschäftigung von Arbeiterinnen außer den allgemeinen Bedingungen, an welche die Zulassung der Sonntagsarbeit geknüpft ist, auch noch die Vorschriften des § 137 und die auf Grund der §§ 139 und 139 a erlassenen Bestimmungen zu beachten.

§ 11.

Da in den unter § 10 bezeichneten Betrieben die Beschäftigung jugendlicher Arbeiter an Sonn- und Festtagen im Allgemeinen verboten ist, und Ausnahmen von diesem Verbot nur auf Grund der §§ 139 und 139 a zugelassen werden können, so dürfen jugendliche Arbeiter in diesen Betrieben auch zu den nach §§ 12—52 zulässigen Sonntagsarbeiten nur insoweit herangezogen werden, als diese Beschäftigung auf Grund des § 139 oder des § 139a an Sonn- und Festtagen ausdrücklich gestattet ist.

I. **Ausnahmen kraft gesetzlicher Vorschrift** (§ 105c).

§ 12.

Unter diejenigen Arbeiten, auf die das Verbot der Sonntagsarbeit kraft Gesetzes keine Anwendung findet, werden in § 105c an erster Stelle solche Arbeiten gerechnet, die in Nothfällen oder im öffentlichen Interesse unverzüglich vorgenommen werden müssen. Zu den Arbeiten „in Nothfällen" gehören solche Arbeiten, die zur Beseitigung eines Nothstandes oder zur Abwendung einer Gefahr sofort vorgenommen werden müssen, ferner aber auch dringende Arbeiten, die durch Todesfälle, Erkrankungen, unvorhergesehene, erhebliche geschäftliche Zwischenfälle u. s. w. erforderlich werden und nicht wohl auf den nachfolgenden Werktag verschoben werden können, dagegen kann nicht etwa schlechthin die Erledigung eiliger Arbeiten hierher gerechnet werden. Unter „öffentlichem Interesse" ist nicht nur das Interesse des Staates oder der Gemeinde, sondern auch dasjenige des Publikums zu verstehen.

§ 13.

Die Befugniß, Reinigungs- und Instandhaltungsarbeiten durch die der regelmäßige Fortgang des eigenen oder eines fremden Betriebes bedingt ist, Arbeiten, von denen die Wiederaufnahme des vollen werktägigen Betriebes abhängig ist, sowie solche Arbeiten vorzunehmen, die zur Verhütung des Verderbens von Rohstoffen oder des Mißlingens von Arbeitserzeugnissen erforderlich sind, ist davon abhängig gemacht, daß die genannten Arbeiten nicht an Werktagen vorgenommen werden können (§ 105c Abs. 1 Ziffer 3 und 4).

Die Möglichkeit ihrer Vornahme an Werktagen ist nach den Umständen des einzelnen Falles und den besonderen Verhältnissen der einzelnen Betriebe zu beurtheilen. Die Befugniß zur Ausführung der bezeichneten Arbeiten wird für den einzelnen Gewerbetreibenden nicht schon dadurch ausgeschlossen, daß andere Betriebe derselben Gattung, deren Einrichtungen indessen wesentlich verschieden sind, der Sonntagsarbeit nicht bedürfen. Wohl aber finden die Bestimmungen keine Anwendung, wenn und sobald es dem Gewerbetreibenden möglich ist, ohne erhebliche Unzuträglichkeiten für den Betrieb oder die Arbeiter und ohne unverhältnißmäßige Opfer sich so einzurichten, daß er ohne Sonntagsarbeit auskommen kann.

§ 14.

Die Bestimmungen des § 105 c finden auch auf solche Betriebe Anwendung, für die nach den §§ 105 d bis f und § 105 h besondere Ausnahmen zugelassen sind.

§ 15.

Werden Arbeiter an Sonn- und Festtagen mit Arbeiten beschäftigt, die kraft gesetzlicher Vorschrift zulässig sind, so müssen die Gewerbetreibenden in das in § 105 c Abs. 2 bezeichnete Verzeichniß für jeden einzelnen Sonn- oder Festtag, an dem eine solche Beschäftigung stattgefunden hat, die Zahl der beschäftigten Arbeiter, die Dauer der Beschäftigung durch Angabe der Lage der Arbeitsstunden, sowie die Art der vorgenommenen Arbeiten eintragen.

Das Verzeichniß muß über sämmtliche während des betreffenden Kalenderjahres auf Grund des § 105 c vorgenommenen Sonntagsarbeiten Auskunft geben.

Für Arbeitgeber, die zahlreiche Arbeiter beschäftigen, empfiehlt es sich, das Verzeichniß nach dem anliegenden Muster zu führen. Anlage 1.

Bei Eintragung der Art der vorgenommenen Arbeiten genügt es — sofern es sich nicht um die Bewachung der Betriebsanlagen, sowie um die Beaufsichtigung des Betriebes handelt — nicht, die Arbeiten allgemein nach der in den Ziffern 1—5 des § 105 c Abs. 1 gegebenen Bezeichnung anzuführen. Vielmehr muß aus den Eintragungen die Art der Arbeit soweit zu ersehen sein, daß beurtheilt werden kann, ob sie unter die in diesen Ziffern bezeichneten Arbeiten fällt.

Die Eintragungen müssen für jeden Sonn- und Festtag, wenn thunlich, spätestens am folgenden Wochentag vorgenommen werden.

§ 16.

Während die in § 105c Abs. 1 unter den Ziffern 1, 2 und 5 bezeichneten Arbeiten ohne Beschränkung vorgenommen werden können, müssen den Arbeitern, die mit den unter den Ziff. 3 und 4 bezeichneten Arbeiten an Sonntagen länger als drei Stunden beschäftigt oder hiedurch am Besuche des Gottesdienstes gehindert werden, die im Absatz 3 bezeichneten Ruhezeiten am zweiten oder dritten Sonntage gewährt werden (§ 105c Absatz 3).

Die Wahl, ob Sonntagsruhe am zweiten oder dritten Sonntag zu gewähren sei, steht den Gewerbetreibenden zu.

Für die Beschäftigung an den nicht auf einen Sonntag fallenden Festtagen braucht ein Ausgleich durch Freilassung von der Arbeit am zweiten oder dritten Sonntag nicht gewährt zu werden.

§ 17.

Die untere Verwaltungsbehörde (die Distriktsverwaltungsbehörde, in München die Polizeidirektion, bezüglich der der Aufsicht der Bergbehörden unterstellten Betriebe das Bezirksbergamt) darf auf besonderen Antrag eine allwöchentlich zu gewährende, 24 stündige Wochentagsruhe anstatt der Ruhe am 2. oder 3. Sonntag nur unter der Voraussetzung zulassen, daß die Arbeiter am Besuche des Gottesdienstes nicht gehindert werden (§ 105c Abs. 4). Außerdem ist die Genehmigung in der Regel nur zu ertheilen, wenn die Durchführung der Ruhe am 2. oder 3. Sonntag mit unverhältnißmäßigen Opfern oder mit erheblichen Unzuträglichkeiten für den Betrieb oder die Arbeiter verbunden sein würde.

Die Genehmigungsverfügung ist schriftlich zu erlassen. Sie muß bestimmen, für wieviel Arbeiter, für welche Arbeiten und unter welchen Bedingungen die Ausnahme bewilligt wird. Die Genehmigung ist, sofern sich die Ausnahme auf mehr als 4 Sonntage erstreckt, nur unter dem ausdrücklichen Vorbehalt des jederzeitigen Widerrufs zu ertheilen.

§ 18.

Die untere Verwaltungsbehörde hat die Genehmigung in ein Verzeichniß einzutragen, welches nach dem bei-
Anlage 2. gefügten Formular anzulegen ist. Das Verzeichniß oder

eine Abschrift desselben ist bis zum 10. Januar jedes Jahres der Kreisregierung, Kammer des Innern, einzureichen und von dieser dem Fabriken- und Gewerbe-Inspektor zur Benützung bei Erstattung des Jahresberichts mitzutheilen.

Für die unter der Aufsicht der Bergbehörden stehenden Betriebe hat das Bezirksbergamt das Verzeichniß mit dem Jahresberichte dem Oberbergamt vorzulegen.

II. **Ausnahmen für Betriebe, in denen Arbeiten vorkommen, die ihrer Natur nach eine Unterbrechung oder einen Aufschub nicht gestatten, sowie für Kampagne- und Saisonindustrien** (§ 105 d).

§ 19.

Umfang und Bedingungen der hierher gehörigen, durch den Bundesrath zugelassenen Ausnahmen ergeben sich aus der Bekanntmachung des Reichskanzlers vom 5. Februar 1895 (R.-G.-Bl. S. 12). Zu dieser ist Folgendes zu bemerken:

§ 20.

Die in die Bekanntmachung aufgenommenen Gewerbe sind im Wesentlichen in Anlehnung an die Klassifikation der Gewerbestatistik aufgezählt. Wenn in einer gewerblichen Anlage mehrere unter verschiedene Gruppen der Gewerbestatistik gehörige Betriebe vereinigt sind, wie z. B. Hochofenwerke und Eisengießereien (Gruppen III und V), so greifen für diese einzelnen Betriebstheile die verschiedenen Ausnahmevorschriften Platz.

§ 21.

In den Bestimmungen des Bundesraths sind nur die auf Grund des § 105 d zugelassenen Sonntagsarbeiten aufgezählt, dagegen nicht diejenigen Arbeiten, die nach § 105 c Abs. 1 an Sonn- und Festtagen kraft gesetzlicher Vorschrift vorgenommen werden können. Als Richtschnur dafür, welche Arbeiten nach § 105 c Abs. 1 als gesetzlich gestattet anzusehen sind, haben die im Anhange folgenden Erläuterungen zu der Bekanntmachung des Reichskanzlers vom 5. Februar 1895 zu dienen; jedoch sind in diesen Erläuterungen nicht sämmtliche, nach § 105 c Abs. 1 zulässige Arbeiten angeführt. Anlage 4.

§ 22.

Die Bestimmungen des Bundesraths knüpfen die Gestattung von Sonntagsarbeiten an Bedingungen, die den Arbeitern ein Mindestmaß von Ruhe sichern. Wenn nicht im einzelnen Falle Gefahr im Verzuge ist, dürfen die Arbeiter während dieser Ruhezeit zu keinerlei Arbeit, auch nicht zu den im § 105c Abs. 1 bezeichneten Arbeiten, herangezogen werden.

§ 23.

In allen Fällen, wo nach den Bestimmungen des Bundesraths den Arbeitern mindestens Ruhezeiten gemäß § 105c Abs. 3 zu gewähren sind, ist gleichzeitig der unteren Verwaltungsbehörde die Ermächtigung ertheilt, analog der Bestimmung im Abs. 4 des § 105c an Stelle der Ruhe an jedem 2. oder 3. Sonntag eine allwöchentlich zu gewährende 24 stündige Ruhezeit an einem Werktage zuzulassen, sofern die Arbeiter am Besuche des sonntäglichen Gottesdienstes nicht gehindert werden.

Als untere Verwaltungsbehörden gelten auch in diesen Fällen die Distriktsverwaltungsbehörden, in München die Polizeidirektion, bei den der Aufsicht der Bergbehörden unterstehenden Betrieben die Bezirksbergämter.

In das nach § 18 dieser Anweisung zu führende Verzeichniß hat die untere Verwaltungsbehörde diese Ausnahmebewilligung nicht einzutragen.

III. Ausnahmen für Gewerbe zur Befriedigung täglicher oder an Sonn- und Festtagen besonders hervortretender Bedürfnisse.

(§ 105e Abs. 1.)

§ 24.

In der Regel sind Ausnahmen nur für die nachstehend unter a—l benannten Gewerbe und nicht in größerem Umfange oder unter leichteren Bedingungen, als im Folgenden angegeben, zugelassen:

a) Bäckerei- und Conditoreigewerbe.

1. Die Beschäftigung von Arbeitern kann an allen Sonn- und Festtagen während 10 Stunden gestattet werden.

Bedingung: Jedem Arbeiter ist an jedem Sonn- und Festtage eine ununterbrochene Ruhe von 14 Stunden in Bäckereien, von 12 Stunden in Conditoreien zu gewähren. Der Beginn dieser Ruhezeit ist in Bäckereien frühestens von 12 Uhr Nachts, spätestens von 10 Uhr Morgens, in Conditoreien frühestens von 12 Uhr Nachts, spätestens von 12 Uhr Mittags ab zu rechnen. Ferner ist hiebei darauf Bedacht zu nehmen, daß jedem Arbeiter die zum Besuche des Gottesdienstes erforderliche Zeit, mindestens aber an jedem dritten Sonntag freigegeben wird.

2. Diejenigen Arbeiter, welchen nach der Bestimmung zu 1. eine Ruhezeit von 14 bezw. 12 Stunden zusteht, dürfen während dieser Ruhezeit beschäftigt werden:

a) in Bäckereien mit Arbeiten, die zur Vorbereitung der Wiederaufnahme der regelmäßigen Arbeit am nächsten Tage nothwendig sind, sofern sie nach 6 Uhr Abends stattfinden und nicht länger als eine Stunde dauern;

b) in Conditoreien mit der Herstellung und dem Austragen leicht verderblicher Waaren, die unmittelbar vor dem Genuß hergestellt werden müssen (Eis, Cremes u. dgl.).

Bedingung zu b): Sind in Konditoreien Arbeiter noch nach 12 Uhr Mittags beschäftigt worden, so sollen sie an einem der nächsten sechs Werktage von Mittags 12 Uhr ab von jeder Arbeit freigelassen werden.

3. Für Gemeinden, in denen die Bäcker ortsüblich an Sonn- und Festtagen für ihre Kunden das Ausbacken der von diesen bereiteten Kuchen oder das Braten von Fleisch besorgen, kann von der unteren Verwaltungsbehörde gestattet werden, daß in jedem Betriebe einzelne über 16 Jahre alte Arbeiter mit jenen Arbeiten während höchstens drei Vormittagsstunden über die unter Ziffer 1 freigegebene Zeit hinaus beschäftigt werden.

4. Für Betriebe, in denen sowohl Bäckerwaaren, als Conditorwaaren hergestellt werden, ist die Beschäftigung solcher Arbeiter, die ausschließlich mit der Herstellung von Conditorwaaren beschäftigt werden, nach den Bestimmungen für Conditoreien, die Beschäftigung der übrigen Arbeiter nach den Bestimmungen für Bäckereien zu regeln.

Als Bäckerwaare ist dasjenige Backwerk zu behandeln, welches herkömmlich unter Verwendung von Hefe oder Sauerteig ohne Beimischung von Zucker zum Teig hergestellt wird. Indessen kann die höhere Verwaltungsbehörde für ihren Bezirk oder einzelne Theile desselben abweichend hievon darüber Bestimmung treffen, ob eine Waare ortsüblich zu den Bäckerwaaren zu rechnen ist.

b) Fleischereigewerbe (auch Schweinemetzgereien).

Es kann die Beschäftigung von Arbeitern an allen Sonn- und Festtagen für 5 Stunden, welche bis zum Beginn des Hauptgottesdienstes reichen dürfen, gestattet werden. (Vgl. im Uebrigen § 27.)

Während der wärmeren Jahreszeit kann in Schweinemetzgereien die Beschäftigung von Gehilfen für einige Zeit auch noch nach dem Hauptgottesdienste gestattet werden.

Bedingung: Wenn die Sonntagsarbeiten länger als 3 Stunden dauern, so sind die Arbeiter entweder an jedem dritten Sonntag für volle 36 Stunden oder an jedem zweiten Sonntag mindestens in der Zeit von 6 Uhr Morgens bis 6 Uhr Abends oder in jeder Woche während der zweiten Hälfte eines Arbeitstages, und zwar spätestens von 1 Uhr Nachmittags ab, von jeder Arbeit freizulassen.

c) Gewerbe der Köche (Auskochgeschäfte).

Es kann die Beschäftigung von Arbeitern an allen Sonn- und Festtagen gestattet werden.

Bedingung: Wenn die Sonntagsarbeiten länger als 3 Stunden dauern, so sind die Arbeiter entweder an jedem dritten Sonntag für volle 36 Stunden oder an jedem zweiten Sonntag mindestens in der Zeit von 6 Uhr Morgens bis 6 Uhr Abends oder in jeder Woche während der zweiten Hälfte eines Arbeitstages, und zwar spätestens von 1 Uhr Nachmittags ab, von jeder Arbeit frei zu lassen.

Den Arbeitern ist die zum Besuche des Gottesdienstes erforderliche Zeit, mindestens aber an jedem dritten Sonntag freizugeben.

d) Bierbrauereien; Eisfabriken; gewerbliche Molkereien.

Es kann die Versorgung der Kundschaft mit Bier, Roheis und Molkereiprodukten an Sonn- und Festtagen gestattet werden.

e) Mineralwasserfabriken.

Es kann für 3 Stunden vor Beginn des Hauptgottesdienstes während der wärmeren Jahreszeit die Beschäftigung mit solchen Arbeiten gestattet werden, welche zur Versorgung der Kundschaft erforderlich sind.

f) Blumenbindereien.

Es kann die Beschäftigung von Arbeitern an allen Sonn- und Festtagen mit dem Binden von Blumen, Winden von Kränzen u. dgl. während der für den Verkauf von Blumen in offenen Verkaufsstellen freigegebenen Stunden und erforderlichen Falls auch schon für 2 Stunden vor dem Beginne des Verkaufs, aber nicht während der Zeit des Hauptgottesdienstes gestattet werden.

Bedingung wie zu b.

g) Gasanstalten und Elektricitätswerke.

Es kann die Beschäftigung von Arbeitern an allen Sonn- und Festtagen mit Arbeiten, welche für den Betrieb unerläßlich sind, gestattet werden.

Bedingung: Die den Arbeitern zu gewährende Ruhe soll dauern:

entweder für jeden zweiten Sonntag 24 Stunden, oder für jeden dritten Sonntag 36 Stunden, oder, sofern an den übrigen Sonntagen die Arbeitsschichten nicht länger als 12 Stunden dauern, für jeden vierten Sonntag 36 Stunden. Ablösungsmannschaften dürfen je 12 Stunden vor und nach ihrer regelmäßigen Beschäftigung zur Arbeit nicht verwendet werden. Die den Ablösungsmannschaften zu gewährende Ruhe muß das Mindestmaß der den abgelösten Arbeitern gewährten Ruhe erreichen.

Für kleinere Betriebe empfiehlt es sich, die Ablösung wie bei lit. b (Fleischereien) zu regeln.

h) Barbier- und Friseurgewerbe.

Es kann die Beschäftigung von Arbeitern an allen Sonn- und Festtagen bis 2 Uhr Nachmittags, darüber hinaus aber noch insoweit gestattet werden, als sie bei der Vorbereitung von öffentlichen Theatervorstellungen und Schaustellungen erforderlich ist.

Bedingung wie zu c.

i) Gewerbe der Bekleidung und Reinigung.

Es kann, soweit diese Gewerbe handwerksmäßig betrieben werden, die Ablieferung bestellter Arbeit an die Kunden an Sonn- und Festtagen bis zum Beginn des Hauptgottesdienstes gestattet werden.

k) Zeitungsdruckereien.

1. Es kann die Beschäftigung von Arbeitern an allen Sonn- und Festtagen, mit Ausnahme des zweiten Weihnachts-, Oster- und Pfingstfeiertages, bis 6 Uhr Morgens zur Herstellung der Morgenausgabe gestattet werden.

Bedingung: Nach Herstellung dieser Ausgabe muß der Betrieb bis um 6 Uhr Morgens des folgenden Werktages ruhen.

2. Soweit der Vertrieb der Zeitungen nicht durch besondere Spediteure stattfindet, sondern einen Theil des Zeitungsdruckereibetriebes bildet, empfiehlt es sich hiefür diejenigen Ausnahmen zuzulassen, welche nach den Vorschriften über die Sonntagsruhe im Handelsgewerbe für die Zeitungsspedition überhaupt gelten.

Bedingung: Beim Vertrieb der Zeitungen an Sonn- und Festtagen dürfen Personen, die bei der Herstellung der Morgenausgabe beschäftigt gewesen sind, nicht Verwendung finden.

l) Photographische Anstalten.

Es kann die Beschäftigung von Arbeitern

1. an den letzten 4 Sonntagen vor Weihnachten zum Zwecke der Aufnahme von Porträts, des Kopirens und Retouchirens für 10 Stunden bis spätestens 7 Uhr Abends,
2. an allen übrigen Sonn- und Festtagen zum Zwecke der Aufnahme von Porträts für einen fünf-

stündigen (vom 1. April bis 30. September für einen sechsstündigen) Zeitraum, der in der Zeit vom 1. April bis 30. September spätestens um 5 Uhr Nachmittags, in der übrigen Zeit des Jahres spätestens um 4 Uhr Nachmittags enden soll, zugelassen werden.

Die Ausnahme unter 2. findet keine Anwendung auf den ersten Weihnachts-, Oster- und Pfingstfeiertag.

Bedingung wie zu c.

§ 25.

Von den Kreisregierungen, Kammern des Innern, sind bei der Gewährung von Ausnahmen auf Grund des § 105e Abs. 1 der G.-O. die wirthschaftlichen, sowie die besonderen örtlichen Verhältnisse sorgfältig zu berücksichtigen.

Sie sollen jedoch, wenn in einzelnen der unter § 24 aufgeführten Gewerbe die Sonntagsarbeit bisher nicht üblich war, hiefür in der Regel Ausnahmen nicht bewilligen.

Für Betriebe mit Tag- und Nachtarbeit (z. B. Gasanstalten) kann die Zulassung einer beschränkten Arbeit davon abhängig gemacht werden, daß während bestimmter Stunden an diesen Tagen der Betrieb ruht.

Für die nicht unterbrochen arbeitenden Betriebe sind, sofern die Durchführung der Bedingungen im § 105c Abs. 3 ohne erhebliche Beeinträchtigung möglich erscheint, diese vorzuschreiben; andernfalls ist die Beschäftigung der Arbeiter an Sonn- und Festtagen von der Freigabe eines Nachmittags an einem Wochentage und der Gewährung der Gelegenheit zum Besuch des Gottesdienstes abhängig zu machen.

In denjenigen Fällen, in denen nur solche Arbeiten gestattet werden dürfen, welche „für den Betrieb unerläßlich sind", können diese Arbeiten im Einzelnen bezeichnet werden.

§ 26.

Den k. Regierungen, Kammern des Innern, ist unbenommen, auch für andere Gewerbe als die im § 24 bezeichneten, wo solches die örtlichen Verhältnisse erfordern, Ausnahmen auf Grund des § 105e Abs. 1 der G.=O. zuzulassen.

Hiebei können z. B. in Betracht kommen:

Waschanstalten und Bügelanstalten in Badeorten und Orten mit starkem Touristenverkehr,

Schneiderei und Schuhmacherei an Orten, deren Arbeiterbevölkerung während der Woche auswärts beschäftigt ist,

Anstalten zur Mittheilung telegraphischer Nachrichten an Abonnenten

u. s. w.

Ausnahmen für Weinküfer in weinbautreibenden Gegenden während der Kelterung und Einkellerung des neuen Weines erscheinen nicht erforderlich, da deren Arbeiten nach § 105c Abs. 1 Ziff. 4 der G.=O. ohnehin gestattet sind.

Die Arbeiten, welche von Accidenzdruckereien an Sonn= und Festtagen vorzunehmen sind, werden in der Regel unter § 105c Abs. 1 Ziffer 1 fallen.

Ebensowenig sind bis auf Weiteres Ausnahmen für Speisewirthschaften, Wasserversorgungsanstalten und Badeanstalten vorzuschreiben, da diese Betriebe kaum als unter § 105b Abs. 1 fallend angesehen werden können und ein Theil der Badeanstalten zu den Heilanstalten gehört, auf welche gemäß § 6 der G.=O. der § 105b keine Anwendung findet.

§ 27.

Ferner können nach den örtlichen Verhältnissen Ausnahmen für die in § 24 genannten Gewerbe in weiterem Umfange als im § 24 vorgesehen bewilligt und die Bedingungen hiefür erleichtert werden. Hiebei ist im Auge zu behalten, einerseits, daß die auf das berechtigte Maß zurückzuführenden Bedürfnisse des Publikums Befriedigung finden und die Erwerbsverhältnisse der betheiligten Gewerbetreibenden nicht unnöthig beeinträchtigt werden, sowie anderseits, daß den Arbeitern eine angemessene Ruhezeit gesichert und denselben thunlichst schon ein Theil des Vormittags und der größte Theil des Nachmittags freigelassen wird. Bei den in § 24 unter b, c, f, h und l genannten Gewerben kann, insbesondere für kleinere Orte, die regelmäßige Ablösung erst für den Fall vorgeschrieben werden, daß die Dauer der Sonntagsarbeit 4 oder 5 Stunden überschreitet.

§ 28.

Die Ausnahmeregelung braucht nicht für den ganzen Regierungsbezirk einheitlich zu erfolgen, sondern sie kann für den Fall, daß die Verhältnisse der einzelnen Gewerbe an den einzelnen Orten des Bezirkes verschieden liegen, für einzelne Bezirke oder Orte verschieden gestaltet werden.

Auch können unter besonderen Verhältnissen, z. B. bei Truppenzusammenziehungen, größeren Volksfesten, Märkten und Wallfahrten, während der Carnevalszeit oder in der Zeit vor Weihnachten, zur Befriedigung der hiedurch gesteigerten Bedürfnisse der Bevölkerung für einzelne Ortschaften oder Bezirke vorübergehend oder periodisch weiter reichende Ausnahmen als die im § 24 vorgesehenen zugelassen werden.

§ 29.

Für die hohen Festtage (insbesondere für den ersten Weihnachts-, Oster- und Pfingstfeiertag) sind Ausnahmen nicht oder nur in thunlichster Beschränkung zuzulassen. Im Uebrigen können unter Umständen für die in die Woche fallenden Festtage weitergehende Ausnahmen bewilligt werden als für die Sonntage (z. B. für Zeitungsdruckereien).

§ 30.

Arbeiter, welche auf Grund der hienach zugelassenen Ausnahmebestimmungen mit Sonntagsarbeiten beschäftigt werden, sollen — wenn nicht Gefahr im Verzuge ist — während der ihnen ausbedungenen Ruhezeit auch nicht zu solchen Arbeiten, die in dem betreffenden Betriebe auf Grund des § 105 c Abs. 1 vorgenommen werden dürfen und auch nicht zu Arbeiten in dem etwa mit dem Betriebe verbundenen Handelsgewerbe, herangezogen werden.

§ 31.

Die zugelassenen Ausnahmen sind im Kreisamtsblatt zu veröffentlichen. Dem k. Staatsministerium des Innern ist hievon unter Vorlage von zehn Exemplaren des betreffenden Kreisamtsblattes alsbald Anzeige zu erstatten.

IV. **Ausnahmen für Betriebe mit Wind oder unregelmäßiger Wasserkraft** (§ 105 e Abs. 1 und 2).

§ 32.

Das Gesetz macht die Zulassung der Ausnahmen bei den mit Wind oder mit Wasserkraft arbeitenden Betrieben davon abhängig, daß sie als Triebkraft ausschließlich oder vorwiegend Wind oder Wasser verwenden, bei den mit Wasserkraft arbeitenden Betrieben außerdem davon, daß die Wasserkraft eine unregelmäßige ist.

§ 33.

Als vorwiegend mit Wasserkraft arbeitend ist ein Betrieb dann anzusehen, wenn eine andere Triebkraft (Dampf, Gas, Elektricität u. dgl.) nur beim Versagen der Wasserkraft eintritt oder wenn, im Falle des Nebeneinanderwirkens der Wasserkraft mit einer anderen Triebkraft, die Wasserkraft bei normalem Betriebe die Hauptkraft ist. Dies ist in der Regel dann anzunehmen, wenn bei mittlerem Wasserstand die Wasserkraft mehr als die Hälfte der zu dem normalen Betriebe des Werkes erforderlichen Kraft liefert.

§ 34.

Als unregelmäßig ist eine Wasserkraft dann anzusehen, wenn der Wasserzufluß während der jährlichen Betriebszeit in Folge elementarer Einwirkungen (z. B. Trockenheit, Hochwasser, Frost), oder aus anderen Gründen (Mitbenützung des Wassers zu anderen Zwecken, z. B. Bewässerungsanlagen u. s. w.) erheblichen Schwankungen unterworfen ist, und dadurch ein ununterbrochener oder gleichmäßiger Wasserbetrieb unmöglich gemacht wird.

Bei der Entscheidung der Frage, ob eine Wasserkraft eine unregelmäßige ist, haben sonach alle jene Störungen des Wasserlaufs in Betracht zu kommen, welche, wenn auch nicht alle Jahre im gleichen Maße, doch regelmäßig wiederkehren und den Betrieb entweder ganz unterbrechen oder doch erheblich beeinträchtigen.

§ 35.

Die Ausnahmen haben nur den Zweck, Ausfälle der regelmäßigen werktägigen Arbeitszeit, welche durch Versagen der Triebkraft verursacht werden, auszugleichen, soweit ein wirthschaftliches Bedürfniß hierzu vorliegt.

Bei Gestattung der Ausnahmen ist daher thunlichst zu prüfen, an wieviel Wochentagen während der jährlichen Betriebszeit die Triebkraft ganz oder theilweise zu versagen pflegt, und dementsprechend ist die Zahl der Sonn- und Festtage, an denen eine Beschäftigung stattfinden darf, und die Dauer dieser Beschäftigung zu bemessen.

§ 36.

Ausnahmen werden nicht zuzulassen sein für größere Betriebe, welche zwar vorwiegend mit unregelmäßiger Wasserkraft arbeiten, sich daneben aber ständig einer Hilfskraft bedienen, sofern diese Hilfskraft an Werktagen beim Versagen der Wasserkraft die Fortführung des Betriebes in einem nicht wesentlich beschränkteren Umfange und ohne unverhältnißmäßige Mehrkosten ermöglicht.

§ 37.

Kommt Wind oder Wasser nur in einzelnen Theilen einer gewerblichen Anlage als Triebkraft in Anwendung, so erstreckt sich die Gestattung der Sonntagsarbeit nicht nur auf diejenigen Arbeiten, welche unter Benützung des Wind- oder Wassertriebwerkes ausgeführt werden, sondern auch auf solche Arbeiten, die mit jenen Arbeiten derart im Zusammenhange stehen, daß sie nicht wohl am vorhergehenden oder nachfolgenden Werktag vorgenommen werden können.

§ 38.

Für die Zulassung der Ausnahmen kommt ein zweifaches Verfahren in Frage:

a) einerseits sind die Kreisregierungen, Kammern des Innern, befugt, nach Lage der örtlichen Verhältnisse allgemeine Ausnahmen für bestimmte Betriebsarten, Verwaltungsgebiete oder Wasserläufe zuzulassen, sowie einzelnen, nach Art, Einrichtung oder Lage des Betriebes der besonderen Rgeelung bedürftigen Unternehmungen Ausnahmen zu gewähren (§ 105 e Abs. 1),

b) andererseits hat jeder Triebwerksbesitzer die Möglichkeit für seinen Betrieb in einem nach den Vorschriften der §§ 20 und 21 der G.-O. sich regelnden Verfahren besondere Ausnahmen zu erwirken (§ 105 e Abs. 2).

§ 39.

Die Kreisregierungen, Kammern des Innern, haben auf Grund der gepflogenen und theilweise noch zu ergänzenden Erhebungen nach deren Ergebniß die Beschäftigung von Arbeitern mit Arbeiten, welche nicht am Werktag vorgenommen werden können, an Sonn- und Festtagen mit Ausschluß des ersten Weihnachts-, Oster- und Pfingsttages in jenen Betrieben zuzulassen, auf welche die Voraussetzungen des § 105 e Abs. 1 der G.-O. zutreffen.

Hiebei werden die Getreidemühlen, sowie auch die Holzschleifereien und Sägemühlen besonders zu berücksichtigen sein; es besteht keine Erinnerung dagegen, diesen Betrieben thunlichst soviel Sonntagsarbeit zu gestatten, als zum Ersatz des Ausfalls an werktägiger Arbeit, der durch die Unregelmäßigkeit der Wasserkraft entsteht, nöthig ist.

In keinem Falle darf für eine größere Zahl von Sonn- und Festtagen und in größerem Umfange als zum Ersatz dieses Ausfalls erforderlich ist und als bisher üblich war, die Beschäftigung von Arbeitern an Sonn- und Festtagen gestattet werden.

Jene Fälle, in denen es zweifelhaft ist, ob ein ausgleichswerther Ausfall von Arbeitszeit durch die Unregelmäßigkeit der Wasserkraft verursacht wird oder ob überhaupt die Wasserkraft eine unregelmäßige oder ob beim Nebeneinanderwirken der Wasserkraft und einer anderen Triebkraft die erstere als die vorwiegende anzusehen ist, sind in dem besonderen Verfahren nach § 105 e Abs. 2 zum Austrag zu bringen.

§ 40.

Die Bewilligung der Ausnahmen ist an die Bedingung zu knüpfen, daß den Arbeitern thunlichste Ruhezeiten gemäß § 105 c Abs. 3 oder 4 der Gewerbeordnung oder halbe freie Wochentage zu gewähren sind. Jedoch kann dem Betriebsinhaber gestattet werden, die Ruhezeiten für zwei bis drei Wochen zusammenzulegen und hinauszurücken.

§ 41.

Die Sonn- oder Festtagsarbeiten sind von dem Gewerbetreibenden mit den im § 105 c Abs. 2 bezeichneten Angaben über die Zahl der beschäftigten Arbeiter, die Dauer ihrer Beschäftigung, sowie die Art der vorgenommenen Arbeiten in das daselbst vorgeschriebene Verzeichniß einzutragen (vgl. auch oben § 15).

§ 42.

Den Triebwerksbesitzern, welchen Ausnahmen bewilligt worden sind, ist hievon besondere Mittheilung zu machen. Die Verständigung der nicht berücksichtigten Betriebsinhaber kann durch Bekanntmachung erfolgen.

§ 43.

Bezüglich des Verfahrens in den Fällen des § 105 e Abs. 2 der Gewerbeordnung wird auf Grund des § 40 der Allerhöchsten Verordnung vom 29. März 1892, den Vollzug der Reichsgewerbeordnung betr. (Ges.- und Verordn.-Bl. S. 74), Folgendes verfügt:

a) Der Antrag des Triebwerksbesitzers auf Gewährung von Ausnahmen nach § 105 e der Gew.-O. ist bei der Distriktsverwaltungsbehörde, in deren Bezirk sich die Anlage befindet, in München bei dem Magistrate einzureichen, welche denselben nach allenfallsiger, mit thunlichster Beschleunigung vorzunehmender Ergänzung der zuständigen Kreisregierung, Kammer des Innern, mit gutachtlicher Aeußerung vorzulegen hat.

b) Aus dem Antrag muß zu ersehen sein:

1. Die Zahl der Sonn- und Festtage, sowie der Arbeiter und die Arbeiten, für welche die Beschäftigung gestattet werden soll,
2. die durchschnittliche Zahl der Tage, an denen in den vorausgegangenen drei Jahren der Betrieb in

Folge der Störungen des als Triebkraft benützten Gewässers entweder ganz eingestellt, oder wesentlich eingeschränkt werden mußte oder nur durch Zuhilfenahme einer anderen Triebkraft aufrecht erhalten werden konnte. Die Ursache der Störungen ist beizufügen.

3) Die neben der Wasserkraft etwa zur Verwendung gelangende andere Triebkraft (Dampf, Gas ꝛc.), sowie das Stärkeverhältniß der beiden, in Pferdestärken ausgedrückt.

Dabei ist anzuführen, ob die neben der Wasserkraft benützte Kraft lediglich beim Versagen der ersteren oder neben dieser, ständig oder vorübergehend wirkt

4. Bei vorübergehender gleichzeitiger Benützung einer anderweiten Triebkraft neben der Wasserkraft die Zahl der Tage, an denen dies nach dem Durchschnitt der letzten drei Jahre der Fall war.

5. Der durchschnittliche Tagesaufwand für die an Stelle oder neben der Wasserkraft benützte Triebkraft.

c) Insoferne nicht auf Grund des vorliegenden Aktenmaterials dem Antrage sofort gemäß § 38a stattgegeben werden kann, hat die Beschlußfassung der Kreisregierungen unter entsprechender Anwendung der in Art. 31 und Art. 33—38 des Gesetzes vom 8. August 1878, betreffend die Errichtung eines Verwaltungsgerichtshofes und das Verfahren in Verwaltungsrechtssachen, enthaltenen Bestimmungen zu erfolgen.

d) Allenfallsige Beschwerden gegen die Beschlüsse der Kreisregierungen sind an das k. Staatsministerium des Innern zu richten und innerhalb einer unerstrecklichen Frist von 14 Tagen, von Eröffnung des betreffenden Beschlusses an gerechnet, bei der ersten Instanz einzulegen.

e) Für den Widerruf einer Ausnahmebewilligung, der auf Grund der Aenderung der thatsächlichen Verhältnisse erfolgen kann, ist die Behörde zuständig, welche die Bewilligung ertheilt hat.

Bezüglich der Beschlußfassung und der Beschwerde gelten die Vorschriften unter c und d.

§ 44.

Von den bewilligten Ausnahmen oder deren Widerruf ist dem zuständigen Gewerbeaufsichtsbeamten Kenntniß zu geben.

§ 45.

Die vorstehenden Anweisungen (§§ 33—44) finden auch dann entsprechende Anwendung, wenn es sich um Bewilligung von Ausnahmen auf Grund des § 105e für ein mit Windkraft bewegtes Triebwerk handelt.

V. Ausnahmen zur Verhütung eines unverhältnißmäßigen Schadens (§ 105f).

§ 46.

Anträge auf Gestattung von Ausnahmen nach § 105f sind von der unteren Verwaltungsbehörde (Distriktsverwaltungsbehörde, in München der Polizeidirektion, bezüglich der der Aufsicht der Bergbehörden unterstehenden Betriebe dem Bezirksbergamte) möglichst schleunig zu erledigen. Der Unternehmer darf die Sonntagsarbeiten vor Erwirkung der Genehmigung der unteren Verwaltungsbehörde nicht vornehmen lassen. Die nachträgliche Ertheilung der Genehmigung ist unzulässig.

§ 47.

Die Ausnahmen dürfen nur vorübergehend auf bestimmte Zeit und ferner nur unter folgenden zwei Voraussetzungen gestattet werden:

a) das Bedürfniß der Sonntagsarbeit darf trotz Aufwendung gehöriger Sorgfalt nicht vorherzusehen gewesen sein,

b) der durch den Ausfall der Sonntagsarbeit drohende Schaden muß unverhältnißmäßig, also so erheblich sein, daß dem gegenüber die Beeinträchtigung, welche die Sonntagsruhe der Arbeiter durch die Ausnahmegestattung erfährt, nicht entscheidend in's Gewicht fallen kann.

§ 48.

Ausnahmen nach § 105f sind der Regel nach nicht für den ersten Weihnachts-, Oster- und Pfingstfeiertag zuzulassen.

§ 49.

Bei Bewilligung der Ausnahmen ist darauf Bedacht zu nehmen, daß die Dauer der Beschäftigung der Arbeiter an den einzelnen Sonn- und Festtagen auf das nothwendige Maß beschränkt wird. Bei mehr als fünfstündiger Beschäftigungsdauer ist erforderlichen Falles eine Ablösung der Arbeiter, wenn die Ausnahme für mehrere aufeinanderfolgende Sonntage bewilligt wird, oder die Gewährung von halben freien Tagen unter der Woche vorzuschreiben.

§ 50.

Die Genehmigungsverfügung soll schriftlich erlassen werden. Aus derselben muß zu ersehen sein, für wie viel Arbeiter, für welche Arbeiten und unter welchen Bedingungen die Ausnahme bewilligt wird. Die Genehmigung darf, sofern sich die Ausnahme auf mehr als 4 aufeinander folgende Sonn- und Festtage erstreckt, nur unter dem ausdrücklichen Vorbehalt des jederzeitigen Widerrufs ertheilt werden. Endlich ist in der Verfügung darauf hinzuweisen, daß eine Abschrift derselben innerhalb der Betriebsstätte an einer den Arbeitern leicht zugänglichen Stelle ausgehängt werden muß.

Abschrift der Verfügung ist von der unteren Verwaltungsbehörde der Ortspolizeibehörde mitzutheilen.

§ 51.

Die Genehmigung ist in ein Verzeichniß einzutragen, Anlage 3. welches nach dem beigefügten Formular anzulegen ist. Das Verzeichniß oder eine Abschrift desselben ist bis zum 10. Januar jedes Jahres der k. Kreisregierung einzureichen und von dieser dem Fabriken- und Gewerbe-Inspektor zur Benutzung bei Erstattung des Jahresberichtes mitzutheilen.

Für die unter Aufsicht der Bergbehörden stehenden Betriebe hat das Bezirksbergamt das Verzeichniß mit dem Jahresbericht dem Oberbergamte vorzulegen.

VI. Ausnahmen für einzelne Festtage nach § 105h Abs. 2 der Gewerbe-Ordnung.

§ 52.

Die Gesuche um Gestattung der Beschäftigung von Arbeitern an einzelnen, nicht auf einen Sonntag fallenden Festtagen sind an das k. Staatsministerium des Innern zu richten und bei den einschlägigen Distriktsverwaltungsbehörden, in München dem Magistrate, einzureichen, welche dieselben durch die Kreisregierungen, Kammern des Innern, mit gutachtlicher Aeußerung in Vorlage zu bringen haben.

In den Gesuchen ist neben Angabe der Gründe die Zahl der Arbeiter, sowie die Art der Arbeiten, für welche die Genehmigung nachgesucht wird, anzuführen.

C. Aufsicht über die Ausführung der Bestimmungen, betreffend die Sonntagsruhe.

§ 53.

Die Aufsicht über die Ausführung der Bestimmungen über die Sonntagsruhe im Gewerbebetrieb mit Ausnahme des Handelsgewerbes wird von den Ortspolizeibehörden und den besonderen auf Grund des § 139 b der Gewerbeordnung angestellten Aufsichtsbeamten, für die der Aufsicht der Bergbehörden unterstehenden Betriebe von den Bezirksbergämtern wahrgenommen.

Wegen der Aufsichtsthätigkeit der Gewerbeaufsichtsbeamten wird auf die für die letzteren bestehenden Dienstanweisungen verwiesen.

§ 54.

Die Ortspolizeibehörden haben die Durchführung der die Sonntagsruhe betreffenden Bestimmungen durch besondere, bei den Gewerbeunternehmern ihres Bezirks von Zeit zu Zeit vorzunehmende Revisionen und bei jeder sonst sich darbietenden Gelegenheit sorgfältig zu überwachen.

Bei den Revisionen ist insbesondere festzustellen, ob das nach § 105 c Abs. 2 der Gewerbeordnung und B IV § 41 dieser Anweisung vorgeschriebene Verzeichniß vorhanden und ordnungsmäßig geführt ist, ob die Ausnahmevorschriften nach Ziffer III der Bekanntmachung des Reichskanzlers vom 5. Februar 1895 (R.-G.-Bl. S. 12) (s. hier S. 344) und nach § 50 dieser Anweisung angeschlagen sind und ob die Beschäftigung der Arbeiter, sowie die Gewährung der Ruhezeiten für dieselben den Ausnahmevorschriften entspricht.

§ 55.

Die vorbezeichneten Punkte sind in denjenigen gewerblichen Anlagen, für welche durch § 39 der Ausführungs-Anweisung vom 31. März 1892 (Amtsblatt des Staatsministeriums des Innern S. 126) (siehe hier S. 258), regelmäßige halbjährliche Revisionen vorgeschrieben sind, auch bei Gelegenheit dieser Revisionen thunlichst klarzustellen.

§ 56.

Nach jeder Revision ist auf dem in § 54 bezeichneten Verzeichniß, sowie auf den Anschlägen der Ausnahmevorschriften ein Revisionsvermerk zu machen.

§ 57.

In Fällen, in denen es der Ortspolizeibehörde zweifelhaft ist, ob die Beschäftigung von Arbeitern mit den gesetzlichen oder Ausnahmevorschriften in Einklang steht, hat dieselbe vom Sachverhalt der einschlägigen Distriktsverwaltungsbehörde Anzeige zu erstatten, welche veranlaßten Falls das Gutachten des zuständigen Fabriken- und Gewerbe-Inspektors einholen wird.

Letzterem bleibt es überlassen, seinerseits zunächst die Entscheidung der k. Kreisregierung, Kammer des Innern, herbeizuführen.

München, den 14. März 1895.

Frhr. von Feilitzsch.

Der Generalsekretär:
von Kopplstätter,
Ministerialrath.

Die Sonntagsruhe in industriellen, Handwerks- und Bergbaubetrieben betr.

Anlage 1 zu § 15 (S. 353).

Verzeichniß

der in dem Betriebe des . . . .

zu . . . . im Jahre 189 . . . auf

Grund des § 105 c der Gewerbeordnung vorgenommenen

Sonntagsarbeiten.

Vorbemerkung: Zur Eintragung der Namen der an Sonn- oder Festtagen beschäftigten Arbeiter in die Spalte 3 des nachstehenden Verzeichnisses ist der Gewerbetreibende nicht verpflichtet. Es wird sich aber in der Regel empfehlen, die Namen derjenigen Arbeiter einzutragen, die mit den in § 105 c Absatz 1 Ziffer 3 und 4 bezeichneten Arbeiten beschäftigt werden. Denn andernfalls würde es dem Gewerbetreibenden häufig nicht möglich sein, zu übersehen, welchen Arbeitern die im § 105 c Absatz 3 vorgeschriebenen Ruhezeiten zu gewähren sind. In Betrieben, die mit Wind oder unregelmäßiger Wasserkraft arbeiten, sind auch die auf Grund des § 105 e vorgenommenen Sonn- und Festtagsarbeiten in dieses Verzeichniß einzutragen.

1.	2.	3.	4.
Tag der Beschäftigung	Zahl der beschäftigten Arbeiter	Namen der beschäftigten Arbeiter (Siehe die Vorbemerkung)	Angaben der Tagesstunden, in welche die Arbeitszeit fällt

5.	6.
Genaue Angabe der vorgenommenen Arbeiten	Bemerkungen

Anlage 2 zu § 18 (S. 354).

Verzeichniß

der von de . . . . zu . . . .
auf Grund des § 105c Absatz 4 der Gewerbeordnung gestatteten Ausnahmen.

(Gestattung einer 24=stündigen Wochentagsruhe anstatt der Sonntagsruhe).

1.	2.	3.	4.	5.
Laufende Nummer	a. Bezeichnung des Betriebes b. Name des Besitzers oder Leiters des Betriebes c. Art des Betriebes	Belegenheit des Betriebes	Datum der Bewilligung und Aktenvermerk	Zahl der Arbeiter, für welche die Ausnahme bewilligt ist

Das Verzeichniß ist nach Kalenderjahren einzurichten.

6.	7.	8.	9.	10.
Bezeichnung der Sonntagsarbeiten, welche die Arbeiter (Spalte 3) verrichten	Angabe d. Tagesstunden, in welche die Arbeitszeit fällt	Dauer der Ausnahmebewilligung	Gründe für die Ausnahmebewilligung	Bemerkungen

Anlage 3 zu § 51 (S. 370).

Verzeichniß

der von de . . . . zu . . . . .
auf Grund des § 105 f der Gewerbeordnung gestatteten Ausnahmen von dem Verbot der Sonntagsarbeit.

1.	2.	3.	4.	5.	6.
Laufende Nummer	a. Bezeichnung d. Betriebes b. Name des Besitzers oder Leiters des Betriebes c. Art des Betriebes	Belegenheit des Betriebes	Zahl der im Betriebe beschäftigten Personen	Datum der Bewilligung und Aktenvermerk	Zahl der Arbeiter, für welche die Ausnahme bewilligt ist

Das Verzeichniß ist nach Kalenderjahren und innerhalb eines jeden Kalenderjahres nach gewerblichen Anlagen thunlichst so einzurichten, daß jede gewerbliche Anlage nur einmal aufgeführt wird und soviel Raum erhält, daß mehrmalige Ausnahmebewilligungen unter einander eingetragen werden können.

7.	8.	9.	10	11
Art der Arbeiten, für welche die Ausnahme bewilligt ist	Angabe d. Arbeitsstunden an d. einzelnen Sonn- und Festtagen	Angabe der Sonn- u. Festtage, für welche die Ausnahme bewilligt ist	Gründe der Ausnahmebewilligung	Bemerkungen

Anlage 4 zu § 21 (S. 355).

Erläuterungen

zu der

Bekanntmachung des Reichskanzlers vom 5. Februar 1895 (Reichs-Ges.-Bl. S. 12), betreffend Ausnahmen von dem Verbote der Sonntagsarbeit im Gewerbebetriebe (hier S. 344).

I. Allgemeines.

1. Unter den nach § 105c Absatz 1 der Gewerbeordnung ohne Weiteres zugelassenen und deshalb in die Bestimmungen des Bundesraths nicht aufgenommenen Arbeiten verdienen diejenigen besonderer Hervorhebung, die am Sonn- oder Festtag vorgenommen werden müssen, um die Wiederaufnahme des vollen werktägigen Betriebes zu ermöglichen. Hierzu gehört namentlich das in der Regel einige Stunden vor dem Wiederbeginnen des Betriebes vorzunehmende Anheizen der Oefen und Dampfkessel, die am nächsten Werktage benutzt werden sollen; ebenso wird auch die Unterhaltung der Befeuerung als eine unter § 105c Absatz 1 Ziffer 3 fallende Arbeit anzusehen sein, sofern sie zu dem Zweck geschieht, den Ofen in derjenigen Temperatur zu erhalten, welche für die Wiederaufnahme des vollen werktägigen Betriebes erforderlich ist.

2. Zu den Bedingungen, unter denen der Bundesrath für Betriebe mit regelmäßigen Tag- und Nachtschichten Ausnahmen von dem Verbot der Sonntagsarbeit auf Grund des § 105d zugelassen hat, sind folgende allgemeine Bemerkungen zu machen:

a) Eine Reihe von kontinuirlichen Betrieben ist in der Lage, an Sonn- und Festtagen zwar nicht einen 24stündigen, wohl aber einen 12stündigen Betriebsstillstand eintreten zu lassen. In solchen Betrieben ergiebt sich ohne Weiteres für den Sonntag durch den an diesem Tage eintretenden Schichtwechsel eine 24stündige Ruhezeit der Arbeiter. In manchen Betrieben dieser Art ist jedoch der Schichtwechsel auf einen Wochentag gelegt; auf diese Weise erhält jedesmal die in der Tagschicht (von Morgens 6 Uhr bis Abends 6 Uhr) befindliche Mannschaft durch den in Folge der 12 stündigen Betriebsunterbrechung eintretenden Ausfall der Sonntagstagschicht eine 36 stündige Ruhezeit von Sonnabend Abend 6 Uhr bis Montag früh 6 Uhr. Diese ausgedehnte Sonntagsruhe kommt jedesmal mit der Tagschicht, also alle 14 Tage, an jeden Arbeiter. Nach den Bestimmungen des Bundesraths kann diese vielfach von den Arbeitern vorgezogene Einrichtung auch fernerhin beibehalten oder eingeführt werden.

Die Frage, ob an Einzelfesttagen, welche in die Woche fallen, bei 12 stündigem Betriebsstillstand jeder Arbeiterschicht 24 Stunden oder nur einer — der Tagschicht — 36 Stunden, der Nachtschicht aber keine besondere Ruhezeit gewährt werden soll, ist aus Zweckmäßigkeitsgründen im letzteren Sinne entschieden worden.

An zwei aufeinanderfolgenden Sonn- und Festtagen läßt sich bei nur 12 stündiger Betriebsruhe die im § 105 b Absatz 1 geforderte 36 stündige ununterbrochene Ruhezeit nur für eine der beiden Schichten ermöglichen, während die andere Schicht die Nachtarbeit zwischen den beiden freien Tagen leisten muß. Diese letztere Schicht erhält indessen statt der ununterbrochenen 36 stündigen Ruhezeit für jeden der beiden Tage 24 Stunden frei. In gleicher Weise regeln sich die Ruhezeiten der Arbeiter für das Weihnachts-, Oster- und Pfingstfest.

Hiernach ist für Gewerbe, welche den Betrieb nur auf die Dauer von 12 Stunden ruhen lassen können, die Genehmigung zur Sonntagsarbeit während der übrigen Stunden an die Bedingung geknüpft, daß die den Arbeitern als Mindestmaß zu gewährende Ruhe für Doppelfesttage und für 2 aufeinanderfolgende Sonn- und Festtage entweder 36 Stunden oder für jeden der beiden Tage 24 Stunden, für die übrigen Sonntage entweder 24 Stunden oder für jeden zweiten Sonntag 36 Stunden betragen muß.

b) In solchen Betrieben, welche an Sonn- und Festtagen gar keine Unterbrechung zulassen, erhält gegenwärtig in der Regel jeder Arbeiter für jeden zweiten Sonntag 24 Stunden Ruhe, nachdem er an dem vorhergehenden

Sonntag in einer 24 stündigen Wechselschicht beschäftigt gewesen ist. Die Bundesrathsbestimmungen nehmen von einem Verbot dieser 24-stündigen Wechselschichten Abstand, berücksichtigen aber daneben andere, den Arbeitern günstigere Einrichtungen. So besteht in einzelnen Anlagen, die nicht in der Lage sind, den Betrieb an jedem Sonntage auszusetzen, im Interesse der Arbeiter bereits gegenwärtig die Einrichtung, daß jeden dritten Sonntag der Betrieb für 24 Stunden ruht. Dadurch wird sämmtlichen Arbeitern für jeden dritten Sonntag eine 36-stündige Ruhezeit verschafft, während sie an den beiden anderen Sonntagen wie an Werktagen arbeiten und in Folge dessen nur eine 12-stündige Ruhezeit haben. Diese Einrichtung hat namentlich den Vorzug, daß dabei die 24-stündige Wechselschicht vermieden wird. In Betrieben ferner, welche eine halbe Arbeiterabtheilung während der Sonntagsschicht durch Ersatzarbeiter ablösen lassen, verdient die Einrichtung, wonach jeder Arbeiter für jeden vierten Sonntag eine 36-stündige Ruhe erhält, während er an den übrigen Sonntagen nur in 12-stündigen Schichten beschäftigt wird, vor derjenigen Einrichtung den Vorzug, welche bei einer für jeden zweiten Sonntag gewährten 24-stündigen Ruhe die bei den Arbeitern unbeliebte Einlegung 18-stündiger Wechselschichten an allen Sonntagen nothwendig macht. Der Bundesrath hat daher bestimmt, daß das Mindestmaß der Sonntagsruhe, welche den in ununterbrochenen Betrieben beschäftigten Arbeitern gewährt werden soll, entweder für jeden zweiten Sonntag 24 Stunden oder für jeden dritten Sonntag 36 Stunden, oder, sofern an den übrigen Sonntagen die Arbeitsschichten nicht länger als 12 Stunden dauern, für jeden vierten Sonntag 36 Stunden zu betragen hat.

Besondere Verhältnisse können indessen ein Abweichen von diesem Mindestmaß an Sonntagsruhe im Interesse der Arbeiter erwünscht machen. So lösen sich beispielsweise in rheinischen Blei- und Zinkhütten am Sonntag Morgen die Arbeiter nicht wie an den Werktagen um 6 Uhr, sondern erst um 8 Uhr ab, um den in die Sonntagsarbeit gehenden Leuten den Besuch des Frühgottesdienstes vor dem Beginn der Arbeit zu ermöglichen. Dadurch verkürzt sich zwar die Dauer der sonntägigen Wechselschicht, aber auch die Ruhezeit der Arbeiterabtheilung, welche in der Nacht zum Sonntag 14 Stunden in der Arbeit gewesen ist, um 2 Stunden; eine 24-stündige Sonntagsruhe tritt sonach niemals ein.

Um solchen besonderen Verhältnissen Rechnung zu tragen, hat der Bundesrath dem Reichskanzler die Befugniß eingeräumt, Abweichungen von den Bestimmungen über die Dauer der Ruhezeit zuzulassen, sofern die Ruhezeit für jeden Arbeiter mindestens die Gesammtdauer seiner auf die zwischenliegenden Sonntage fallenden Arbeitszeit erreicht.

Die in die Woche fallenden Festtage einschließlich des Ostermontags und des Pfingstmontags pflegen gegenwärtig in kontinuirlichen Betrieben wie Werktage behandelt zu werden. Für Einzelfesttage belassen es die Bestimmungen des Bundesraths bei dem bisherigen Zustande. Dagegen ist den meisten Industriezweigen für das Weihnachts-, Oster- und Pfingstfest die ununterbrochene Fortführung des Betriebes nicht gestattet worden, woraus sich für die Arbeiter ohne Weiteres eine ausgedehnte Festtagsruhe ergiebt.

II. Erläuterungen zu den einzelnen Bestimmungen des Bundesraths.

Bemerkung.

Hier sind in der Anlage 4 einzelne Erläuterungen hinsichtlich folgender Betriebe und Arbeiten aufgeführt:

A. Bergbau, Hütten- und Salinenwesen.

1. Bergwerke und Gruben. 2. Erzröstwerke und mit Hüttenwerken verbundene Röstofenbetriebe. 3. Verkokungs- und Steinkohlendestillationsanstalten. 4. Salinen. 5. Metallhüttenwerke.

B. Industrie der Steine und Erden.

1. Glashütten. 2. Kalk- und Gipsbrennereien, 3. Herstellung von Cement.

C. Metallverarbeitung; Maschinen, Apparate.

1. Emaillirwerke. 2. Entzinnung von Weißblech auf elektrolytischem Wege.

D. Chemische Industrie.

2. Gewinnung von Schwefelsäuremonohydrat. 3. Gewinnung von Schwefelsäureanhydrid. 5. Herstellung von kalzinirtem Glaubersalz. 8. Kalifabriken. 9. Gewinnung von Chlorkalk, Chloraten und flüssigem Chlor. 12. Gewinnung von Ammoniak und Ammoniaksalzen. 14. Herstellung von Wasserglas. 15. Gewinnung von Chromaten. 18. Darstellung von Alaun und Thonerdepräparaten. 19. Ultramarinfabriken. 29. Schmaltefabriken. 30. Gewinnung von Antimonoxyd. 32. Pulver- und Sprengstofffabriken. 35. Sacharinfabriken. 36. Glycerinfabriken. 37. Holz- und Torfdestillation. 39. Herstellung organischer Farbstoffe und ihrer Zwischenprodukte.

E. Forstwissenschaftliche Nebenprodukte, Leuchtstoffe, Fette, Oele und Firnisse.

1. Stearinfabriken. 2. Braunkohlentheer- und Torftheer-Destillation (Paraffin-, Solaröl-, Mineralöl-Fabriken u. s. w.). 7. Leimgewinnung.

F. Papier und Leder.

1. Zellstofffabriken. 2. Herstellung von Papier und Pappe.

G. Nahrungs- und Genußmittel.

1. Rohzuckerfabriken. 2. Zuckerraffinerien. 3. Melasseentzuckerungsanstalten. 5. Spiritusraffinerien. 6. Brauereien.

H. Gewerbe, welche in gewissen Zeiten des Jahres zu einer außergewöhnlich verstärkten Thätigkeit genöthigt sind.

XVIII. Zusammenstellung der von den einzelnen Kreisregierungen K. d. J.

nach § 105e Abs. 1 G. O. (S. 102) zugelassenen Ausnahmen.

I. Für das Handelsgewerbe im Bezirk von Stadt München (Kr. A. Bl. 1894 Nr. 48); Oberbayern (Kr. A. Bl. 1892 Nr. 42); Niederbayern (Kr. A. Bl. 1892 S. 37, 65); Pfalz (Kr. A. Bl. 1892 S. 31, 119 und 1894 S. 77); Oberpfalz (Kr. A. Bl. 1892 S. 61); Oberfranken (Kr. A. Bl. 1892 S. 46); Mittelfranken (Kr. A. Bl. 1892 S. 50); Unterfranken (Kr. A. Bl. 1892 S. 33); Schwaben (Kr. A. Bl. 1892 S. 39; 1893 S. 153).

II. Für die übrigen Gewerbe für Stadt München und Oberbayern (Kr. A. Bl. 1895 S. 23); hiemit stimmen die in den übrigen Kreisen im März 1895 erlassenen Ausnahmevorschriften im Wesentlichen überein.

XIX. Bekanntmachung des k. Staatsministeriums des Innern vom 30. April 1895,

den Vollzug des § 105a Abs. 2 G.-O. betr.

(Bestimmung der Festtage.)

Zum Vollzuge der Bestimmungen der Gewerbeordnung über die Sonntagsruhe im Gewerbebetriebe ergeht im Einverständniß mit dem k. Staatsministerium des Innern für Kirchen- und Schulangelegenheiten nachstehende Entschließung:

Nach § 105a Abs. 1 der Gewerbeordnung für das Deutsche Reich in der Fassung des Reichsgesetzes vom 1. Juni 1891 können die Arbeiter zum Arbeiten an Sonn- und Festtagen, insoweit nicht nach den Bestimmungen der Gewerbeordnung Ausnahmen zulässig sind, nicht verpflichtet werden. In § 105b Abs. 1 ist die Mindestdauer, dann der Beginn und das Ende der den gewerblichen Arbeitern für jeden Sonn- und Festtag, sowie für zwei aufeinanderfolgende Sonn- und Festtage zu gewährenden Ruhezeit näher vorgeschrieben. Jugendliche Arbeiter dürfen nach § 136 Abs. 3 an Sonn- und Festtagen in Fabriken überhaupt nicht beschäftigt werden. Ferner ist nach § 137 Abs. 1 die Beschäftigung der Arbeiterinnen in Fabriken am Sonnabend sowie an Vorabenden der Festtage nach $5^1/_2$ Uhr Nachmittags verboten. Für das Handelsgewerbe enthält der § 105b Abs. 2 einschränkende Vorschriften über die Beschäftigung der Gehilfen, Lehrlinge und Arbeiter an Sonn- und Festtagen; soweit diese Beschäftigung verboten ist, darf nach § 41a Abs. 1 im Handelsgewerbe ein Gewerbebetrieb in offenen Verkaufsstellen an Sonn- und Festtagen überhaupt nicht stattfinden.

Diese, wie die übrigen einschlägigen Vorschriften der Gewerbeordnung beruhen auf dem Gesichtspunkte des Arbeiterschutzes und enthalten viel erheblichere Beschränkungen des Gewerbebetriebes, als die bisherigen Vorschriften über die Sonn- und Festtagsheiligung. Die Festtage, auf welche die Vorschriften der Gewerbeordnung Anwendung zu finden haben, sind nach § 105a Abs. 2 von den Landesregierungen unter Berücksichtigung der örtlichen und konfessionellen Verhältnisse zu bestimmen.

Demgemäß werden als Festtage im Sinne des § 105a Abs. 2 der Gewerbeordnung neben den regelmäßig auf den Sonntag fallenden Festtagen bestimmt:

1. der erste Weihnachtstag,
2. der Stephanstag, zweiter Weihnachtstag,
3. das Neujahrsfest,
4. der Ostermontag,
5. das Fest Christi Himmelfahrt,
6. der Pfingstmontag,

sodann folgende Festtage für jene Orte, an welchen dieselben den örtlichen und konfessionellen Verhältnissen entsprechend nach Maßgabe der in Bayern bestehenden Vorschriften zu feiern sind:

7. das Fest der hl. 3 Könige, Erscheinungsfest,
8. der Charfreitag,
9. das Fronleichnamsfest,
10. das Fest Mariä Himmelfahrt,
11. das Fest Allerheiligen.

Im Uebrigen bleiben die landesrechtlichen Bestimmungen über die Feier der Sonn- und Festtage für alle Sonn- und Festtage und zwar sowohl für die oben unter Ziff. 1 mit 11 aufgeführten, als auch für die sonst in Bayern bestehenden Festtage, an deren Bestand nichts geändert wird, in Geltung.

Insbesondere sind an sämmtlichen Sonn- und Festtagen nach § 1 der Allerhöchsten Verordnung vom 30. Juli 1862, die Feier der Sonn- und Festtage betreffend (Reg.-Bl. S. 2070 ff.), alle öffentlich vorgenommenen oder öffentliches Aergerniß erregenden Arbeiten und geräuschvollen Handthirungen untersagt, ausgenommen die dringenden Fälle und vorbehaltlich der übrigen in § 1 Abs. 2 u. ff. vorgesehenen Ausnahmen.

Die betheiligten Behörden werden übrigens angewiesen, die vorbezeichneten Ausnahmen thunlichst nach den analogen Ausnahmebestimmungen der Gewerbeordnung zu bemessen, soweit nicht die Gewerbeordnung ohnehin unmittelbar Anwendung zu finden hat.

Bezüglich des Betriebs des Handelsgewerbes verbleibt es vorbehaltlich der Bestimmungen der Gewerbeordnung bei den Vorschriften in § 2 der Allerhöchsten Verordnung vom 30. Juli 1862 sowie der ergänzenden Allerhöchsten Verordnung vom 4. August 1883 (Gesetz- und Verordnungsblatt S. 393/94).

München, den 30. April 1895.

Frhr. v. Feilitzsch.

Der Generalsekretär:
Ministerialrath v. Kopplstätter.

XX. Kgl. Verordnung vom 30. Juli 1862

die Feier der Sonn- und Festtage betr.

(Reg. Bl. S. 2069)

Maximilian II. ꝛc. ꝛc.

Wir finden Uns bewogen, auf Grund des Artikels 105 des Polizeistrafgesetzbuches*) bezüglich der Feier der Sonn- und Festtage zu verordnen, was folgt:

§ 1.

Alle öffentlich vorgenommenen oder öffentliches Aergerniß erregenden Arbeiten oder geräuschvollen Handthier-

*) (Vergl. nunmehr Art. 2 Z. 5 P. St. G. B. v. 1871 und § 366 Z. 1 R. St. G. B.)

ungen des landwirthschaftlichen, gewerblichen, Handels- und Fabrikbetriebes sind an Sonn- und Festtagen, dringende Fälle ausgenommen, untersagt.

Dem Verbote unterliegen nicht

1) Arbeiten, welche wie bei Hochöfen, Gießereien, Schmelzwerken, Glashütten, Glasfabriken, Bräuereien, Branntweinbrennereien im landwirthschaftlichen Betriebe, ferner behufs des Transports von Reisenden und Frachtgütern, beim Eisenbahn-, Post- und Dampfschifffahrtsverkehre ohne Nachtheil nicht unterbrochen werden können.
2) solche Geschäfte, welche durch das tägliche Bedürfniß des Publikums erfordert werden, z. B. jene der Miethkutscher, der Bäcker, Barbiere.
3) Erntearbeiten bei ungünstiger Witterung und die Arbeiten der Weinlese.

Bezüglich des Gewerbebetriebes der Getreidemüller bleibt es jeden Ortes bei der bisherigen Uebung.

Wo bezüglich des Arbeitens in Fabriken für einzelne Festtage eine Ausnahme bisher gestattet war, kann dieselbe durch ortspolizeiliche Vorschrift aufrecht erhalten werden.

Wir behalten Uns vor, auch in Zukunft bei erheblichen Veranlassungen bezüglich des Arbeitens in Fabriken solche Ausnahmen zu bewilligen.

§ 2.

Die Magazine, Verkaufshallen, Läden und Buden der Kauf-, Handels- und Gewerbsleute sind

1) am ersten Weihnachtstage,
2) an dem Oster- und Pfingstsonntage,
3) in katholischen Orten am Fronleichnamstage, in protestantischen Orten am Charfreitage

den ganzen Tag über geschlossen zu halten.

An den übrigen Sonn- und Festtagen dürfen dieselben während des vormittägigen Pfarrgottesdienstes nicht geöffnet werden.

An den Sonn- und Festtagen, an welchen Messen und Jahrmärkte stattfinden, müssen Ortsläden und Marktbuden ebenfalls während des vormittägigen Pfarrgottesdienstes geschlossen bleiben. Dem Verbote des Oeffnens der Läden unterliegen nicht Apotheken, Baderstuben und Bäckerläden, welche an sämmtlichen Sonn- und Festtagen den ganzen Tag über geöffnet sein dürfen. Conditoreien, Lebküchner- und Feinbäckerläden müssen an den unter Ziffer 1—3 bezeichneten Tagen nur während des vormittägigen Pfarrgottesdienstes geschlossen bleiben.

Wenn bezüglich des Ladenschlusses an den Sonn- und Festtagen bisher eine Uebung bestand, welche von obigen Bestimmungen (Absatz 1—3) abweicht, kann solche auch ferner durch ortspolizeiliche Vorschrift aufrecht erhalten werden.

§ 3.

Die Abhaltung von Getreide- und Viehmärkten, von Treibjagden und öffentlichen Versteigerungen an Sonn- und Festtagen ist verboten.

§ 4.

Lärmendes Zechen und Spielen, lärmende Zusammenkünfte und Lustbarkeiten in Wirthschaftslokalitäten, lärmende Unterhaltungen in der Nähe von Kirchen an Sonn- und Festtagen während des vor- und nachmittägigen Pfarrgottesdienstes sind untersagt.

§ 5.

Es ist verboten, Scheiben- und Vogelschießen und andere öffentliche Lustbarkeiten, sowie Schau- und Vorstellungen (Art. 63 Abs. 1 Ziff. 1 und 2, Art. 64, Abs. 1 des Polizei-Strafgesetzbuches)*) an Sonn- und Festtagen vor Beendigung des vormittägigen Pfarrgottesdienstes zu veranstalten.

§ 6.

Das Austreiben und Hüten des Weideviehes darf an Sonn- und Festtagen zur Zeit des vormittägigen Pfarrgottesdienstes nicht stattfinden.

An Orten, wo bisher eine abweichende Uebung bestand, kann dieselbe durch ortspolizeiliche Vorschrift aufrecht erhalten werden.

Auf die Alpenweide findet die vorstehende Bestimmung in Absatz 1 keine Anwendung.

---

*) Nunmehr Art. 32 Abs. 1 Z. 1 u. 2 und Art. 33 P. St. G. B. v. 1871.

§ 7.

Durch ortspolizeiliche Vorschrift können die Stunden, auf welche sich die in den §§ 2 Abs. 2 und 3, § 4, 5 und 6 Abs. 1 enthaltenen Verbote erstrecken, näher bezeichnet werden.

§ 8.

Die Vorschriften der §§ 1—7 mit Ausnahme jener des § 2 Abs. 1 Ziff. 3 finden bezüglich der Sonntage und der den christlichen Confessionen gemeinschaftlichen Festtage auch in confessionell gemischten Orten Anwendung.

In Ansehung der besonderen Feiertage eines Religionstheiles sind die Bestimmungen des § 82 der II. Verfassungsbeilage maßgebend.

Insolange in confessionell gemischten Orten bezüglich der Einstellung der Arbeits- und Gewerbsthätigkeit und der Schließung der Ortsläden an den einem Religionstheil eigenthümlichen Feiertagen eine Vereinbarung besteht, ist sich hiernach zu achten.

§ 9.

Gegenwärtige Verordnung tritt 30 Tage nach der Verkündung im Regierungsblatte und beziehungsweise im Kreisamtsblatte der Pfalz für den ganzen Umfang des Königreichs in Wirksamkeit.

Mit diesem Zeitpunkt erlöschen alle gegen die Störung der Feier der Sonn- und Festtage bisher mit Strafwirksamkeit bestandenen Vorschriften.

Berchtesgaden, den 30. Juli 1862.

Max.

Frhr. v. Schrenk. v. Zwehl. v. Neumayr.

Auf Königlich Allerhöchsten Befehl:
der Generalsekretär
Ministerialrath
von Bezold.

Die hiezu einschlägige Strafvorschrift ist der § 366 Ziffer 1 des Reichsstrafgesetzbuchs, welche lautet:

„Mit Geldstrafe bis zu 60 Mark oder mit Haft bis zu 41 Tagen wird bestraft:

1. wer den gegen die Störung der Feier der Sonn- und Festtage erlassenen Anordnungen zuwiderhandelt."

XXI. Nachtrag zu Seite 156.

Weitere Anordnungen zu § 139 a

sind durch den Bundesrath erlassen am:

27. April 1893, betr. die Beschäftigung von Arbeiterinnen und jugendlichen Arbeitern in Ziegeleien (R. G. Bl. S. 148);

8. Dezember 1893, betr. die Nachmittagspausen der in Spinnereien beschäftigten jugendlichen Arbeiter (R. G. Bl. S. 264).

Alphabetisches Register.

(Die Zahlen beziehen sich auf die Seiten.)

A.

C.

H.

M.

T.

Z.

Einer verehrl. Redaktion

beehren wir uns beifolgend ein Exemplar des soeben in unserer Verlage erschienenen Werkes:

Schweitzer's Gewerbeordnung

und des Gesetzes über die Gewerbegerichte

in der Fassung von 1895

mit der ergebenen Bitte zu übersenden, dasselbe einer Besprechung in Ihrem geschätzten Blatte unterziehen, oder das nebenstehend kurze **Referat** *zum Abdruck bringen zu wollen.*

Beleg-Exemplar erbeten!

Hochachtungsvoll

MÜNCHEN, Landwehrstrasse 59.

J. Schweitzer Verlag
(Jos. Eichbichler).

P. S. Sollte die verehrliche Expedition beim Mangel einer Sortiments-Buchhandlung den Verschleiss des nützlichen Werkchens zur Bequemlichkeit ihrer Leser selbst in die Hand nehmen wollen, so bitten wir dieselbe, sich als Bezugsquelle angeben zu wollen. — Wir liefern zum Wiederverkaufe Exemplare für à Mk. 1.50 netto bar und gewähren auf je zehn ein Freiexemplar.

Litteratur.

Gewerbeordnung in der neuen Fassung. — Jeder Gewerbetreibende, der sich Verlust und Unannehmlichkeiten schützen will, muß die neuesten Bestimmungen Gewerbeordnung und alle damit zusammenhängenden Verordnungen kennen und achten. Bei der Fülle und Schwierigkeit des Stoffes ist dies aber nur an der einer zuverlässigen, bis auf die jüngste Zeit ergänzten Ausgabe möglich. In Hinsicht ist das soeben erschienene Buch: Schweitzer's Ausgabe der **Gewerbeordnung** und des Gesetzes über die **Gewerbegerichte.** Mit den bis **Juni 1895** für Bayern und das Reich erlassenen Vollzugsverordnungen und Vollzugsbestimmungen, **besonders auch bezüglich der Sonntagsruhe.** Nebst einem ausführlichen alphabetischen Register, Auflage, sehr empfehlenswerth, weil es die einzige bis auf die neueste Zeit vollständigte Ausgabe ist. Dabei zeichnet sich das Buch durch Klarheit, egene Ausstattung und einen außergewöhnlich billigen Preis aus. solid und elegant gebundene Buch im Umfange von 421 Seiten (!) t nämlich nur **Mk. 2.—** (nach Auswärts gegen Einsendung von Mk. 2.20 rei) und ist von J. Schweitzer Verlag in München, Landwehrstraße 59, eziehen. Nur in der Voraussetzung eines sehr großen Absatzes und im Interesse emeiner Verbreitung konnte die Verlagshandlung an einem so niederen Preise alten. —

Inserat-Schema.

gefälligen — womöglich mehrmaligen — Gratis-Abdruck für insbesondere solche ungen, die keine Rezension veröffentlichen, **oder sich mit dem Verkauf des Werkchens befassen wollen.**

FSC
www.fsc.org
MIX
Papier | Fördert
gute Waldnutzung
FSC® C083411

Kolibri 360 GmbH
Ferdinand-Jühlke-Straße 7
99095 Erfurt, Deutschland
produktsicherheit@kolibri360.de